比較教育学研究
Comparative Education
56

●第53回大会報告●

| 特集 | グローバル化時代における大学の国際比較(課題研究Ⅰ) |

日本比較教育学会 編

2018

比較教育学研究　56………………………日本比較教育学会編──2018年

目　　次

論　文

東ティモールにおける紛争と教育セクターへの
　影響………………………………………………… 内海　悠二…… 3
　──教育データから観測される変則的動向の分析──

新興国マレーシアで学ぶ留学生の大学から
　職業への移行…………………………………… 金子　聖子…… 23
　──留学生の新たな移動に着目して──

スウェーデンにおける学生参画による大学
　教育の質保証…………………………………… 武　　寛子…… 46
　──「大学への影響力をもつ学生」の形成へ向けて──

米国AVIDプログラムの実態の解明…………… 福野　裕美…… 68
　──カリフォルニア州サンディエゴ市のサン・イシドロ高校を事例として──

米国初等中等教育法の最新の再改定法（ESSA）
　の制定背景……………………………………… 吉良　　直…… 91
　──連邦政府の権限拡大をめぐる二大政党間の対立と妥協──

ニュージーランドにおけるチャーター・スクールと
　社会統合………………………………………… 中村　浩子…… 113
　──マオリ系とパシフィカ系に着目して──

大会報告

特集（課題研究Ⅰ）　グローバル化時代における大学の国際比較
──世界大学ランキングを越えて──

特集の趣旨………………………………………… 福留　東土…… 138

国際競争と日本の大学…………………………… 石川真由美…… 140
　──世界大学ランキングという鏡を通して──

上位校からみた世界大学ランキング…………… 吉永契一郎…… 150

脱群盲評象とグローバル・スタディーズ……… 米澤　彰純…… 160
　──比較高等教育研究の現代的挑戦──

iii

研究大学モデルをどう捉えるか……………………… 福留　東土…… 173
　　──米国における研究動向からの示唆──

公開シンポジウム

教育モデルが国境を越える時代を俯瞰する　　　恒吉　僚子
　　──比較教育学の原点にもどる──　………………高橋　史子…… 186
　　　　　　　　　　　　　　　　　　　　　　　　草彅佳奈子

課題研究Ⅱ　グローバル化時代における教育を
　　　　　　　考える(Ⅱ)──才能教育の視点から──　… 山内　乾史…… 190

〈書評〉

馬場智子著『タイの人権教育政策の理論と実践
　　──人権と伝統的多様な文化との関係』………………… 牧　　貴愛…… 196

竹腰千絵著『チュートリアルの伝播と変容
　　──イギリスからオーストラリアの大学へ』…………… 青木麻衣子…… 199

児玉奈々著『多様性と向き合うカナダの学校
　　──移民社会が目指す教育』……………………………… 平田　　淳…… 202

坂野慎二著『統一ドイツ教育の多様性と質保証
　　──日本への示唆』………………………………………… 木戸　　裕…… 205

〈文献紹介〉

犬塚典子著
　　『カナダの女性政策と大学』……………………………… 犬塚　典子…… 208

北村友人編
　　『グローバル時代の市民形成(岩波講座 教育変革への展望7)』… 北村　友人…… 209

日英教育学会編
　　『英国の教育』……………………………………………… 髙妻紳二郎…… 210

文部科学省編
　　『世界の学校体系』………………………………………… 松本　麻人…… 211

日本比較教育学会会則 (213) 細則 (216) 倫理綱領 (218) 紀要刊行規定 (218) 紀要投稿
要領 (219) 平塚賞規定 (222) 紀要編集委員会委員名簿 (223) 役員一覧 (224)

〈編集後記〉………………………………………………………225

論　文

東ティモールにおける紛争と教育セクターへの影響　　内海　悠二
　　——教育データから観測される変則的動向の分析——

新興国マレーシアで学ぶ留学生の大学から職業への移行　金子　聖子
　　——留学生の新たな移動に着目して——

スウェーデンにおける学生参画による大学教育の質保証　武　　寛子
　　——「大学への影響力をもつ学生」の形成へ向けて——

米国AVIDプログラムの実態の解明　　　　　　　　　福野　裕美
　　——カリフォルニア州サンディエゴ市のサン・イシドロ
　　　高校を事例として——

米国初等中等教育法の最新の再改定法(ESSA)の制定背景　吉良　直
　　——連邦政府の権限拡大をめぐる二大政党間の対立と妥協——

ニュージーランドにおけるチャーター・スクールと社会統合　中村　浩子
　　——マオリ系とパシフィカ系に着目して——

―― 論　文 ――――――――――――　比較教育学研究第56号〔2018年〕――

東ティモールにおける紛争と教育セクターへの影響
――教育データから観測される変則的動向の分析――

内海　悠二
(早稲田大学)

はじめに

　世界で発生する紛争は増加の一途をたどっている。1990年代には全世界の20%の国家が何らかの紛争を経験したと言われ、サブサハラ・アフリカ地域ではこの時期に3分の1の国家が紛争を経験している[1]。紛争の形態は政治問題や領土問題、テロとの戦いなど文化的・歴史的背景によって様々であるが、紛争を経験する国家の多くは比較的厳しい貧困に直面していることが多く、紛争経験国家の平均社会指標も紛争未経験国家と比較して厳しい結果となる傾向が強いと言われている[2]。特に教育セクターに対する影響は中長期に及ぶことが多く、例えば青年・成人非識字率は紛争未経験国家と比較して長期にわたって低くなるほか、初等・中等教育の就学年数や修了率の低下あるいは教師一人当たり生徒数や二交代制学校数の増加なども紛争後の国家では一定期間継続することが多い[3]。

　2000年以降、教育開発の議題に紛争の観点が取り入れられ始めると紛争と教育との関係に焦点を当てた研究が増加したが、これらの研究の多くは国連機関をはじめとする開発支援の実務者によるものが多かったため、実務のうえで重要となりやすい問題や領域に焦点が置かれやすく、教育と紛争の問題を普遍的な観点から取り扱おうとする動機が欠けていることが指摘されていた[4]。他方で、紛争下の開発途上国におけるミクロレベルデータや詳細な紛争を測るデータは現実にはほとんど存在しないか、仮に存在したとしても当該データの質について信頼性に劣ることが多く、紛争が教育に与える影響を量的に分析す

3

論　文

る研究は過去に多くはなされてこなかったことも事実である⁽⁵⁾。

　この点、近年の紛争と教育に関する研究領域では多くの開発途上国で政策立案過程に必要な様々な社会調査が行われることに着目し、紛争終結後の安定期に実施された社会調査の教育データを使用して、過去に発生した紛争中の子どもたちの経験と現在における彼らの教育のアウトプットとの関係性を測ることによって教育に対する紛争の長期的影響を分析する研究が徐々に行われるようになってきた。これらの研究によって少しずつではあるが紛争が教育に与える影響のメカニズムが解明されるようになってきており、今後、研究結果が紛争後の復興支援政策の構築に寄与されていくことが期待されている。しかし、実際の研究の蓄積は未だ十分とまでは言えず、最近の総説論文においても比較されている研究が13例に留まっているなど、紛争が教育に及ぼす影響の議論はその必要性にも関わらず成熟された段階にまでは至っていないと言わざるを得ない⁽⁶⁾。

　このような状況を踏まえて本研究では、紛争が教育に及ぼす影響に関する研究の一例として比較可能な一般的な教育データを使用し、当該データの分析結果から観察される教育状況の変則的な動きを補足することによって紛争と教育の関係性を把握することを試みる。具体的には、東ティモールにおける紛争を事例として、ポルトガル及びインドネシア占領下の統治政策が東ティモールの教育状況を形成する過程と占領統治に伴って発生した紛争による教育状況の変則的な動きをみることにより、紛争が教育セクターに対して及ぼす中長期的な影響を捉えることを目的として各時代及び教育セクター間における変化を比較していく。本稿では分析の前提としてまず紛争が教育に与える影響に関する先行研究を概観する。その後、東ティモールに焦点を当て、ポルトガル及びインドネシア統治時代の教育政策の変遷を考慮しながら、1. インドネシア占領下における紛争期（1975年〜1984年）、2. その後の正常化・統合期（1985年〜1999年）、3. 東ティモール独立に伴う紛争期（1999年〜2002年）、さらに4. その後の復興・開発期（2002年以降）において教育状況がどのように変化したのかを入手可能な教育データから検討し、その変化が有する意味を推察することによって紛争が教育に与えた影響を考察する。

1. 紛争が教育に与える影響に関する先行研究

　紛争が教育に与える影響を論ずる量的研究はこれまで多くは行われていないが、前述したように紛争後に採取された教育データを使用した研究は少ないながらにも公表されてきている。例えば、タジキスタンでは紛争を経験した女子の義務教育の修了割合は紛争を経験していない女子と比較して12.3%低くなるとする研究[7]や紛争を過去に経験した女子の就学年数は紛争を経験していない女子よりも0.44年（12%）低くなるとするグアテマラを事例とした研究[8]が挙げられるほか、ボスニア内戦に晒された子どもたちは特に中等教育の修了率が低下するという分析[9]、あるいは第二次世界大戦で紛争の影響を多く受けた就学適齢人口は生涯の所得が約6%低下することを分析した研究[10]などがある。また、2011年にはユネスコ・グローバル・モニタリングレポートが紛争と教育をテーマとして各種関連データを公表したほか、過去25か国で行われたMICSあるいはDHSの社会調査データ[11]をもとに算出した1950年から2010年までの15歳のコホートごとの就学年数及び正規教育への未就学人口を紛争が発生した年と重ね合わせることで過去60年間の就学年数や未就学人口の変動と紛争の関係を各国、男女、地域及び社会経済レベルごとに比較した報告書が同時期に出版されている[12]。当該報告書は量的な分析を行っているわけではないが、各国の就学年数や未就学人口と紛争の関係についての変動を詳細に記述しており、結論として25ヵ国中23ヵ国で教育に対する紛争による何らかの負の影響があるとしているほか、地域による紛争の影響の差や社会経済レベルによる紛争の不規則な影響、地方と都市部の影響の差（都市部のほうが教育に対する紛争の影響が強い）など興味深い分析を行っている。

　また近年では、これまでに報告された9例の量的研究をまとめたうえで紛争が教育に与える影響には、1.紛争は女子生徒の教育効果に対して特に甚大な負の影響を与えること、2.初等教育と中等教育では紛争による影響は中等教育に大きく現れること、そして3.教育に対する紛争の直接的な影響は小さいとしても教育成果に起因する人的資本形成に対する影響は長期的に続くこと、という3つの傾向があることを見出している論文[13]なども報告され始めてきており、紛争と教育に関する量的な分析による研究領域は少しずつではあるが裾野が広

論　文

がってきているようである。

　なお、最近ではルワンダにおける1994年の虐殺が2002年時点の就学状況に
与える効果について分析し、紛争によって初等教育の退学率が増加するととも
に、その結果として中等教育の就学率が低下することを示す研究[14]や、1981
年〜1993年に発生したインド・パンジャブ地方の紛争が当時6歳〜16歳であっ
た子どもたちへの家庭の教育支出に与えた影響を推定することで教育効果に対
する紛争当時の影響を探ることを試みる研究[15]等が報告されている。

2．東ティモールにおける外国の統治政策と紛争が教育に与える影響

　これらの先行研究を踏まえ、本章以降では前述した東ティモールの歴史上の
各期間における外国の統治政策や紛争及び教育状況の変動を比較することで紛
争が教育に与える影響について分析を行っていく。

　東ティモールはその歴史のほとんどがポルトガルあるいはインドネシアによ
る占領統治であり両国のその時々の異なる統治政策において教育が異なる目的
で利用されたほか、国内での紛争や冷戦等の国際社会の状況によって教育政策
がたびたび変更されたことから、特に教育セクターで多大な負の影響を長期間
にわたって受けてきた。

(1)　ポルトガル統治時代の統治政策が教育の普及に与える影響

　ポルトガル統治下の東ティモールに対する教育政策はしばしば「善意の無視
政策（Benign Neglect Policy）」と呼ばれており、少数のエリートを除いてほぼ
全く教育を施さないという消極的な教育政策が採用されていた。その理由の一
つとして、東ティモールに対するポルトガルの統治政策は国内に無数に存在し
た王国の首長であるリウライによる伝統的な統治システムを活用する間接統治
であり、彼らの自治権を大幅に残しながらリウライを通じて末端までコント
ロールするものであったことがある。ポルトガル人はリウライ以外に現地の一
般人とほとんど接点を持たなかったため[16]、東ティモールの一般人に対する
教育活動には消極的であった。他方で、ポルトガルはカトリック教会の布教活
動を通してリウライをコントロールする政策を実施しており、リウライの子ど

6

もや後継者に対してはカトリック教会が運営するミッションスクールで熱心に教育を行った。ミッションスクールではポルトガル語が使用され、ポルトガルの文化とキリスト教の価値観が排他的に植え付けられることでポルトガルに忠実なリウライたちが次々に生まれていった[17]。こうしてこの時代の教育はポルトガルに対する「従順な現地エリートを作りだす主要な手段」となっていったのである[18]。1738年にオイクシのリファウに最初のドミニコ会神学校が建てられると、1863年には最初の大学がディリに誕生し、それに続いてイエズス会の大学や学校などが各所に建てられていった[19]。

しかし、教育は少数エリートの養成のために存在していたため、実際に学校に行くことができた東ティモール人は極端に少なかった。1909年においても全国の学校生徒数は17校1,937人に留まっており、18年後の1937年には2,979人にまで増えたものの当時の人口が約46万4,000人であったことを考えれば、ポルトガル統治下の東ティモールではいかに教育が普及していなかったのかが分かる[20]。学校に行くことができない大半の国民は読み書きができず、土着のアニミズムを信仰していた。

第二次世界大戦後に東ティモールが再びポルトガルに帰属すると、国際的に盛り上がっていた植民地支配に対する批判をかわすためにポルトガルは教育に対する投資を拡大させた。初等学校が各地で建設され、1952年には東ティモールで初めての公立高等学校も誕生した。中等・高等学校の入学試験は難易度が非常に高く入学できた者はほとんどいなかったが、高等学校にまで行くことができたごく一部の東ティモール人はその後ポルトガルの大学に留学することが許された[21]。

1970年代に入るとポルトガルによる教育政策への投資は更に拡大し、1972年までに全人口の10%にあたる60,000人が初等学校に入学したほか[22]、ポルトガル支配が終わる前年の1974年には純就学率は初等学校就学年齢人口の53%に達していたと言われている[23]。ただし、1970年代におけるポルトガルの教育政策は以前の状況と比較すれば大規模であったと言えるものの、当時約200名いた教師のうちポルトガル人教師は16名のみであり、残りの東ティモール人教師は教員訓練を1年間受けただけであったこと、そして1975年時点における非識字者数は全人口の90%に及んでいた[24]ことからも、ポルトガル統治

論　文

下では必ずしも質の高い教育が提供されていたわけではなかったと推察される。

（2）　インドネシア統治下における統治政策と紛争が教育成果に与える影響

　1975年にポルトガルに代わってインドネシアが東ティモールを占領すると、東ティモールは事実上の内戦状態に陥った。侵攻直後からインドネシアによる内陸部に対する激しい空爆が始まり、1984年に戦闘が終結するまでの間の紛争による死者は、東ティモール真実和解委員会（Comissão de Acolhimento, Verdade e Reconciliação de Timor Leste: CAVR）[25]の公式記録によれば約3,200人[26]であるが、インドネシア軍が実施した内陸部への補給路断絶に起因した一般市民の飢えや病気による死者を合わせると死者数の合計は10万人以上に及ぶとする報告もある[27]。1984年以降になると東ティモールの問題で国際的な批判を浴びることを恐れたインドネシアが東ティモールにおける軍事作戦を大幅に縮小させ、東ティモールを正常化するための様々な開発プログラムを導入するようになった[28]。一般に1984年以降の期間はインドネシアによる正常化・統合期間と呼ばれており、これに伴って1984年以降の紛争による死者数も急激に減少している。

　1975年のインドネシア占領直後の統計によれば、全国に存在した47校の初等学校に10,500人、2校の中等学校に315人の生徒がいたに留まっており、高等学校はインドネシアによる公式統計では当時存在しなかったとされている[29]。しかし、ポルトガルによる教育政策とは対照的にインドネシアは教育を通してインドネシア語やインドネシア人としてのアイデンティティを人々に広く植え付ける同化政策を採用し、一般の東ティモール人に教育の提供を拡大するために占領直後から積極的に教育システムの整備を開始した[30]。

　インドネシアによる占領後は、ポルトガルによるそれまでのカリキュラムや教育システム及び教授言語としてのポルトガル語が全て廃止され、インドネシアの教育システムへと強制的に変更された[31]。1970年代から1980年代初頭にかけてインドネシア政府はまず初等学校と中等学校の建設を広く実施することで初等・中等教育の普及を目指した。その結果、1975年以降の紛争によって荒廃していた教育状況は5年後には初等学校が293校に68,709人、中等学校では19校において2,474人の生徒数まで増加した。特に中等学校の入学者数の増

8

加は著しく、1979年の新規入学者数は196名であったのに対して翌年の1980年には2,121名にまで増加した[32]。

正常化・統合期間が始まる1984年からは教育の拡大はさらに加速し、1986年には初等学校数が合計540校及び在学生徒数は約13万人に達した[33]。イン

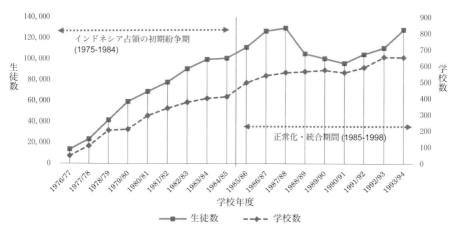

図1　初等教育の生徒数・学校数の推移（1976年～1993年）
出所）Timor Timur Dalam Anga 1993をもとに筆者作成。

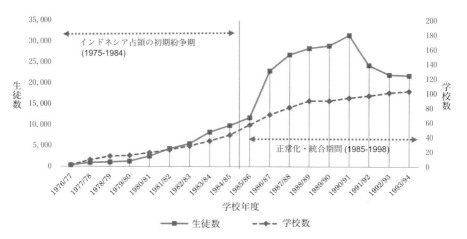

図2　中等教育の生徒数・学校数の推移（1976年～1993年）
出所）Timor Timur Dalam Anga 1993をもとに筆者作成。

論　文

ドネシア政府ティモール県庁発行の統計によれば、1984年から85年の1年間で初等学校は新たに87校が建設され、翌年の1年間にも43校が開校している。また、中等学校の数は初期占領時代から正常化・統合期間にかけて規則的に増加しているものの、正常化・統合期間に入ってから大規模な中等学校が開校した影響で生徒数が1985年から1986年にかけてほぼ2倍に増加した[34]。

　また、これらの紛争やその後の正常化期間による教育状況の変化が生徒の修了率に長期的に与える影響を把握するためにDemographic and Health Survey（DHS）のデータから出生コホートごとの最終教育レベルを集計することによって各年出生コホートの修了率を計算し、それらの出生コホートの年代における紛争や教育政策の変化と初等・中等教育の修了率の変化を比較したところ、初等教育と中等教育の修了率のあいだに異なるパターンを観察することができた。図3の推移グラフに示すように、初等教育と中等教育の修了率の差は1969年出生コホート前後から徐々に開き始め、インドネシア占領初期の紛争時代（1975年〜1985年の出生コホート）にその差がピークに達した後、正常化・統合期間が始まる1985年出生コホートからは再び減少していることが分かった。

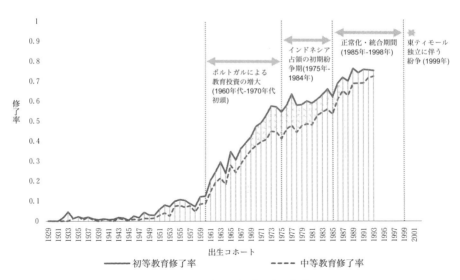

図3　出生コホートごとの初等中等学校修了率の推移（1929年〜1993年）
出所）Demographic and Health Survey（DHS）2009/2010データより筆者作成。

また、インドネシアが占領を始めた1975年出生コホート前後からは初等中等教育の双方で修了率の増加が伸び悩み始めているが、正常化・統合期間が始まる1985年出生コホートからは再び増加幅が拡大していることも確認できた。

　初等教育と中等教育の修了率の差が開き始めた1969年出生コホートは、その6年後である1975年に初等教育入学適齢年齢に達するグループであり、それはちょうどインドネシアが東ティモールの占領を始めた年と重なる。その後の10年間は東ティモール内での紛争が激しい期間であり、それに伴って1969年以降の出生コホートの初等・中等教育の修了率の差も拡大している。他方でインドネシア占領初期の紛争期が終わる1985年前後の出生コホートにおいても依然として修了率に差がみられることから、初等教育適齢年齢以前に紛争が発生した場合でもその後の中等学校の修了率に負の影響を及ぼす可能性があると考えることができる。推移グラフが2010年時点における各コホートの修了率であることから、これらの事象は、初等教育を修了した人口のうち紛争期間に出生したコホートあるいは紛争期間に初等教育適齢年齢であったコホートはその後の数十年の人生において中等教育を修了する可能性が相対的に低かったことを意味しており、東ティモールでの紛争が中等教育の修了の有無に対して長期的な負の影響を与えていることを示唆している。

　さらに、初等学校の卒業生数の推移からも紛争の影響が垣間見られる。**図4**はインドネシアが占領を開始した直後の1976年度から1993年度までの初等教育最終学年適齢人口と初等学校卒業生数及び総卒業率の推移を表している。初期紛争期間中の1979年度から初等学校の卒業生は増加傾向にあるが、その後正常化・統合期間に入ってからは1986年度をピークに卒業生数の減少が始まっている。卒業生数の減少が始まった学校年度は初期紛争期間が終了した後の正常化・統合期間ではあるが、その年度に卒業する最小年齢（全学年において留年なしで進級した場合の年齢）の生徒は1974年出生コホートであり、インドネシアによる占領が始まる直前である。つまり、インドネシアによる占領が始まる直前までに出生した者が多く含まれると推測される1978年度から1986年度までの卒業生数は一貫して増加傾向にあるものの、インドネシア占領後の紛争期間に出生した世代が多く含まれると推測される1986年度以降の卒業生数は減少傾向に転じていることになる。

論　文

図4　初等学校の最終学年適齢人口・卒業生数・総卒業率の推移（1976年～1993年）
出所）Provincial Government of Timor Timur, 1993及び World Bank をもとに筆者作成。

　これらの状況を鑑みると、生徒の出生年度が紛争期間以前であるか、以後であるかという差はそのコホートが後に卒業するであろう学校年度における卒業生数の推移に変化をもたらしている可能性があると言える。もちろん留年を経験した生徒も多数いるであろうことから実際にはインドネシア占領前に出生したコホートの生徒たちも1986年度以降の卒業生数に多数含まれると考えられる。しかし、そうだとしても、1986年度以降の卒業生数及び当該年齢人口と比較した総卒業率は減少傾向にあり、インドネシア占領前の出生コホートの留年数が含まれている場合には、なおさら紛争期間の出生コホートの卒業生数は少ないということになる。このように東ティモールの卒業生数及び卒業率の推移からは、生徒は出生したときから既にその後の教育効果に対する紛争の負の影響を受けている可能性が考えられる。

（3）　東ティモール独立に伴う紛争が教育の質に与える短期的影響

　東ティモールは1999年8月の国民投票で独立が決定したが、これに伴って再び大規模な紛争が発生した。既に投票の数ヶ月ほど前から独立支持派に対する独立反対派（自治権支持派）の暴力行為が発生していたが、投票で独立支持派

東ティモールにおける紛争と教育セクターへの影響

が勝利したことが知れ渡ると自治権支持派による暴力はエスカレートし、さらに治安の悪化を理由に増派されたインドネシア軍が暴力行為に加わったことで東ティモールは大規模な紛争へと発展した。この状況にすばやく反応した国連安全保障理事会はオーストラリア軍を主導とする東ティモール国際軍（International Force in East Timor: INTERFET）を東ティモール全土に展開させることで状況の改善を試みた。INTERFETは到着から1ヶ月程度で東ティモール全土を掌握し、治安は徐々に回復を始めたが、その一方でINTERFETの到着前に撤退を始めたインドネシア軍と自治権支持派の民兵が焦土作戦として国内全域の建物やインフラを破壊するとともに多くの住民に危害を加えた。その結果、約55万人の人々が避難を余儀なくされ、そのうち約半数にのぼる25万人は難民として西ティモールへ避難したか、自治権支持派に強制的に移動させられたと言われている[35]。

当該紛争による教育セクターにおける被害に関しては、まず独立の是非を問う国民投票の実施が決まった時点で東ティモール国内のインドネシア人教師が本国へ帰国を始め、教師の減少に伴って学校内の治安が悪化した結果、多くの子どもたちが学校を欠席せざるを得ない状況に陥ったことが挙げられる[36]。そして、その後の紛争発生に伴う物理的な被害は東ティモール全土の95%の学校が何らかの損害を被り5校に4校の学校は完全に破壊されるほどの規模であり[37]、甚大な物理的被害の結果として1999/2000年度は全土で学校の運営が中止された。これらの一連の状況は教育に対する紛争の実質的な負の影響が紛争に伴う最も深刻な影響に向かって短期的ではあるものの紛争発生以前から既に生じていることを如実に表している。

東ティモールでは紛争後の2000/01年度までに全国の90%ほどの初等学校を再開させることに成功したが[38]、インドネシアの撤退によってインドネシア人教師が帰国した結果、紛争後の東ティモールでは教師の不足が顕著となった。教師数は紛争前と比べて紛争後の2000/01年度では半数以下にまで減少している反面、紛争が終結したことによって生徒数は逆に大幅に増加しており、生徒一人当たり教師数が25人（1998/99年度）から62人（2000/01年度）に劇的に増加したことは教育の質の低下という意味において紛争による負の影響が相当に深刻であったと推察できる。

13

論　文

表1　初等教育の学校数・生徒数の推移（1997/98年度～2002/03年度）

学校年度	初等学校数	初等学校教師数	初等学校生徒数	教師一人当たり生徒数
1997/98	766	6,392	155,516	24
1998/99	788	6,672	167,000	25
1999/00	N/A	N/A	N/A	N/A
2000/01	707	2,991	185,180	62
2001/02	713	3,901	184,047	47
2002/03	714	3,926	183,800	47

注）1997/98年度及び1998/99年度は参考データとして記載した。
出所）World Bank 2004をもとに筆者作成。

3．東ティモールが経験した過去の紛争が独立後の教育政策に与える影響

　東ティモールが2002年8月に正式に独立を果たすと、国際支援のもと東ティモールの教育システムの再構築が進んだ。2002年には国家開発計画（National Development Plan）が策定され、2007年までの5年間を開発計画期間として教育を貧困削減と国家の発展の基本的柱と位置付けた。国家開発計画では教育に関して全人口の教育状況を改善することを目標の一つとして設定し、教育へのアクセスや質の改善、教育運営能力の向上、ノンフォーマル教育と成人識字能力の向上等の7つの項目を主要な領域とした。さらに2005年には国家教育政策2005年～2009年（National Education Policy 2005-2009）が策定され、教育へのアクセスや質の拡大のほかカリキュラムの策定や教師の質の向上など具体的な戦略的優先事項と評価指標が決定された。また、初等教育入学年齢を6歳に設定し、初等教育1学年から9学年までを基礎教育（Basic Education）として義務教育化と無償化を再確認している[39]。その後2007年には国家教育政策2007年-2012年が新たに策定され、2020年までに全ての東ティモール人に対して教育を普及させることをビジョンとしながら、今日まで続く新たな教育システムが導入されている[40]。

　東ティモールの独立後、2004/05年度から2011年度までは初等教育における学校数、教師数及び生徒数共に安定して増加している。それに伴い、教師一人当たりの生徒数も2008/09年度以降では教育政策ガイドラインに定められている30人が概ね守られていると言え、独立直後の混乱における教室の質の低下

14

は一定程度改善していることが推察される。ただし、実態としてはボランティア教師などの教員免許を持たない教員が多く配置されていることが報告されるなど教師の質に関する問題が今日に至るまで課題とされており、明確な教員資格の設定や正規教員の適切な補充など教員の質改善のための施策の実施が急務となっている。

　また、東ティモールではポルトガル統治時代の少数エリートへの教育がポルトガル語で行われ、その後のインドネシア占領下では広くインドネシア語による教育が行われてきたため、教育言語も複雑な課題の一つとなっている。東ティモール独立後はポルトガル語とテトゥン語が公用語となったが、東ティモールではそもそもポルトガル語を使用できる者がほとんどいない反面、インドネシア語やテトゥン語が多く普及している[41]。そのため、識字率についても通常ほとんど使用しないポルトガル語は2004年時点で14%程度に留まっているのに対して、インドネシア占領下で広く拡大されたインドネシア語は43%、テトゥン語も46%程度とポルトガル語と比較して優位な位置を占めている。

　しかし、2006年制定の法令によって東ティモール教育省はポルトガル語の地位を高める政策に舵を切り、学校での第一教授言語をポルトガル語に設定するとともに、テトゥン語は口述言語として補助的に使用するに留める教育言語政策を採用した[42]。これにより、2010年におけるポルトガル語の識字率は約2倍の26%にまで上昇したものの、実社会で使用されているテトゥン語の識字率は未だ60%に留まっており、この識字率は世界141ヵ国中111位である[43]。このように識字率の早急な改善の必要性が主張されている状況において現状と合致しない教育言語政策は必ずしも効果的な教育政策とはならないと考えられる。

おわりに

　本研究では、東ティモールにおける外国からの占領統治とそれに伴う紛争の歴史を振り返るとともに各時代における宗主国の支配体制を支える教育政策の変遷を概観し、1975年〜1984年までの10年間に及ぶインドネシアとの紛争、

論　文

1985年〜1999年の正常化・統合期間、1999年〜2002年の独立に伴う紛争、及び2002年の独立後の復興・開発期という4つの期間において紛争の影響が教育に対してどのような形で現れるのかを考察した。

　ポルトガル植民地時代における少数エリート教育により東ティモールの教育の普及は近代に至るまで大きく遅れを取っていたが、その後のインドネシア占領下では教育が同化政策に利用されたことから教育へのアクセスが飛躍的に拡大した。しかし、東ティモールではインドネシア占領期及び独立前後に大きな紛争が発生しており、それらの紛争が教育に対して短期的及び長期的な影響を与えている痕跡がみてとれた。特にインドネシアが1975年に占領を開始してからの10年間にわたる紛争期間に出生した子どもたちは初等教育に比べて中等教育の修了率が低くなることが分かった。また、インドネシアによる占領直前に出生した子どもたちが本来初等学校を修了するであろう頃から初等教育の卒業生数及び総卒業率が減少に転じていることも判明し、インドネシアの占領に伴う紛争が教育成果に対して負の影響を及ぼしている可能性が非常に高いことが推察された。この点、従来の研究からは、紛争期間に初等教育就学年齢であった子どもの紛争経験は初等教育修了の有無に負の影響を与えるという結果が報告されているが、東ティモールの事例では紛争期間に初等教育就学年齢以下であったとしても紛争発生時に既に出生している場合には、紛争がその後の初等中等教育の就学及び修了に負の影響を与えている可能性があることは注目に値する。

　2002年に東ティモールが独立を果たしたことによって、ようやく教育政策は本来の目的のもとに再構築されることとなり教育状況も全般的に改善してきたと言えるが、東ティモール独立に際して発生した紛争では一時的ではあるものの教育の質が急激に低下するなどの短期的な影響がみられたほか、その後の復興期に至っても東ティモール政府の教育政策が過去の外国統治による教育政策の負の遺産に影響を受けるなどの弊害が残っており、今日でも教育に対する国際的な支援が必要となっている。

　紛争が教育に与える負の影響は想像に難くないものの、教育データを利用しながら事象を把握することは従来から容易なことではなかった。紛争が発生した際の教育現場の状況を記述的に描写する分析はこれまでも報告されてい

るが、紛争と教育成果との関係を量的に把握する分析はこれまでほとんど行われることがなかったことは本稿においても述べてきたとおりである。本研究では紛争に関する直接的なミクロレベルデータを使用せずに紛争が発生した時期における教育データがその前後と比較した際に発生する変化に着目し、その変化を考察することによって紛争が学齢期の子ども達のみならず更に広範な子どもたちの教育成果に対して長期的に負の影響を与えている実態や教育の質に対する短期的な影響の形跡を把握した。このような紛争が教育に与える影響に関するマクロ的な視点からのメカニズムの分析は紛争と教育に関する研究領域ではこれまで多くはなされておらず、その意味で本研究は当該研究領域における新たな視点からの分析の可能性について一例を示すことができたと考えている。

しかし、紛争時期と教育成果に関する現象を切り出すのみで紛争が教育に与える影響のミクロな視点からのメカニズムまでを解明することは難しい。紛争が個人とどのように関わりそれがどのようなルートを通って教育のアウトプットに伝わっていくかを把握するためには、今後、マクロな視点による紛争の影響のみならず、個人の体験を詳細に追うフィールド調査や紛争と教育のミクロレベルデータを利用した量的分析が求められる[44]。紛争と教育という領域の性格から現在進行形で状況を把握するデータの収集は困難を伴うが、近年行われるようになってきた過去の紛争データと現在の教育データを組み合わせることによって紛争の教育に対する長期的影響を把握する分析などを通して紛争経験国における教育の特殊な課題を考慮した教育支援政策を模索していくことが今後さらに期待される。

【注】

(1) Blattman, C. and Miguel, E. 2010, "Civil War", *Journal of Economic Literature*, Vol.48, No.1, pp.3-57.

(2) 1999年から2008年までに発生した紛争国35か国のうち、16ヵ国が低所得国、14ヵ国が低中所得国であった。ブラットマンらの研究によれば、一人当たりGDPが下位20パーセンタイルの国家は上位20パーセンタイルの国家と比べて数倍の紛争が発生している。

(3) UNESCO. 2011, *Education for All Global Monitoring Report 2011, The hidden crises: Armed conflict and education,* Paris, UNESCO.

(4) Barakat, B. and Urdal, H. 2009, *Breaking the Waves? Does Education Mediate the Relationship Between Youth Bulges and Political Violence?* Policy esearch Working Paper 5114, Washington DC,

論　文

The World Bank.

（5）　Verwimp, P., Justino, P. and Brück, T. 2009, "The analysis of conflict: A micro-level perspective", *Journal of Peace Research,* Vol.46 No.3, pp.307-314.

（6）　Jones, A. and Naylor, R. 2014, *The quantitative impact of armed conflict on education: counting the human and financial costs*, Protect Education in Security and Conflict（PEIC）, CfBT Education Trust.

（7）　Shemyakina, O. 2006, *The Effect of Armed Conflict on Accumulation of Schooling: Results from Tajikistan*, HiCN Working Paper 12, HiCN.

（8）　Chamarbagwala, R. and Morah, H. E. 2008, *The Human Capital consequences of Civil War: Evidence from Guatemala.* HiCN Working Paper 59, HiCN.

（9）　Swee, E. L. 2009, *On War and Schooling Attainment: The Case of Bosnia and Herzegovina.* HiCN Working Paper 57, HiCN.

（10）　Akbulut, Y. 2009, *Children of War: The Long-Run Effects of Large-Scale Physical Destruction and Warfare on Children.* IZA Discussion Paper No.4407.

（11）　Multiple Indicators Cluster Survey（MICS）はユニセフが主導する女性と子どもを対象とした社会調査であり、Demographic and Health Survey（DHS）はUSAIDが主導する人口、保健、HIV、栄養等に焦点を当てた社会調査である。なお、グアテマラについては当該国のみを対象とした社会調査（Encuesta Nacional de Condiciones de Vida: ENCOVI）を使用している。

（12）　UNESCO. 2011, *The Quantitative Impact of Conflict on Education*, Technical Paper No.7, UNESCO Institute for Statistics.

（13）　Justino, P. 2010, *How Does Violent Conflict Impact on Individual Educational Outcomes? The Evidence So Far*, Background paper prepared for the Educatin for Al Global Monitoring Report 2011, Paris, UNESCO.

（14）　Guariso, A. and Verpoorten, M. 2015, *Armed conflict and schooling in Rwanda: Digging eeper*, HiCN Working Paper 161, HiCN.

（15）　Singh, P. and Shemyakina, O. 2013, *Gender-Differential Effect of Conflict on Education: The Case of the 1981-1993 Punjab Insurgency*, HiCN Working Paper 143, HiCN.

（16）　Hohe, T. 2002, "The Clash of Paradigms: Intrnational Administration and Local Political Legitimacy in East Timor", *Contemporary Southeast Asia*, Vol.24, No.3, Institute of Southeast Asian Studies.

（17）　Nicolai, S. 2004, *Learning Independence: Education in Emergency and Transition in Timor-Leste since 1999*, Paris, IIEP, UNESCO.

（18）　Millo, Y. and Barnett, J. 2004, "Educational development in East Timor", *International Journal of Educatinal Development*, Vol.24, pp.721-737.

（19）　Millo, Y. and Barnett, J. 2004, *op.cit.*; pp.721-737.

（20）　Butcher, J., Bastian, P., Beck, M., d'Arbon, T. and Taouk, Y. 2015, *Timor-Leste: Transforming Education Through Partnership in a Small Post-Conflict State*, Comparative and International Education: A Diversity of Voices, Vol. 35, Sense Publishers.

（21）　Millo, Y. and Barnett, J. 2004, *op.cit.*; pp.721-737.

(22) Butcher, J. et al. 2015, *op.cit.*; A Diversity of Voices, Vol.35, Sense Publishers.

(23) Millo, Y. and Barnett, J. 2004, *op.cit.*; pp.721-737.

(24) The World Bank. 2001, *Project Appraisal Document On A Proposed Grant In the Amount of US$13.9 Million To East Timor For A Funamental School Quality Project.* Human Development Sector Unit East Asia and Pacific Region, Washington DC, The World Bank.

(25) CAVRは国連東ティモール暫定行政機構（UNTAET）統治下の2001年にUNTAET規約 No.10/2001によって設立された独立機関であり、予算も国連援助国が分担している。主に 1974年から1999年までの政治情勢や各勢力の動向を含めた人権侵害の記録と公聴会やミー ティングを通した和解の促進を行ってきた。3,000ページを超える英語版の最終報告書が 2013年に出版されており、最初の90ページで当該委員会の目的と役割が詳細に示されてい る。

(26) 公式記録にて数値として示されているものは1974年から1981年までの3,451人であり、 1974年から1979年までの人数はグラフより筆者が推測している。

(27) The Timor-Leste Commission for Reception, Truth and Reconciliation（Comissão de Acolhimento, Verdade e Reconciliação de Timor Leste: CAVR）. 2013, *Chega!: the final report of the Timor-Leste Commission for Reception, Truth and Reconciliation（CAVR）*, CAVR. • Jakarta: KPG in cooperation with STP-CAVR.

(28) The Timor-Leste Commission for Reception, Truth and Reconciliation（CAVR）. 2013, *op.cit.*; KPG in cooperation with STP-CAVR.

(29) Nicolai, S. 2004, *op.cit.*; IIEP, UNESCO. なお、ポルトガル植民地時代に存在していた高等 学校が占領直後のインドネシア公式統計では記載されていない理由は不明である。Nicolai が実施したインタビューによれば高等学校は当時存在していたようである。

(30) The Timor-Leste Commission for Reception, Truth and Reconciliation（CAVR）. 2013, *op.cit.*; KPG in cooperation with STP-CAVR, p.405. Millo, Y. and Barnett, J. 2004, *op.cit.*; pp.721-737. なお、 インドネシアによる同化政策については東ティモール受容真実和解委員会（CAVR）の最終 レポート（405頁）で、インドネシア政府の直轄組織が言語教育を中心とした教育プログラム を通して東ティモール人をインドネシア国家に同化（Assimilate）させる活動を占領当初から 行っていたことが記されている。CAVRはUNTAET規約によって設立された機関であるこ とから最終レポートに記載があるインドネシアの同化政策は国連による見解として位置付 けられると考えられる。

(31) インドネシアの教育システムは就学前教育（5歳〜6歳）、初等教育（7歳〜12歳）、中等教 育（普通科・専門科：3年間）、高等教育（普通高等教育・高等専門学校：3年間）、大学（職 業能力学校・短期大学：3年間、普通大学：4年間）、そして修士課程及び博士課程がある。

(32) Provincial Government of Timor Timur. 1993, *Timor Timur Dalam Angka 1993*, Indonesia.

(33) Pederson, J. and Arneberg, M. 1999, *Social and Economic Conditions in East Timor*, New York, NY: Internaitnal Conflict Resolution Program, School of International and Public Affairs, Columbia University, and Oslo: FAFO Institute of Applied Social Science.

(34) Provincial Government of Timor Timur. 1993, *op.cit.*; Indonesia.

(35) The Timor-Leste Commission for Reception, Truth and Reconciliation（CAVR）. 2013, *op.cit.*;

論　文

KPG in cooperation with STP-CAVR.

(36)　Nicolai, S. 2004, *op.cit.*; IIEP, UNESCO.

(37)　The World Bank. 2004, *Timor-Leste: Education Since Independence From Reconstruction to Sustainable Improvement*. Human Development Sector Unit East Asia and Pacific Region, Washington DC, The World Bank 2004.

(38)　多くの学校が破壊されたにも関わらず紛争終結から2年後に707校を開校するまでに至ったのは2年間の教育復興への集中的な国際援助と東ティモール人教育者による献身的な努力があったことが挙げられている。

(39)　Republica Democratica De Timor-Leste Miniserio Da Educacao, Cultura, Juventude E Desporto. 2005, *National Education Policy 2005-2009*, Timor-Leste.

(40)　Democratic Republic of Timor-Leste Ministry of Education Office of the Minister. 2007, *National Education Policy 2007-2012*, Timor-Leste Ministry of Education.

(41)　東ティモールにはこの他に土着の言語が16言語ほど存在し、人々の多くはテトゥン語のほかに土着言語を日常会話に使用している。

(42)　Plan and UNICEF. 2009, *Child-rearing Practices of Parents and Caregivers in Timor-Leste*. UNICEF.

(43)　識字率の順位はUNESCO Institute for Statistics（UIS）のLiteracy Rate（25-64 years, both sexes）をもとに算出した。2010年にデータがない国家の場合は5年以内で最も直近のデータ、直近データが2つ以上ある場合には2010年以前のデータを採用した。

(44)　例えば、本稿では議論の対象とはしていないが、東ティモールの紛争におけるカトリック教会の抵抗やその後のカトリック教会が学校教育に対して有する影響力などは東ティモール紛争と関連して教育に影響を与える重要な要因となり得る。東ティモールのカトリック教会と教育の関係については夏秋英房(2016)「東ティモールにおける学校教育とカトリック教会－独立への歴史的経緯に注目して－」『國學院大學人間開発学研究』第7号,135-156頁に詳しく述べられている。

東ティモールにおける紛争と教育セクターへの影響

The Impact of Conflict on the Education Sector in Timor-Leste:
An Analysis of Irregular Trends Observed in Educational Data

Yuji UTSUMI

(Waseda University)

In 2000, at the World Education Forum in Dakar, known as one of the strongest mobilization forces formulating global education development policy, the Dakar Framework for Action was adopted. This successfully raised awareness of the growing need for education reconstruction in post-conflict countries among UN agencies, international aid agencies and academic research institutes. Since then, there has been research conducted in the field of education and conflict in developing countries, mainly by UN agencies and aid practioners that include findings from their project implementations.

Although it is easy to imagine that conflict has a negative impact on most education sectors in general, it is rather difficult to analyze the mechanism of relations between education and conflict due to difficulty in collecting objective educational data under any conflict situation.

However, in recent years, a comparative methodology has become increasingly popular in the field of education and conflict that captures the trend of educational situation in a country before and after conflict by matching education outcomes derived from social survey data conducted after the conflict to information of conflict areas as well as a range of subjects exposed to conflict. Those using this methodology tend to seek especially the changes in trends in educational performance indicators such as the completion rate or the schooling years when conflict occured.

This study also aims to find the impact of conflict on education outcomes, and uses the cases of several conflicts experienced in Timor-Leste in the past. The study compares educational trends that can be drived from available existing educational data in each period of social changes under the occupation and rule of Portugal and Indonesia. In particular, the study compares the difference in education outcomes between primary and lower secondary schools in four different periods, namely, the conflict period immediately after the Indonesian occupation, the normalization period under Indonesian occupation, the further crisis period during the Timor-Leste independence referendum, and the reconstruction and development period after independence.

More specifically, following a review of the recent and increasing amount of literature on the impact of conflict on education outcomes, this study briefly introduces the impact of the Portugese

21

論　文

ruling policy in Timor-Leste on access to education by showing the change in the number of students and schools in this time period. The study next compares trends in the number of students and schools by year and also completion rates by birth cohort in respective primary and lower secondary educational institutions during the 10-year conflict period after the Indonesian occupation and the following 10-year normalization period in Timor-Leste. Furthermore, the impact of conflict on education quality is examined by comparing changes in the number of schools, teachers and students before and after the independence referendum held in 1999. Finally, the study analyzes how the various previous social and security situations have impacted the recent education outcomes in Timor-Leste after its independence.

This study found, first, that the conflict occurring during the initial Indonesian occupation period from the mid-1970s and early 1980s had a negative impact on educational outcomes, particularly in lower secondary education. In addition, it was found that the impact of conflict affected not only the official age cohort in primary and lower secondary education at the time of conflict, but also the age cohort younger than the official school age group at the time of conflict who would be exposed to the impact of conflict in education after the conflict ended. The study also found a sudden decline in the quality of primary education occurring during the independence referendum period by observing the drastic increase in the pupil-teacher ratio in primary schools.

Although Timor-Leste showed strong resilience in providing educational quality during the referendum period and has recovered this quality before the conflict ended within a short period, the country is still facing a low adult literacy rate, lower than average among the disputing countries, and suffering from the process of the most recent education policy formation due to inconsistent education policies which have been frequently changed in the past for various purposes of the ruling countries.

This study contributes not only to providing further focus on the hidden factors for improving the current education situation and formulating better education policies by governments and international aid agencies in disputed countries, but also to showing an example of comparative analysis on the conflict's impact on educational outcome from macro perspective with only using available general social survey data. Since the accumulation of studies in this field has not been sufficient in spite of the recent growing needs and attention on a global scale, it is highly expected that this study can be one of the research examples and contribute as a reference to any further applied studies on education and conflict.

―――― 論 文 ――――――――――― 比較教育学研究第56号〔2018年〕――

新興国マレーシアで学ぶ留学生の
大学から職業への移行
――留学生の新たな移動に着目して――

金子　聖子
(大阪大学)

はじめに

　本稿は、新興留学生受入国マレーシアに焦点を当て、留学先決定から留学中
の学習経験、および職業への移行過程を明らかにするとともに、留学終了後も
含めた新たな人材の移動パターンを提示することを目的とする。

　少子化に伴う労働力不足が見込まれる先進諸国を中心として、高度外国人
材[1]をめぐる獲得競争が激化している。人口減少下における経済への貢献に対
する期待感のみならず、その社会統合費用の少なさから、高度外国人材は移民
政策全般において優遇されている[2]。そして、母国を離れ外国で学ぶ留学生は、
潜在的な高度人材として注目を浴びており、移民を積極的に受け入れる先進諸
国を中心に、留学終了後に一時もしくは永住民として留学先の国に残る留学生
が増えている[3]。

　世界中の留学人口は急増しており、留学生数は2000年の210万人から2012
年の450万人へと倍増した[4]。中国、韓国、マレーシア、シンガポールなどの
アジア新興国が留学生受け入れシェアを拡大している。なかでもマレーシアと
シンガポールは、OECD諸国への送り出し国であると同時に、新興の「競争相
手」でもあるという位置づけである[5]。本研究で焦点を当てるマレーシアは、
1999年には3,500人だった留学生受け入れ数が2015年には106,000人と、実に
30倍も急増した。その要因の一つが、トランスナショナル教育の普及である。
従来の教育は、教育プログラムの実施国と学位を授与する高等教育機関が同一
の国や地域にあり、留学先で所定の科目を履修すると学位や資格が授与され

論　文

る[6]（以下、従来型教育と呼ぶ）。一方、トランスナショナル教育プログラムでは、プログラムの実施国・地域と学位授与機関の所在地が一致せず、プログラム履修国（例えばマレーシア）で一定の期間学び、残りを学位授与教育機関がある第三国（多くは欧米英語圏）で履修するツイニングプログラム[7]や、学位授与機関のブランチキャンパス（分校）で学位取得を目指すプログラムが見られる[8]。もともとは、新興国や開発途上国において、国内学生の高等教育需要を満たすのが主目的であったが、このプログラムが発展することで、近隣諸国をはじめとする他の開発途上国から、欧米英語圏の学位を目指して留学生が集まる構図となっている。

１．留学生の進路と人材の移動

（1）　留学生の進路

　伝統的な留学生受入国（主に欧米英語圏）では、元留学生を潜在的な高度外国移民としてとらえる政策から、滞在を継続した留学生の、就職や永住権取得に至る過程の研究が数多く行われている。特に、カナダ、オーストラリア、ニュージーランドなど、教育輸出国であり、かつ国家形成の中で移民受け入れの長い歴史を持つ国々において顕著である[9]。オーストラリアに留学したインド人留学生の進路形成に関し、元々は永住権に興味のなかった者までもが、オーストラリアの「教育産業」「移住産業」に飲み込まれる中で、永住権を渇望するようになる過程を描いた Baas の研究[10]や、カナダの大学を卒業した元留学生にとって、留学先における人間関係の形成が、大学から仕事への移行にとって重要な要素であると明らかにした研究[11]がある。

　またオーストラリアの大学で学位取得後、帰国した者と、そのまま滞在し続けて移住者となった者の学習成果の活用と進路を対比させた研究[12]では、帰国者は英語力や職業実習の経験が生かせた反面、オーストラリアの学位が高いポジションに結びつかないというジレンマも見られた。一方、移住者となった元留学生は、その多くが学位にふさわしい仕事に就いておらず、不完全雇用や低賃金の問題を抱えているものの、環境、安全性、インフラ、子どもの教育など、ライフスタイルの利点を感じていた。

カナダ、イギリス、デンマークへの留学生の進路に関しては、合理的な理由では説明がつかない、チャンスやタイミングなどの要因から留学生がキャリアを選ぶ過程や、様々な社会的関係が及ぼす影響により、母国や留学先だけに留まらない多様な進路が論じられている[13]。

　アジア新興国に目を転じてみると、シンガポールでは留学生は人材プールの予備軍ととらえられ、多くの留学生が卒業後も滞在し続ける希望を持っており、政府も高度人材の永住を推奨している[14]。つまり、シンガポールの状況は欧米英語圏の国々とほぼ同様である。一方、マレーシアについては、高等教育省が留学生を潜在的な高度外国人材ととらえる政策を打ち出している[15]ものの、新卒者の失業問題が存在するため、留学生リクルートはこの問題を悪化させると指摘され[16]、政策が省庁を越えてどこまで浸透しているのかは不明である。留学生の進路に関する研究は限られるが、吉野はマレーシアの大学を、一時逗留してさらに英語圏へ移動するためにスタンバイする中継地点であると論じた[17]。同じく杉村も、マレーシアで学ぶ留学生は、トランスナショナルプログラムを利用し、比較的安い費用で英語を習得した上で、欧米諸国に再留学することを狙っており、マレーシアが国際留学生移動のトランジットポイントになっているとする[18]。

　アジア新興国の出現により、教育から移住への流れはより複雑になっている[19]にもかかわらず、上述のとおり、多様な進路が研究されている伝統的な留学生受入国と比べ、マレーシアで学ぶ留学生の進路については十分に解明されているとは言えない。

(2)　留学に係る人材の移動

　より広い視点で留学生の進路を考えてみると、これまでに人材の移動に関するいくつかの類型が議論されてきた。従来からの典型的な留学パターンとしては、途上国から先進国に留学する「先進文明吸収型」「学位取得型」、先進国からの留学は「地域研究型」「異文化理解型」に分類される[20]。その後、時代を追うごとに新しい形態の学生移動が起こり、地域内の相互理解を主眼に置いたエラスムス計画に代表される「共同体理解型」[21]が論じられるようになった。また嶋内は、近年その数が急激に増えている、日本および韓国における、英語

論　文

を教授言語とするプログラムで学ぶ留学生の調査を通じ、新たな留学生移動の類型を論じている。「セカンドチャンス型」は、元々は欧米英語圏への留学を希望していたが、経済面や語学力で断念し、日本や韓国の英語プログラムを目指した者、「ステッピングストーン型」は日韓の英語プログラムで学士号を取得した後に、教育の質に対する信頼度のより高い欧米英語圏を目指そうとする者を表す[22]。さらに、日本・中国・韓国出身で、自国以外の残りの2か国語を操り、北東アジアというより広い地域に関心を持つ学生や、英語プログラムの存在によって北東アジアの複数の国に留学経験を持つ東南アジア出身の留学生等の動きを「地域周遊型」ととらえた[23]。

　このような人材移動の類型化は、留学を通じた人の移動を理解するために非常に有益である一方、主に留学に至るまでの流れや動機をその類型の根拠として扱っており、留学後の流れまで視野に入れた議論は少ない。「ステッピングストーン型」は、その中でも留学後の人の移動も範囲に含めていると言えるが、基本的にはさらに上級の課程への留学を指しており、勉強を終えた後の職業への移行にまで踏み込んでいるとは言えない。以上のことから、新興国への留学終了後も含めた人材の移動パターンを明らかにする必要があると考える。

２．研究の方法

　2015年11月から2017年3月の間の合計約5週間、クアラルンプールおよびその近郊に位置する高等教育機関4校（**表1**）にて調査を実施した。延べ59名の留学生に留学動機や進路希望に関する半構造化インタビューを実施するとともに、より多角的な視点を得るため教職員、元留学生からも情報収集を行った。

　現在マレーシアは教育ハブ開発を国家事業として進めており、クアラルンプール教育都市（Kuala Lumpur Education City）および南部ジョホール州のイスカンダール計画によるEducityがその中心である。Educityにも数多くの国内大学やブランチキャンパスが存在するが、設立されて日が浅く、卒業生を輩出していない大学も多いため、本研究ではクアラルンプール教育都市を調査対象として選択した。

　マレーシア国民大学（Universiti Kebangsaan Malaysia、以下：UKM）は、伝

表1　調査対象校一覧

大学名	種別	詳細	留学生数／総学生数 （留学生割合）[24]
マレーシア国民大学	国立総合大学	研究5大学のうちの1校	3,087／24,628 （12.5%）
マルチメディア大学	私立総合大学	政府系情報通信企業テレコム傘下	1,510／18,632 （8.1%）
ヘルプ大学	私立総合大学	カレッジから昇格。トランスナショナル教育、従来型教育の両方を行う。	1,235／5,783 （21.4%）
ノッティンガム大学マレーシア校	ブランチキャンパス	イギリスに本校を持つ。中国にもブランチキャンパスあり。	1,337／5,001 （26.7%）

出典）筆者作成。

統的な国立大学の一校であり、クアラルンプール郊外のスランゴール州に位置している。マレーシアの主要な国立大学は、設立経緯が特殊な国際イスラム大学[25]を除くと、ほとんどにおいて全学生に占める留学生の割合は8〜12%であり[26]、なかでもUKMは留学生の割合が多い部類の大学と言えるであろう。

　マルチメディア大学（Multimedia University、以下：MMU）は、1996年の私立高等教育制度法によって設立が許可された、政府系企業による代表的な大手私立大学の一校である。同形態の大学としては、石油・ガス供給大手によるペトロナス工科大学、電力会社によるトゥナガナショナル大学がある[27]。

　ヘルプ大学（HELP University、以下：HU）は、私立大学の設立が認められていなかった1986年にカレッジとして設立され、2011年に大学へと昇格した。学位を提供できなかった背景から、多くの欧米諸国の大学と提携してトランスナショナル教育プログラムを実施しており、代表的な民間教育機関の一校である[28]。

　ノッティンガム大学マレーシア校（The University of Nottingham Malaysia Campus、以下：UNIM）は、イギリスに本校を持つ大学のブランチキャンパスである。2017年6月現在、マレーシアには12大学のブランチキャンパスがあり[29]、なかでもUNIMは、1996年の私立高等教育制度法によってブランチキャンパスの設置が許可されて以降、2000年という初期に設立された大学である。受入留学生数はブランチキャンパスの中で最多である[30]。

　以上のように、調査対象の4大学は、国立大学、政府系企業傘下の私立大学、カレッジに起源を持つ私立大学、ブランチキャンパス、をそれぞれ代表する大

論　文

表2　主なインタビュー対象者（インタビュー実施時）

#	大学	性別	国籍	専攻	文理	学年	入学前の状況
1	UKM	女	イラン	建築学	理	M2/卒業前	マ他大学部
2		男	バングラデシュ	電気工学	理	D1/D2	母国学部→UKM修士
3		男	バングラデシュ	電気電子工学	理	D3	第三国学部（イギリス）→マ講師→UKM修士
4		男	バングラデシュ	マテリアル科学	理	D3/D4	母国修士→母国企業
5		男	ヨルダン	数学	理	D3/卒業前	第三国（サウジアラビア）講師→UKM修士
6	MMU	男	パキスタン	会計学	文	B2/B3	母国高校
7		女	ソマリア	会計学	文	B3/卒業前	第三国（UAE）高校
8		男	ウガンダ	金融学	文	B3/卒業後	母国Aレベル
9		女	スリランカ	広告デザイン学	文	B3	母国学部中退
10		男	クウェート	コンピュータ工学	理	B3	母国専門資格課程→母国省庁
11		男	シリア	コンピュータ工学	理	B3	母国学部中退
12		女	ナミビア	会計学	文	B3	母国高校→マ予備教育
13		男	シリア	電子工学	理	B4	母国学部中退
14		男	モロッコ	ナノテクノロジー	理	B4	母国学部中退
15		女	ガーナ	国際マーケティング学（修士）	文	卒業生	母国学部
16	HU	女	ブルネイ	法学	文	B1	母国Aレベル
17		男	パキスタン	法学	文	B1	母国Aレベル
18		女	カザフスタン	金融学	文	B1	母国高校→マ英語コース→マ予備教育
19		男	UAE	石油工学	理	B2	母国高校→マ他大学部中退
20	UNIM	女	韓国	薬学	理	B1	マ高校
21		女	バングラデシュ	機械工学	理	B1	マAレベル→マ企業（アルバイト）
22		男	シリア	コンピュータ科学	理	B2	母国学部中退→マ他大学部中退
23		女	中国	経営学	文	B3	母国高校→マ予備教育
24		女	中国	応用心理学	文	B3	母国学部中退
25		男	シンガポール	経済学	文	B3	母国専門資格課程→母国インターン
26		女	ベトナム	バイオテクノロジー	理	B3	母国学部（マ大学との2+2）
27		男	エジプト	化学工学	理	B3	第三国（サウジアラビア）高校→マ予備教育
28		女	ウガンダ	電気電子工学	理	B3	母国Aレベル
29		女	インドネシア	応用心理学	文	M1	中国学部→母国企業

出典）現地調査に基づき筆者作成。

注）　1.「学年」の項目に2種類の記述がある対象者は、インタビューを2回実施したことを示す。2回目のインタビューはSkypeを使って実施した者も含む。

　　2. Bは学士、Mは修士、Dは博士のそれぞれ課程を示す。マレーシアの学部課程は、大学や専攻によって3年間と4年間の2パターンある。

　　3.「入学前の状況」および「卒業後の希望」の「マ」はマレーシアを指す。

卒業後の希望
どこでも
マもしくは第三国（中東諸国）
第三国（日本、中東諸国）もしくはマ
マもしくは第三国（日本、中東諸国）
どこでも
どこでも
第三国（UAE）
母国、アフリカ他国
第三国（ニュージーランド）
母国
第三国（エジプト）
母国
どこでも
どこでも
マ企業12年間勤務、母国起業希望
第三国（イギリス）→母国
第三国（イギリス）→母国
第三国修士
母国以外どこでも
第三国（イギリス）進学→母国
マ
第三国
母国
第三国（イギリス）進学→母国
母国
どこでも
マ、母国、第三国（サウジアラビア）
第三国（中国）進学
マ企業→母国

学である。留学生が原則として在籍しないポリテクニークやコミュニティカレッジ以外の主だった高等教育機関の種別を網羅できているため、新興国留学後の人材移動パターンを明らかにするのに相応しいと考えられる。

調査対象者は、UKM、MMU、HUに関しては、国際オフィスや学長室からメーリングリスト等を通じて留学生に幅広く声を掛け、インタビューを承諾する人に来てもらった。その際、より多様性を持った少数のサンプルからの調査結果こそが、諸ケース間をつらぬく重要な共通パターンを生み出す、とする「最大の多様性を持ったサンプリング」[31]を用いるため、一部の国籍や専攻分野、学年に偏ることのないように各部署に依頼した。一方、UNIMにおいては、キャリア支援関連の部署のウェブサイトにインタビューの案内文を掲載してもらい、興味を持った留学生が筆者に直接連絡する形を取った。都合がついた留学生全員に対しインタビューを実施したが、結果的には同大学においても、多様な背景を持つ学生から話を聞くことができた。インタビュー対象者延べ59名のうち、論文中に発言を引用した29名の詳細は**表2**のとおりである。論文中のNo.は、インタビュー対象者の番号を指す。

論　文

3．分析の枠組み

　本研究では、吉本（2001）による大学教育と職業への移行の分析枠組みを土台として、留学生の職業への移行を整理する[32]。この分析枠組みは、ヨーロッパと日本における大学卒業後の職業への移行を比較検討したもので、大学入学前、在学中、職業への移行の全ての段階において、就業に関わる視点が含まれていることが特徴である。このため、いまだ十分に解明されていない、留学生の大学から職業への移行を分析するに当たって適切であると考えた。図1のとおり、この枠組みには、「国レベル」、「組織レベル」、「個人レベル」がある。「国レベル」における受入国の制度的コンテクストについては、特に教育ハブ確立を目指す国々の動機が先行研究で論じられている。マレーシアを除くカタール、UAE、香港、シンガポール、ボツワナにおいて、高度外国人材の呼び込みや定着などの動機が中〜高程度であるのに対し、マレーシアのみが低い[33]。一方、「組織レベル」における大学の留学生獲得動機に関しては、後発途上国との対等なパートナーシップ作りやイスラム世界でのリーダーシップ等の動機が明らかにされている[34]。

　以上のことから、本稿では主に「個人レベル」に焦点を当てて、「国レベル」「組織レベル」との関連も含めた分析を行う。大学教育の効果に注目する観点

図1　大学教育と職業への移行の分析枠組み
出典）吉本（2001）p.116をもとに、留学生の職業への移行に合わせて筆者作成。

から、「個人レベル」の要因としては (1)「入学前の経験」に関して①留学先選択の理由、②就業等の経験を、(2)「大学教育経験」に関しては①学習の経験、②就業等の学内外での経験を、(3)「職業生活への移行」については①移行プロセスの円滑さ、②専門性の活用度、をそれぞれ検討する。

4．調査結果

(1)　入学前の経験

①留学先の選択理由

　先行研究によれば、マレーシアを選ぶ留学生の動機は、学費や生活費の安さ、英語の通用性、文化・宗教的近似性、地理的近接性、安全性等である[35]。しかし、本研究では、UNIMで調査対象者となった13名全員が、全く異なる留学動機を有していることが明らかになった。彼ら・彼女らは国際ランキングや評判を元に、まずノッティンガム大学のイギリス本校を選択し、同大学の有するイギリス、中国、マレーシアの3キャンパスを比較検討した上で、費用、難易度、提供される科目、クラスサイズ、就学年数等の要因から、マレーシアキャンパスを最終的に選んでいた。この選択過程は、同じトランスナショナル教育であっても、HUのツイニングプログラムで学ぶ留学生の動機とは全く異なっており、ブランチキャンパスで学ぶ留学生に特有の動機である。従来型教育プログラムやツイニングプログラムで学ぶ留学生の場合は、様々な要因からまずマレーシアを留学先として選択し、その後、マレーシアの複数の教育機関を比較検討するのが一般的である。まずマレーシアを選んでからUNIMを選択したという留学生がいなかったこととは対照的である。

　また、イギリスの学位が取得できる教育プログラムかどうかに関わらず、イギリスの教育制度が土台となっていることが、マレーシアの教育の強みであることが分かった。英連邦諸国（Commonwealth）における卒業資格の通用性や学問上の共通点[36]等がマレーシアを選択する重要な要因である。

　さらに、もともと留学希望はなかったものの、母国で希望の進路に進めなかったことからマレーシアに留学した者もいた。例えば母国では高等教育機会が限られ、成績不足で国立大学へ進学できず、希望するイギリスの大学へ進む

論　文

機会も限られたというブルネイ人学生（No.16）や、専門資格課程（Diploma）から学部へ進学する際、専門分野の変更が母国シンガポールでは認められなかったという者（No.25）がいた。

②就業等の経験

　マレーシアの大学に留学する前に就業の経験を有していた者は、そのほとんどが、学部や修士課程修了後に母国で一旦就職した後に、専門知識を深めるため、マレーシアにおいて、より上級の修士・博士課程に進学していた。残りの者は母国で就職し、就職先の大学や官公庁からマレーシアの大学に派遣されてきていた。数は少ないが、マレーシアで就業経験を持つ者が2名（No.3と21）、第三国で就業経験のある者が1名（No.5）いた。

　就業経験ではないが、マレーシアに留学する前に、別の大学に就学していた者が多数見られた。母国の大学に入学経験のある者が最も多く、例えば、スリランカの新設大学がトランスナショナル教育を提供するということで入学したが、教育の質の低さと、約束されていたはずの、最終学年でのイギリスの大学への編入が実は不確実であることが分かり、退学を決めた留学生（No.9）がいた。また、シリア出身の3名は、全員が母国の大学に就学していたが、戦争により継続が困難になり、マレーシアに逃れて来ていた。さらにモロッコ人留学生は、工学分野の研究者を志すに当たり、基礎的な学習をフランス語で進めてしまうと、論文の投稿等で不利になると感じ、母国の大学を退学してマレーシアの大学に入り直した（No.14）。現在とは別のマレーシアの大学に通っていたものの、教育の質の低さや運営上の問題から大学を移った者も2名いた（No.19と22）。

（2）　大学教育経験

①学習の経験

　本研究でインタビューを行った留学生は、所属する大学からの声掛け、もしくは筆者からの依頼に、自ら積極的に手を上げた者ということもあり、多くがマレーシアでの留学を前向きにとらえ、学習の経験に関しても総じてポジティブな意見がほとんどだった。総合的な意見としては、厳しい勉強の中での満足

度の高さ、費用対効果の高さを述べた者（No.12）、適切・丁寧な指導が受けられ、「MMUでの勉強が今の私を形作ったと思う」と話した卒業生（No.15）等がいた。一方で、ここ数年マレーシアの通貨価値が低下したことに伴い、教員が辞職して他の国に行ってしまい、総合的に見て教育の質が低下したという声（No.25）もあった。

　教授法等に関しては、母国では理論の記憶ばかりが求められたが、マレーシアの教育は実践的であるという声（No.22）や、学部課程に入る前の予備教育課程において、批判的思考や文化的多様性が習得できたという意見（No.18）があった。

　英語が教授言語であるということも、留学生にとっては大きなプラスであった。ある韓国人留学生は、母国の詰め込み式の学習方法や熾烈な競争と比べ、「マレーシアに留学しなければここまで英語が上達しなかったし、マレーシアのほうが良い学習成果が挙げられると思う」と語った（No.20）。また、ノッティンガム大学への強い留学意欲を有していたベトナム人留学生は、全課程をマレーシアで学ぶか、ベトナムとマレーシアの2+2という二つの選択肢があったという。ベトナムでは、たとえ教授言語が英語でも、不明点を友人に母語で質問でき、自信を付けた後でマレーシアに渡ることができたため、2+2の選択は正しかったと話した（No.26）。

②就業等の学内外での経験

　先行研究では、留学生が留学先の国でアルバイトをすることの重要性が明らかにされている。学費や生活費を稼ぐ目的だけでなく、雇用主がスポンサーとなり、卒業後も滞在許可が得られる可能性[37]や、専門分野で経験を積み、フルタイムで採用される可能性[38]につながる。

　この点から見ると、マレーシアの出入国法では週20時間まで留学生のアルバイトが認められているものの、主に英語で勉強や研究を遂行している留学生たちにとって、仕事で使えるレベルのマレー語を習得するのは難しいことから、現実にはアルバイト経験は限られていた。本研究の調査対象者の限られたアルバイト経験は、大きく①キャンパス内の仕事、②音楽、スポーツ等を教える仕事、③自分の興味のある仕事に従事、に分類できた。③が最も実際の就労につ

論　文

ながりやすいと考えられるが、③に当てはまる学生はさらに少数であった。

　アルバイトのみならず、留学生にとって、正式な教育カリキュラムに含まれるインターンシップ先を探すことすら、マレーシアでは非常に困難である。インタビュー実施時にちょうどインターンシップ先を探していたパキスタン人学生（No.6）は、50社に申請して面接に呼ばれたのは3社のみだったという。そのうち1社の面接官から、インターンは正規雇用につながる者を探しており、就労ビザ申請の煩雑さ、高度外国人材の最低賃金の高さから、留学生を雇う見込みの低さを面と向かって伝えられたという。大学の正規カリキュラムにもかかわらず、大学から適切な支援は受けられていないとのことであった。このため、留学生のほとんどは自国に一旦戻ってインターンシップを実施しているのが現実である。

(3)　職業生活への移行
①移行プロセスの円滑さ

　マレーシアで新卒の留学生が就職することは非常に難しいと言わざるを得ない。就労ビザ申請の煩雑さ、高度外国人材の最低月給RM5,000[39]というハードルから、企業は新卒の留学生採用を敬遠している[40]。「マレーシアに留学する理由は低価格で質の高い教育。マレーシアを去る理由は、十分な給料の仕事や市民権を得られないため」(No.22)という留学生の声が、この状況を端的に物語っている。

　ただ、全く就職のチャンスがないというわけではない。国内人材が不足しているITやマルチメディア系の企業等では採用のチャンスがあると、UNIMの就職支援担当者は語った[41]。また、ガーナ出身のMMU卒業生は、2005年当初は留学生の就職活動が容易だったとした上で、MMUで得られた国際マーケティングの知識と、在クアラルンプールの外資系企業で12年間勤務して得られたスキルを活用し、近い将来、母国でコンサルティング会社を起業予定であると語った（No.15）。

　さらに、ある大学では最低月給の障壁を乗り越えるため、ポスドク研究員とRM5,500で雇用契約を結び、実際にはRM2,000のみ本人に支払い、残りRM3,500を2名の留学生に分配し、奨学金として支払っているという事例が

あった。

　一方、マレーシアでの厳しい就職状況から、第三国へ移動することを検討している者もいた。戦火を逃れてエジプトに移住した家族と合流し、父のビジネスを手伝う予定のシリア人学生（No.11）や、マレーシアと比べ両親の住むUAEのほうが様々な利点があると話したソマリア人学生（No.7）、父親が長く就労するサウジアラビアでは個人的な人脈で仕事を探せると話したエジプト人学生（No.27）がいた。これらの事例は、母国でもマレーシアでもない第三国とは言え、両親の居住する中東諸国にいわば「帰国」する者たちととらえることもできるだろう。

　従来からの研究で論じられてきたとおり、マレーシアを欧米諸国への中継地点ととらえる留学生も見られた。自身のマレーシアでの就労（アルバイト）経験[42]とノッティンガム大学の卒業証書の強みから、カナダ、オーストラリア、ニュージーランドで就労、永住権取得を目指したいと語ったシリア人学生は、「マレーシアで仕事を探すのは時間の無駄」と言い切った（No.22）。

②専門性の活用度

　資格取得を重視する留学生が多く見られた。MMUの会計学専攻は、英国勅許公認会計士協会（Association of Chartered Certified Accountants、以下：ACCA）や米国公認会計士協会の認定を受けており、卒業生は試験科目の半分以上が免除になる。ACCAにすでに登録したというソマリア人留学生は、「単に会計学科を卒業しただけでは会計の仕事に従事するだけだが、資格を取ればCEOにまで登りつめることができる」（No.7）と、資格を持つことのキャリア上の優位性を語った。また、課程の後半2年間をノッティンガム大学イギリス本校で過ごす2＋2プログラムで学ぶ薬学専攻の韓国人学生は、卒業後はイギリスで薬剤師資格を取るための研修に参加する希望を持つ。将来的には韓国で働く予定だが、イギリスの薬剤師資格を取得すれば、帰国後もキャリア上の選択肢が広がると語った（No.20）。

　ブランチキャンパスで学ぶ留学生の中には、専門性を高めるため、他国キャンパスでの進学を希望する者も見られた。例えばマレーシアキャンパスで応用心理学の学士号を取った暁には、イギリス本校で修士号を取り、将来は中国に

論　文

帰国して異文化間カウンセリングのクリニックを開設したいと語った学生
（No.24）や、今のキャンパスでは得られないインターンシップがカリキュラム
に含まれる中国キャンパスで、電気電子工学の修士号を目指すというウガンダ
人留学生がいた（No.28）。

　一方、研究職を目指すシリア人学生は卒業後の進路に関して、「サウジアラ
ビアや湾岸諸国ですら、ここ2〜3年シリア人は仕事を得られない。つまり、
非常に創造的で、必要とされる人材とならなければ、地域的にも国際的にみて
も、就職できないということだ。……このような条件下では研究職しかない。
ヨーロッパもしくは教育システムが同じオーストラリアかカナダ、または研究
を続ける環境が整いつつあるマレーシアで機会を探したい。……奨学金付きで
勉強が継続でき、そして英語が使用できるのであれば、場所はどこでもいい」
（No.13）と語った。同じくバングラデシュ人留学生は、母国のインフラ未整備
により、帰国すれば電気系の科目を大学で教えるだけになってしまうので、研
究継続のためマレーシアに滞在するか、無理なら中東諸国を目指すと語った
（No.2）。このように、研究志向の強い留学生たちは、研究継続が最優先であっ
て、その願いが達せられれば場所は選ばないという考えを有しているのが特徴
であった。

5．大学から職業への移行の類型化

　国レベルでは、高等教育省は留学生を潜在的な高度外国人材ととらえてはい
るものの、政府全体ではマレーシア人学生の失業対策が優先されている。その
結果、国際的な教育ハブ開発において、競合国が力を入れている高度外国人材
の誘致・定着は、マレーシアでは重視されていない。一方、組織レベルでの後
発国やイスラム諸国からの留学生誘致は、それらの国々の学生に対する教育の
提供を通じて、欧米・中東第三国でのステップアップや研究者としてのキャリ
ア形成、もしくは母国への貢献という道筋につながっている。これらを踏まえ、
留学先の選択、大学教育、職業への移行という一連の流れを追った本研究から、
新興国マレーシアで学ぶ留学生の移動を、下記のとおり類型化して考察したい。

(1) 欧米諸国等永住権志向型

最初から欧米英語圏に留学する、主に途上国出身の留学生は、この類型に当てはまる者が多い。マレーシア留学についても、先行研究に見られたような、マレーシアを中継地点として欧米諸国に渡ることを希望する留学生は、この類型に含めることができる。本研究のインタビュー時点で、この類型に含まれる者はそれほど多くないと感じられた。しかし、ツイニングプログラムで教育課程の後半を欧米諸国で過ごす留学生たちは、卒業後に滞在許可を就労に切り替え、永住権を目指していく可能性もある。ブランチキャンパスの複数の大学を比較検討し、他国キャンパスのより上級の課程へ移っていく者たちも、移動先で永住権取得を目指すかもしれない。

(2) 母国貢献型

最も従来型で、実際に現在でも最も多くの留学生がとると考えられる進路[43]が、帰国ということになろう。学習に組み込まれた就労実習は仕事のスキルとネットワークをもたらし、職業への移行に有効である[44]。しかしマレーシアで就学しながらも、教育課程の一部であるインターンシップを母国で行わざるを得ないという状況下では、マレーシアでの就労に必要な実務スキルや就労環境に関する知識、ネットワーク等を習得できない。母国での就職につながりやすくなるのも当然だろう。

また本研究では、本来は自国で進学希望であった学生が、高過ぎる競争率や供給過少、専門分野の変更不可、等のプッシュ要因からマレーシアへ留学するという事例も見られた。彼ら・彼女らの多くは、もともと海外志向が強かったわけではなく、マレーシアの大学を卒業後は地元に戻ることを希望している。

(3) 研究志向型

理工系を専攻する者を中心に、研究者を目指す留学生が見られた。マレーシアの教育機関で研究能力、手法に加え、情報、チャンス、人脈を得た上で、研究費や奨学金が得られればどこにでも（マレーシア、中東、欧米諸国等）渡りたいという研究者ならではの動機を有していることが伺えた。

高度人材の国際移動は、賃金格差のみならず、自らのキャリアを発展させる

論　文

機会や専門知識を得られる機会があるかどうかによって決定されると言われている[45]。研究志向型留学生はまさに、自身の興味のある研究の継続と、専門分野での最新の知識獲得を最優先事項として、移動先を選択していると言える。

（4）　中東諸国基盤型

中東産油国に両親が長年居住していて、その居住国では就学のチャンスが少ない、もしくは希望の分野が学べない等の理由でマレーシア留学を選んだ者たちは、その多くが両親の住む国へ「帰国」していく。両親たちも多くは短期間の就労許可を延長しながら居住国に住んでおり、永住権を有してはいないと考えられる[46]が、それでも長く住むことで、居住国で豊富な人的ネットワークを有している。その上、中東産油国では高度人材が不足し外国人の就労が容易であることから、子弟たちが就職するのはマレーシアよりは格段に容易であろう。

（5）　マレーシア滞在継続型

国レベルで高度人材の定着を推奨していないこともあり、留学後、そのままマレーシアに滞在し続けて就労したり、居住権を得たりすることは非常に難しいことが明らかになったものの、全く不可能というわけではない。専門分野や企業によっては可能性もあり、法の目をかいくぐって優秀な外国人材を確保した事例も見られた。また、クアラルンプールの外資系企業で12年間の就労経験を持つガーナ人元留学生の語りから、今後、マレーシア国内の経済状況が好転すれば、滞在継続型の留学生が増えていく可能性はあると考えられる。

上述の類型は、もちろん留学に係る人材移動の全てを説明できるものではない。実際には、研究志向型の学生が欧米英語圏に定着すれば、結局は欧米諸国等永住権志向型に当てはまる、ということも言えるであろうし、マレーシアに滞在を継続した者が、ゆくゆくは帰国したり、また第三国へ再移動したりするなど、進路を途中で変更することも考えられる。このような本研究の限界はあるものの、様々な選択肢の中からマレーシアを選び取った留学生の生きた経験や考え方は、その全てが非常に貴重なデータである。

おわりに

　これまでの先行研究では、留学先に残るか出身国に戻るかの二択が主に論じられ[47]、特に新興国マレーシアでは留学生の多様な進路は論じられてこなかった。本研究の意義は、単に移動先のみを根拠に論じるのではなく、留学先を選んだ動機や、マレーシアでの学習その他の経験も含めた、より複合的な観点から、卒業後の進路までをも内包した類型を示したことである。多様な進路の背景には、幅広い層に留学機会を提供するマレーシアという国の特色が現れている。ブランチキャンパスで学ぶ者の留学先選択動機が他とは異なっていたことも、従来であればマレーシアに目を向けなかったような者がマレーシアを選択していることを示している。

　エリート層のみが留学していたかつての時代とは異なり、「一般の人々が自分たちの意志で留学先の教育機関やプログラムを選び取ることができる時代」[48]においては、様々な教育プログラムの誕生により、留学生移動の様相は刻々と異なってくる。実際に、アフリカからの留学生の一部は、英語で教育が受けられ、マレーシアよりも安価な東欧等の国々に流れ始めていると語る教育エージェントもいる[49]。変化のただ中にある留学生移動を今後も追っていく上で、本研究では限られていた、実際の進路を選び取った後の卒業生を追跡することにより、新興国で学んだ留学生の留学成果を明らかにしていきたい。

【注】※URLは全て2017年7月6日最終アクセス。
(1)　本稿ではOECD. (2005) Science, Technology and Industry Scoreboard, p. 56を参照し、大学教育を受けた外国人を高度（外国）人材と定義する。
(2)　明石純一 (2010)「外国人「高度人材」の誘致をめぐる期待と現実―日本の事例分析―」五十嵐泰正編『越境する労働と〈移民〉』大月書店、51-78頁：54頁。
(3)　Robertson, S. (2013) *Transnational Student-Migrants and the State: the Education-Migration Nexus.* New York: Palgrave Macmillan, p.16.
(4)　OECD. (2014) *Education at a glance 2014: OECD indicators*, p. 342.
(5)　Verbik, L. & Lasanowski, V. (2007) *International student mobility: patterns and trends.* London: The Observatory on Borderless Higher Education (OBHE), pp.18-19.
(6)　杉村美紀 (2008)「アジアにおける留学生政策と留学生移動」『アジア研究』54巻4号、

論　文

10-25頁：13頁。

(7)　プログラム履修国と第三国の就学年数の組み合わせによって、1+2, 2+1, 2+2, 3+0などと呼ばれている。例えばマレーシアがプログラム履修国の3+0プログラムであれば、マレーシアで就学するだけで欧米大学等の学位を取得できる。

(8)　杉村 (2008) 前掲論文。

(9)　Robertson (2013) *op.cit.*, p.26.

(10)　Baas, M. (2006) Student of migration: Indian overseas students and the question of permanent residency. *People and Place*, 14 (1), 9-24. や Baas, M. (2007) The language of migration: the education industry versus the migration industry. *People and Place*, 15 (2), 49-60. を参照。

(11)　Popadiuk, N. E. & Arthur, N. M. (2014) Key Relationships for international student university-to-work transitions. *Journal of Career Development*, 41 (2), 122-140.

(12)　Robertson, S., Hoare, L. & Harwood, A. (2011) Returnees, student-migrants and second chance learners: case studies of positional and transformative outcomes of Australian international education. *Compare*, 41 (5), 685-698.

(13)　Geddie, K. (2013) The transnational ties that bind: relationship considerations for graduating international science and engineering research students. *Population, Space and Place*, 19, 196-208. および Mosneaga, A. & Winther, L. (2013) Emerging talent? International students before and after their career start in Denmark. *Population, Space and Place*, 19, 181-195.

(14)　Fong, P. E. (2006) Foreign talent and development in Singapore. In Kuptsch, C. & Pang, E. F. (Eds.), *Competing for Global Talent.* Geneva: International Institute for Labour Studies.

(15)　Ministry of Higher Education Malaysia. (2011) *Internationalisation Policy for Higher Education Malaysia.* Putrajaya: Kementerian Pendidikan Malaysia, p.40.

(16)　Ziguras, C. & Law, S. F. (2006) Recruiting international students as skilled migrants: the global 'skills race' as viewed from Australia and Malaysia. *Globalisation, Societies and Education,* 4 (1), 59-76.

(17)　吉野耕作 (2014)『英語化するアジア：トランスナショナルな高等教育モデルとその波及』名古屋大学出版会、136頁。

(18)　杉村美紀 (2010)「高等教育の国際化と留学生移動」『アジア研究』54巻4号、10-25頁。

(19)　Robertson (2013) *op.cit.,* p.39.

(20)　平塚益徳監修 (1980)『世界教育事典』ぎょうせい、505頁。

(21)　権藤与志夫 (1991)『世界の留学―現状と課題』東信堂、269頁。

(22)　嶋内佐絵 (2016)『東アジアにおける留学生移動のパラダイム転換―大学国際化と「英語プログラム」の日韓比較』東信堂、203-207頁。

(23)　同上書、201-202頁。

(24)　UKMは2013年の、HUは2010年の、それぞれ高等教育統計を元に作成した。MMUは、同大学が2015年9月8日に提供した2015年のデータを、UNIMは2014年の年次報告書をそれぞれ参照した。

(25)　国語であるマレー語以外は教授言語と認められない状況下で、政府が誘致し1983年に開学した、英語とアラビア語を教授言語とする国際大学 (杉本均 (2005)『マレーシアにおけ

新興国マレーシアで学ぶ留学生の大学から職業への移行

る国際教育関係：教育へのグローバル・インパクト』東信堂、135頁）。留学生比率17%
（2010年）は国立大学の中で突出している。

(26)　Ministry of Higher Education Malaysia. (2010) *Statistics of Higher Education of Malaysia*,
Putrajaya: Kementerian Pendidikan Malaysia, pp.38-39.

(27)　吉野 (2014)、前掲書、56頁。

(28)　同上書、59-68頁。

(29)　Cross-Border Education Research Team ウェブサイト, http://cbert.org/?page_id=34

(30)　Ministry of Higher Education Malaysia. (2010) *op.cit.*, pp.142-143.

(31)　メリアム、S. B. (著) 堀薫夫・久保真人・成島美弥訳 (2004)『質的調査法入門：教育にお
ける調査法とケース・スタディ』ミネルヴァ書房、92-93頁。

(32)　吉本圭一 (2001)「大学教育と職業への移行―日欧比較調査結果より―」『高等教育研究』
第4集、113-134頁：116頁。

(33)　Knight, J. (2014) Comparative analysis of education hubs. In Knight, J. (Ed.), *International
education hubs: student, talent, knowledge-innovation models.* Dordrecht: Springer, p.190.

(34)　金子聖子 (2017a)「新興国マレーシアにおける高等教育機関の留学生受け入れ動機―留
学生および大学教職員の視点に着目して」『比較教育学研究』54号、3-23頁

(35)　Singh, J. K. N., Shapper, J. & Jack, G. (2014) The importance of place for international
students ' choice of university: A case study at a Malaysian university. *Journal of Studies in
International Education,* 18 (5), 463-474. や吉野 (2014) 前掲書、121-135頁等。

(36)　例えばHUで法学を専攻するブルネイおよびパキスタン出身の留学生は、同じ英連邦諸
国であることの法律上の共通点を語った。(No.16と17)

(37)　Ziguras & Law (2006) *op.cit.*, p.72.

(38)　Baas (2006) *op.cit.*, p.20.

(39)　RM5,000は約13万円。RM1=¥26.09。通貨換算ツールOANDA ウェブサイト、
https://www.oanda.com/lang/ja/currency/converter/

(40)　留学生や大学職員からは、就労ビザ取得の要件としてRM5,000という最低賃金が頻繁
に言及されたが、実際には、非熟練のワーカーを除く外国人の就労ビザには3つのカテゴ
リーがあり、最も賃金レベルの低い知識・熟練カテゴリーの場合の最低賃金はRM3,000であ
る。マレーシア出入国管理局のウェブサイト、
https://esd.imi.gov.my/portal/pdf/Announcement-EP-Category-Re-classification-15052017-FINAL.
pdf

(41)　金子聖子 (2017b)「マレーシアの多文化共生と留学生の進路支援―トランスナショナル
教育を推進する大学の事例から―」『共生学ジャーナル』1号、13-30頁：25頁。

(42)　この留学生は、自分の関心のある分野でアルバイトに従事していた数少ない調査対象
者の一人である。専門のコンピュータ科学とは関係なく、多国籍の生徒が学ぶ初等・中等
学校で、パートタイムながら校長に就任したり、国際NGOでプロジェクトマネージャーと
して勤務した経験を有していた。

(43)　金子 (2017b) 前掲論文では、トランスナショナル教育プログラムのみを提供する大学の
留学生追跡調査において、2014〜2015年に卒業した回答者500名のうち、就職決定者295名

論　文

のおよそ7割が、母国で就職していることを明らかにした。

(44)　Robertson, Hoare & Harwood.（2011）*op.cit.*, p.689.

(45)　Stalker, P.（2000）*Workers without Frontiers: the Impact of Globalization on International Migration*. Geneva: International Labour Organization, p.107.

(46)　細田尚美編（2014）『湾岸アラブ諸国の移民労働者：「多外国人国家」の出現と生活実態』明石書店によれば、湾岸アラブ諸国において外国人労働者は短期契約労働者という位置づけであり、定住・永住は認められていない。

(47)　Geddie（2013）*op.cit.*, p.19.

(48)　杉村（2008）前掲論文、22頁。

(49)　Daniels（2014）*op.cit.,* p.857.

【付記】　本研究はJSPS科研費16K17420の助成を受けたものである。

University to Work Transition of International Students Studying in Malaysia:
Focusing on the New Mobility Patterns of International Students

Seiko KANEKO

(Osaka University)

This paper aims to reveal the journey of international students in Malaysia, from their decision regarding place of study, study experience, and transitions into the workforce. This study also investigates human resource mobility patterns, including those after graduation.

Recently, skilled workers or professionals have been welcomed by developed countries that are experiencing a lack of human resources due to low birthrates. International students are getting attention from those countries as potential members of a skilled workforce. In fact, the number of international students who stay on in host countries after completing their studies has been rapidly increasing.

Many studies have focused on international students who have studied in traditional host countries (mostly Western countries) and obtained jobs or permanent resident status in those countries. Studies comparing students who return home versus those who remain in the host country after graduation also exist, as do studies that consider the multiple geographic directions of such students. However, although Malaysia is an emerging nation that is now accepting large number of international students, the transition from university to the workforce of international students studying in Malaysia is not well researched.

More broadly, the mobility patterns of international students using frameworks such as the Absorption of Developed Technology/Knowledge, Acquisition of a University Degree, Implementation of Area Studies, Promotion of Cross-cultural Understanding, Promotion of Community Understanding, Exploration of Second Chance, Stepping Stone, or Regional Tour, have been widely researched. However, these patterns generally focus only on mobility or student motivations before choosing study locations. As a result, research on the mobility patterns of international students after they complete their studies is insufficient.

This study conducted fieldwork for a total of five weeks between 2015 and 2017 at four universities located in Kuala Lumpur and the surrounding areas. Interviews with 59 international students were conducted as well as with teachers, staff members, and graduates. The four universities

論　文

involved in this study included public and private universities as well as a branch campus of a British university.

The framework of transition of local students from university to the workforce was employed to analyze how international students transitioned from studying to working. This framework emphasizes the motivations for choosing a place of study, past work experiences, study experiences in Malaysia, work experiences on or off campus, smoothness of the transition process, and students' utilization of respective specializations.

This study revealed that international students who study at a branch campus have a completely different motivation than those studying in a conventional or twinning program. Those who studied at the branch campus first selected the Western university, then compared three campuses (in the United Kingdom, China, and Malaysia). They eventually selected the Malaysian campus because of affordability, entrance criteria, available subjects, class size, necessary school years, etc. Some students also chose Malaysia after realizing that their desired educational path was inaccessible to them in their home country.

Some of the surveyed students had working experience in their home countries before pursuing a master's or doctoral course in Malaysia. Two students had work experience in Malaysia and one in a third country. Quite a few students had studied at another university before entering their current universities in Malaysia; most of these students had attended a university in their home country, but some had entered another university in Malaysia and later transferred to the current one.

Most of the students reported positive experiences in Malaysia with their studies, cost-effectiveness, teaching methodology, language, etc. However, these responses may be biased, as it is likely that the students who agreed to take part in the interview were having a positive experience.

When it comes to work experience within Malaysia while studying, international students experienced difficulty to obtain part-time jobs in Malaysia; although previous studies found that part-time jobs are beneficial for international students since they can get experience in their profession and gain opportunities to acquire a work permit after graduation. International students also find it difficult to get placement for internships, even though it is a part of the university curriculum.

This study also found that it is very difficult for international students to get jobs in Malaysia just after graduation due to immigration regulations. However, in certain fields such as Information Technology or multimedia, there are more opportunities. There was also a case of university which gets around the law by employing international graduates as skilled people. There were also students who intended to go to third countries—mostly Middle Eastern countries—where their parents work as foreigners.

Many students are eager to get international certificates in fields such as accounting, while research-oriented students tend to prioritize their research. As long as they can continue their research by getting a scholarship or a research fund, location is of secondary importance to them.

Overall, this research revealed five patterns that explain the mobility of international students after studying in Malaysia: Permanent Residency-oriented (in Western countries), Contribution to Home Country, Research-oriented, Middle Eastern Countries-based, and Remaining in Malaysia. This study is significant as it shows such patterns based on multiple perspectives including the motivation for selecting study locations and study experiences as well as career choices.

Supporting these five patterns are the special characteristics of Malaysian higher education institutions that provide educational opportunities for a wider range of people, such as children of people working in Middle Eastern countries as temporary workers, research-oriented students, and those who originally had an intention to pursue higher education at home, as well as those who did not originally intend to study in Malaysia, but selected this study location due to the existence of branch campuses. This research offers scholars a more in-depth picture of the makeup of the international student population, which is critical for understanding this changing demographic in emerging countries.

―― 論　文 ――――――――――――――― 比較教育学研究第56号〔2018年〕――

スウェーデンにおける学生参画による
大学教育の質保証
──「大学への影響力をもつ学生」の形成へ向けて──

武　寛子
（愛知教育大学）

はじめに

　本稿の目的は、スウェーデンの大学教育の質保証における学生参画について、学生参画の制度的基盤を分析し、日本における学生参画による大学教育の質保証への示唆を導き出すことである。

　大学教育を受ける機会や場所が多様化している近年において、より多くの学生を呼び込むために大学は自身の教育の質を高め、その教育内容を保証することが、加速する高等教育市場で生き残るための重要課題の一つとなっている。大学教育の制度、内容、枠組など大学教育に求められる様々な変化に対応するためにも、学生の視点は欠かせないものと捉えられている。たとえば、ヨーロッパの共通的な質保証枠組を提案するENQA（European Association for Quality Assurance in Higher Education：ヨーロッパ高等教育質保証協会）は、学生中心の学修スタイルを実現するために、大学の教育プロセス、成績評価、質保証の場において学生を参画させることを提案している。イギリスやオーストラリアでも学生の学修を高めるために大学教育の質保証に学生を参画させる取り組みが進められている（Coates 2005）。日本でも一部の大学において、学生がFD（Faculty Development）活動を通じて教学改善に取り組んだりして、学生参画による教育の質保証が進められている（沖 2016）。日本の大学で今後さらに学生参画を展開するためには、学生が大学運営や教育の意思決定に参画する制度や仕組みを構築することの必要性が指摘されている（沖 2016）。

　スウェーデンでは、1977年の高等教育改革より学生は大学の政策運営にお

けるパートナーとみなされ、議決権をもつ重要なアクターとして、国レベル、組織レベルで高等教育政策に関与してきた。スウェーデンでは大学教育の質保証への学生参画は法律で定められており、学生[1]には意思決定プロセスに関与するための権利が与えられていることから、同国における学生参画による大学教育の質保証は理想的で先進的な状況だといえよう。しかし、2010年に学生の代表者として機能していた学生組合への加盟が強制から任意制になったことで、2017年には組合に加盟している学生の割合が42％になり、学生の大学への影響力の低下が懸念されている（UKÄ 2017a）。

　スウェーデンの高等教育や質保証制度に関する先行研究については、アメリカやオランダの事例と比較したもの（Culver and Warfvinge 2013; Teelken and Wihlborg 2010）や学修成果の評価に関するもの（Take 2013）がある。新しい質保証枠組みについては、国際的な視点と内部質保証を重視したものであることが指摘されている（武 2016; Adomson and Gougoulakis 2017）。内部質保証は学生の視点が重視されていることが明らかにされている（武 2017）にもかかわらず、質保証における学生参画の制度的検討はなされていない。そこで本稿では、スウェーデンにおける大学が質保証への学生参画をいかに確保し、大学への影響力をもつ学生、つまり大学教育の質保証に関与する学生を形成しようとしているのかを制度的側面から考察する。同国の学生参画が、Kafu（2013）のいうところによる、学生、教員、大学、政府による働きかけでいかに成立しているのかを考察するためには、そもそも学生参画についてどのような制度が構築されているのかを考察することが重要だと考えるからである。

　本稿では、スウェーデンにおける大学教育の質保証への学生参画について、まずは高等教育法においていかに学生参画を権利として保証しているのかを確認する。学生参画に関する制度的基盤をふまえた上で、学生の代表者として機能する学生組合と大学教育の質保証との関連、大学の運営、教育への直接的・間接的な学生参画について考察する。それにより、学生組合への加盟が低下する同国において、いかに大学教育の質保証への学生参画を高め、学生の大学への影響力を形成しようとしているのかを分析することが可能だと考える。最後に、日本の大学教育の質保証への学生参画について、質保証への学生の関与を高めるための示唆を導き出す。

論　文

1．学生参画の定義

　学生参画による大学教育の質保証が重視されているのは、大学が教育改善を進めるうえで学生の状況を把握し、学生の学修成果を高める必要があると考えられているからである。Coates（2005）によると、大学が学生の状況を把握し、教育を改善することで生産的な学修を実現することができるという。また、質保証に学生を参画させることで、学修成果が高まるなどの効果的な影響が指摘されている（Coates 2005; Carey 2013; Millard, Bartholomew, Brand and Nygaard 2013）。学生参画による大学教育の質保証は、学生の意見を取り入れて教育を改善することになり、こうしたプロセスによる教育改善は学生を中心にした指導にも関連すると考えられている。

　しかし、大学教育の質保証への学生参画については、イギリス、アメリカ合衆国、オーストラリアなどの国々において進められているが、統一された明確な定義はなく（Coates 2005）、国や組織によってその定義、範囲、実態は多様である。Kafu（2013）は、学生参画に統一された定義がないことをふまえた上で、4つの側面で学生参画を分析している。すなわち、行動的側面、心理的側面、社会文化的側面、総合的側面である。Kafuによると、学生参画には、①学生の実際の行動（行動的側面）、②大学への所属意識（心理的側面）、③学生参画に影響を及ぼす大学のもつ文化や政治的側面（社会文化的側面）、④学生のモチベーションや期待感なども含めた広範囲な量的調査によって学生の学修環境や状況を把握する（総合的側面）、に分類される。また、Healeyら（2010）は、学生参画をマクロ、メゾ、ミクロのレベルに分けたものを提案している。大学の政策運営への参画（マクロ）、大学における内部質保証への参画（メゾ）、学生個人の学修活動への参画（ミクロ）に分類される。学生参画の内容は、組織レベルの会議への実際の参加や学生調査や授業評価などによる調査への参加も指すという。学生参画には学生が実際に大学の教育プロセスや評価に関与するという直接的な面と、学生の知識、経験などを踏まえて大学教育の政策に影響を与えるという間接的な面の両方があるということである。さらにKafuの主張するところによると、学生参画を分析するには、大学が学生の要求に応じ

ることで、学生の教育的成果も高まったのか、それぞれの関連性を調査することが必要だという。そして、学生参画を高めるためには、学生、教員、大学、政府のそれぞれの働きがけがより重要であると言及する。つまり、学生を、大学教育を改善するためのパートナーとみなして、教育プロセスに参画させる制度を構築することで、学生参画による大学教育の質保証が実現されるのである（Carey 2013）。

　学生参画による大学教育の質保証とは、学生の意見を把握するための調査をする「だけ」ではなく、学生に教育に関する委員会や組織に出席させる「だけ」でもなく、実際の関与のことを指している。そこで、スウェーデンにおける学生参画を論じるうえで、本稿における学生参画を明確にしておきたい。すなわち本稿における学生参画とは、大学が学生の立場を対等にとらえ、学生の意見を汲み取って、教育・運営に反映させるプロセスまたは方法のことを指す。

　スウェーデンでは、学生を大学の教育評価などに参画させる権利を保証しており、この制度的基盤が学生参画を実現させている。次節では、高等教育法、学生組合規則を中心に取り上げ、これらの法規において学生参画がいかに構築されているのかを考察する。

2. 高等教育法などにみる学生参画

　スウェーデンは1977年の高等教育改革以降、大学の政策運営における学生の参画が保証されており、高等教育法においてもそのことが明記されている（Högskolelag 1992: 1434）。歴史的にみても、学生が大学教育の政策、評価に参画することの基盤が構築されている。

　ではまず、高等教育法、学生組合規則（Studentkårsförordning）において、大学教育への学生参画がどのように定められているのかを確認する。

　高等教育法　第1条4節
　　「学生は、高等教育機関の提供するコースやプログラムに影響をおよぼす
　　権利が与えられている。高等教育機関はコースやプログラムの継続的な向
　　上のために学生が積極的に活動できるように努めなければならない。」

論　文

高等教育法　第2条7節
「学生はコースやプログラム、学生に関する決定や制度が整えられる際、
自身の意見を発言する権利が与えられる」

　高等教育法では、学生が大学教育に関する意見を発信し、大学教育の質向上、改善のための影響力をもっていることを明記している。大学は、学生が教育に関する意見を表明し、大学の教育改善に関与することが可能な環境を整備しなければならない。
　次に、学生組合規則がどのような機能を有しているのかを確認する。スウェーデンの大学における学生組合は、学生を代表する組織として機能しており、高等教育に関連する国レベルの委員会、大学レベルの組織、委員会に参画する権利を有している。学生組合規則によると、学生組合には以下のような機能がある。

学生組合規則　第7節
「高等教育機関における学生組合は、学生の代表者を任命、もしくは解任することができる。
複数の学生組合が活動する高等教育機関における代表をする際、または学生組合に関する決定や制度が整えられる際、上記の規則は、学生組合による合意の上、満たされなければならない。
学生組合の合意に至らなかった場合、学生組合との協議を通じて、高等教育機関が学生の代表者の任命を決定することができる。」

学生組合規則　第8節
「学生の代表者は、学生組合員ではない学生の代表も務める。」

学生組合規則　第9節
「高等教育機関に学生組合が存在しない場合、高等教育機関が直接的もしくは間接的に学生を選出するための手配をしなければならない。」

学生組合は、学生の代表者として任命され結成された組織である。学生組合が存在しない場合、大学側が学生の代表者を選出しなければならない。また、学生組合は、組合に加入していない学生の代表者でなければならない。大学教育や学生自身の状況を改善するために、学生は自らの意見を大学に伝えることが可能な環境が整えられ、大学教育の政策運営に関与することが求められている。スウェーデンの大学にとって、学生は大学の質保証や教育改善にとって欠かせない存在なのである。

3．大学教育の質保証と学生組合：学生の大学への影響力

(1)　学生組合の主な業務

　スウェーデン国内には、28の大学が存在する[2]。各大学には複数の学生組合[3]が存在し、大学教育の質保証に関与する学生組織として活動している。国レベルの質保証枠組の策定に関しては、全国学生組合（SFS：Sveriges förenade studentkårer, The Swedish National Union of Students）が学生の代表として決定過程に関与している。

　SFSは、1921年に設立された。現在は47の組合が加盟しており、約27万人の学部生、院生が所属している。また、SFSは国際的な活動も展開しており、ヨーロッパの学生組織である、ヨーロッパ学生組合（the European Students' Union）にも加盟している。SFSは、各地の大学における学生組合を取りまとめる組織として、国家質保証枠組の構築段階から参画しており、ボローニャ・プロセスにおいて注目されている質保証への学生参画のための活動にとって重要な役割を担っている。

　SFSの目的は、学生の教育研究と福利厚生の充実である。これらの2点は、学生の権利と義務として重視されている。たとえば、学生の健康・福利厚生への対応、住居の整備、あらゆる差別の是正、成績や試験に関する提議、授業内容や方法の改善要求、大学の年次報告書の作成への参加、子どもをもつ学生に対する配慮などと多岐にわたり、学生サービスの一端を担っている。さらに2010年以降、新たに重視されている点は、「学生の大学への影響力」である。

論　文

この背景には、2010年に学生の学生組合への加盟が強制から任意になったことが挙げられる[4]。SFSらは、学生組合への加盟が任意になったことは、短期的にみれば「学生の大学への影響力」の低下に影響しないが、長期的にみると学生参画による教育の質保証に差し響くと懸念を示している（Andersson 2012）。実際に組合に加盟している学生は、全学生のうち42%であり、半数にも満たない（UKÄ 2017a）。特に規模の小さい組合の場合、新しいメンバーの加入者数が減少しており、そのことによって組合費[5]の収入が減少し、経済的な打撃を受けているという。一方で、薬学、工学、経済学などの比較的学生数の多いプログラムの組合は、任意制による打撃を受けてはいないという。こうしたことから、長期的にみれば組合間やプログラム間における組合活動の差異が大きくなり、学生の影響力に差異が生じ、大学教育の質の低下につながることが不安視されている。

　SFSは、これまでにも学生の学修や生活環境を向上させるために様々な調査報告を社会や政府に対して行ってきた。たとえば、学生がいかに奨学金ローンの返済にあたっているのか、住居にどれくらいの金額を費やしているのか、大学近辺で賃貸可能な住居が不足していて学生の住環境が良くないこと[6]などについてである。学生の状況を社会に向けて発信することも、SFSの重要な役割となっている。

(2)　大学教育の質保証と学生組合

　学生組合による働きかけが大学教育の質に影響を与えた出来事として、たとえば、大学の学修支援の取り組みに影響を与えた事例がある。スウェーデンの高等教育法には、学生が卒業時に修得するべき学修成果が定められている。学修成果について、SFSは、大学は学生が高等教育法に記載されている通りの知識、スキル、態度を修得するための教育を行っていない、と批判した（The Swedish National Union of Students 2014）。大学での講義は、教員の研究テーマに沿った内容が伝えられ、教員は大学で教育するための教育を受けていないことを提議した。この文書では、大学教育の質を高めるために、研究者および教育者としての大学教員を育成することを目的とした博士課程教育の重要性を主張している。SFSは大学総長らと会談を行ったり、スウェーデン高等教育協会

（SUHF：Sveriges universitets- och högskoleförbund, The Association of Swedish Higher Education）らとともにキャンペーンを行ったりして、大学教育の改善を訴えた（SFS 2015）[7]。複数の大学の学生組合がこのキャンペーンに賛同し、大学における学生中心の学修について訴えた[8]。そしてこの流れは、政府が博士課程教育におけるキャリア支援や学修支援の重要性をみとめることにつながったのである（SOU 2016）[9]。さらに、大学にとっても自身の教育を改善させる契機となった。例えば、オレブロ大学では大学教授法の授業を博士課程の学生を対象に開講し、その中でティーチング・ポートフォリオ作成など学修支援のスキルを高める内容を定めている。SFSが学生中心の教育の必要性を訴えて、大学教育の改善につながった事例である。

　スウェーデンにおける大学教育の質向上とは、カリキュラムや学修成果の改善といった教育研究面だけを指しているのではなく、大学という組織に身を置く「社会人」として生活するにあたって保証されるべき環境の整備も指している。たとえば、高等教育法には、学生が身に付けるべき専門分野の知識や理解だけでなく、倫理的な道徳観についても言及されている。ここでいう倫理的な道徳観とは、男女差別、経済的・民族的差別への配慮、民主的な考えをもつことを指しており、これらの倫理的視点は、大学教育の質保証としても重要な項目となっている。仮に学生が大学でこれらの価値観を軽視した教育や行為に遭遇した場合、学生は学生組合を通じて異議申し立てを行う権利が認められているのである。

　以上のことから、スウェーデンにおける学生組合の活動は、単なる社会参加や体験学習の経験を積むためのものではなく、大学教育の質向上のために必要な教育内容や教育機会を発信する、大学教育政策をすすめる上での連携者として機能している。

　次節では、大学教育の質保証における学生参画について、まずは国家質保証枠組の全体像について述べた上で、大学レベル、個人レベルでの学生参画についても考察する。

論　文

4．大学教育の質保証における学生参画

　スウェーデンは、これまでに3度の国家的な質保証枠組を実施してきた。第一次質保証枠組（2009~2010年）は、（1）学士課程の基準認定（accreditation）、（2）テーマ別評価、（3）教育に関する評価、（4）研究の質に関する評価、（5）卓越した教育業績の評価、で構成されていた。

　第二次質保証枠組（2011〜2014年）は、アクレディテーションとプログラム評価の二つで構成され、プログラム評価において学生の学修成果を評価の対象とした。学修成果に焦点をあてた第二次質保証枠組は、その結果が追加的資金に影響するため、長期的にみると教育の平等に影響を与えかねないとして、小規模の大学や学生組合から批判がなされた（Regeringens proposition 2010）。

　また、この第二次質保証枠組は、ヨーロッパ域内においても否定的な評価がなされた。ENQAは、スウェーデンの第二次質保証枠組がヨーロッパ共通の質保証枠組であるヨーロッパ・スタンダート・ガイドライン（ESG：Europe Standard Guideline）に沿っていないことを非難したのである（ENQA 2012）。ENQAは、内部質保証が効果的に活用されていないこと、過度に学生の学修成果に焦点をあてた評価がされていること、大学の自己評価に明確な指針がないことから、スウェーデンをENQAの評価委員会メンバーから除外するに至った（Culver and Warfvinge 2013）。

　こうした第二次質保証枠組への国内外からの批判を受けて、2017年から運用されている第三次質保証枠組は、次の点を重視している。（1）内部質保証の関連を強化すること、（2）国際的な枠組を導入すること、（3）質保証における学生の役割を強化すること、（4）大学教育の労働社会へのインパクトを明確にすること[10]、である。次節において、内部質保証における学生の視点をいかに強化しようとしているのかを考察する。

(1)　内部質保証における学生参画

　第三次質保証枠組では、学生の役割を強化することを目指している。第三次質保証枠組構築のための検討会では、大学は評価の過程でいかに学生の視点を

54

取り入れるか、評価者としての学生を確保するか、学生へのインタビュー調査を行い、大学が自身の教育改善のために学生の意見をいかに汲み取っているのかを調査することが提案されている（UKÄ 2016）。高等教育局（UKÄ：Universitetskanslersämbetet）の懸念は、学生組合への加盟が任意になったことで、評価に参画している学生の意見が全学生の代表として機能するのか、学生組合ではない学生の意見も代表するのかということである。そこで評価者としての学生を選出する際、UKÄはSFSと協力して各大学の学生組合から学生の代表者を集めた「学生プール」を創設し、評価者としての学生を確保することが議論された（UKÄ 2016）。また、学生の評価者としての質を高めるために、ESGや評価の視点に関する研修期間を設けることも計画されている（UKÄ 2016）。

　第三次質保証枠組の学生の視点において重視されているのは、学生へのフィードバックである。教育の改善と質保証のために、評価結果を学生に報告し、学生と教員が協働で学生の学修について分析を行い、いかに学生の教育の質を高めることができるのかについて議論することを目指している。評価への学生の参画を高めるために、単に教育評価の結果を学生に返すだけでなく分析の過程においても学生参画を促し、参画の意義を高めようとしている。

　それでは、大学の内部質保証レベルでの学生参画に関する制度についてみてみよう。本節では、ルンド大学の取り組みを挙げる。ルンド大学は国内で2番目に設立された総合大学であり、歴史的にも同国の高等教育の発展に大きく寄与してきた。1980年代以降、内部質保証の評価手法を独自に開発しており、他大学が内部質保証制度を構築する際のモデルとされていることから、学生参画による質保証制度を考察するのに適していると考えられる。ルンド大学では、学生とのパートナーシップ・モデルを構築しており、学生の意見を質保証に取り入れるための整備が存在している。同大学の戦略計画には、学部単位で複数の学生から教育プログラムに関する意見を聞き取り、学生の大学への影響力を高めることが大学の質保証であると明確に示している（Lund Universitet 2012）。

　同大学は、すべてのプログラム、学部に所属する学部生、院生の学修の質向上を目指して、外部評価、内部質保証に関する資料へのアクセスを許可し、学生がこれらの取り組みに参画できるようにしている。実際の議論への参画は、

論　文

学生組合が選出した学生の代表者が担うことになる。しかし、代表者ではない
それ以外の学生も、これらの資料を入手することが認められている。学生はプ
ログラム、学部、大学のすべてのレベルにおける内部質保証への参画が認めら
れているため、質評価オフィスが、教育の質保証に関する助言やサポートを実
施している。外部評価や内部質保証への対応が理由で学生が授業に出席できな
い場合は、学部やプログラムの教職員が授業の出席に相当する代替の課題等を
学生に提案しなければならない。

　その他にも、内部質保証への学生参画として、新入生調査と授業評価がある。
新入生調査は、学生の大学入学時までの経験を把握するために実施されている。
新入生調査はオンラインで実施され、すべての学生に対して送付される。全学
部共通の項目と学部ごとで設置された項目があり、結果は全学および学部ごと
に報告される。

　授業評価もまた、内部質保証に学生が参画するための重要な手段だと考えら
れている（Healey et al. 2010）。学生は授業評価を通じて、自身が受けてきた
教育に関する意見を表す権利が認められており、大学側は授業評価を実施する
ことが義務になっている。授業評価の調査項目は、学生自身について（授業へ
の準備時間など）、教員（教員は適切な指導をしていたか、学生の自律的な学
修を促す指導をしていたか、など）、試験（試験内容が適切であったかなど）
などである。授業評価の分析に関する報告書は、全学で共有するだけでなく、
学生にもフィードバックしている。各学部は、この報告書をもとにどのように
教育を改善するのかを議論しなければならない。

　ルンド大学の事例から、内部質保証への学生の参画は、大学教育の質保証に
とって至極当然のこととして認められていることがわかる。学生組合を通じて
学生の代表として選出されていない他の学生に対しても、授業評価や新入生調
査といった調査を通じて学生の意見を聞き取れるように制度が構築されており、
直接的、間接的な内部質保証への学生参画が認められている。

（2）　学生個人の学修活動への参画

　学生個人や他の学生の学修活動への参画もまた、学生参画による教育の質保
証に関連する（Healey et al. 2010）。本節では、学生個人や他の学生の学修活

動への参画について、全国学生調査の結果からその状況を把握する。この学生調査は、学生の学修状況や学修プロセスを把握し、学生の視点を大学教育の改善に役立てることを目的としている。スウェーデンでは、2002年に初めて国内の学部生を対象にした大学教育に関するアンケート調査「学生の鏡像（Studentspegeln: Students' Mirror）」を実施した[11]。その後、学部生対象の調査は2007年と2016年に行われた。本節では、スウェーデンの学生の学修状況について考察するために、2016年に実施された調査報告書[12]をもとに、学生個人の学修活動への参画に関連する項目として「学生間の協働」の結果を取り上げる[13]。

この項目では、学生が他の学生と協働して課題に取り組んだか、協調性やコミュニケーションを身に付けることができたのかを尋ねている。質問内容は、「授業中、クラスメイトと協働で課題に取り組んだ」、「授業以外でクラスメイトと協働で課題に取り組んだ」、「他者と協力することができた」で構成される。

「他者と協力することができた」について、学生の77％が「ときどきしていた」「よくしていた」と回答しており、授業内外で他の学生とともにレポートや

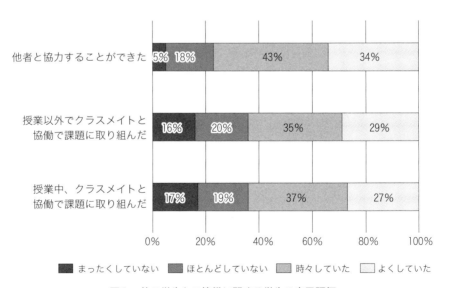

図1　他の学生との協働に関する学生の自己評価
出所）Universitetskanslersämbetet（2017b）*Rapport 2017:3Studentspegeln 2016.* より筆者作成。

論　文

発表などの課題に取り組み、他の学生の学修活動に参画する環境にいることが推察できる。2007年の調査では、多くの課程において、他者と協働して発表や課題に取り組む教育内容が削減されたことが問題視された（Högskoleverket 2007）けれども、他者と協働して課題に取り組むことを手法とする学生参加型の授業実践について、その指導方法、評価方法などのティップスが一部の大学において作成されるといった学生中心の学修が環境として整えられていることが窺える。2016年度の調査による新たな課題は、専門分野間での違いである。他者と協働しながら学修する授業スタイルは、工学などの理系分野で「よくしていた」と回答する学生が約4割いる一方で、人文系分野では14%であった（UKÄ 2017b）。工学や理系分野では、チームで研究を行うことがあるため、専門分野による教育方法の違いが当該項目における回答の差異につながったと考えられる。

　学生間の学修活動については専攻分野間での結果の差異に問題が残されているけれども、全体的にみて、学生同士が学び合う環境が整備されているといえるだろう。「他の学生の学修活動への参画」は、日々の講義の中で意識されていることでもある。例えば、グループ・ディスカッションをしたり、他の学生と協働でレポートや口頭発表の準備をしたりして、相互に学修活動を高める教育が重視されている。他の学生と協働で課題に取り組むことによって、自分の意見を伝えたり、まとめたりすることで、一人で課題に取り組むよりも多くの教育効果が期待でき、また、こうした経験が将来の社会人生活においても活かせると考えられていることが背景にある（Högskoleverket 2007）。日々の学修活動において、学生は他者と協働しながら学ぶことができる環境にいるといえる。

(3)　大学理事会への学生参画

　本節では、各大学でどのように学生が大学の政策運営に関わっているのか、大学が発行する学生ガイドラインや教授会、理事会などの内部資料をもとに取り上げる。

　高等教育法では、学生の大学理事会への参画を認め、高等教育の改善、発展に関与する権利が認められている。15名で構成される大学理事会のうち、3名の学生を選出しなければならない[14]。また、学生組合規則においても、学生

は大学の意思・政策の決定プロセスに関与できることが明記されている。大学の意思・政策の決定プロセスに関与するために学生側に求められているのは、大学に関する知識をもっていることである。学生代表の3名は、学生組合から選出されることから、学生は組合を通じて大学教育の質保証に関与する権利を有している。その権利とは、(1) 大学のあらゆる意思決定プロセスに関与することができる、(2) 自己評価、外部評価の際、評価側のメンバーとして加入できる、(3) 大学の会計年次報告に関与することができる、(4) 学生が在籍するコースの教育内容に関する評価を行うことができる、である。一方で、教員人事に関する審議の際は退席しなければならないといった一部制限もある。

　では、大学におけるどのような議論に学生は参画しているのだろうか。ルンド大学の大学戦略計画書をみると、「質を保証するために、学生の影響力を高めること」を掲げている。また、学生を大学のパートナーとして認め、対話関係にあることを示している（Lund Universitet 2012）。このことは、教員、学生、職員は対等な関係にあることを指している。三者の対等な関係のうえで、学生は大学、学部、学科レベルでの意思決定プロセスに参画している。たとえば、理事会では次のような審議がされ、その場に学生は参画し議決権を有している；(1) 入学者数の近年の動向について、(2) 教員人事（新規採用、昇進）について、(3) 新たに建設するキャンパスのコンセプトについて、(4) 2014年度の大学全体の収支バランス。

　ウプサラ大学では、学生を「大学運営における協働者」として明示している（Uppsala University 2014）。プログラム評価に学生が参画することで、プログラムやコースの教育内容を開発し、改善するために重要な役割を担っている存在だと認めている。実際に理事会では次のような審議が行われており、学生も参画している；(1) 新たな研究費の獲得について、(2) 今年度の研究費の獲得と受賞について、(3) 留学生の受け入れ、(4) 新たな保育プログラムの設置について、(5) 教員の採用について。

　ストックホルム大学では、教育に関するあらゆる規則、文書を学生が入手できることを政策文書の中で明記している（Stockholm Universitet 2012）。実際の理事会の内容をみてみると、(1) 2015年度の自己評価（Audit）の計画について、(2) 2015年度ストックホルム大学のリスク分析について、(3) ストック

論　文

ホルム大学政策の決議について、(3) 学部の統合について、(4) 合否基準の改定に関する決議。

　以上のように、各大学ともに政策文書内に学生との関係を明記し、組織レベルの会議への学生の出席を認め、会議資料の情報を開示するなどして学生参画の機会を設けている。

おわりに

　スウェーデンでは、高等教育法や学生組合規則において、学生の内部質保証への参画が権利として確保されている。各大学は、高等教育法に則り、質保証における学生の役割や立場を明示している。学生は、大学教育の質保証、改善にとって重要なパートナーと認められ、大学の運営、経営、財政、教育などあらゆる事項に関する決定プロセスに参画する権利を有する。さらに、学生は教育の評価、成績や試験に関する疑義を発する権利を有しており、大学の経営、運営方針、財政に関する文書へのアクセスも可能である。各大学は、各プログラムにおける教育環境の整備から大学の運営方針に至るまで、学生が参画する機会を設けなければならない。

　学生組合は2010年より学生の加盟が任意制になったものの、大学生活を送るにあたって重要な組織であることに変わりはない。しかし学生組合への強制加入が廃止されたことで、学生組合に加入する学生数が減少すること、学生による質保証参画への意識が低下することが、SFSだけでなく政府やUKÄによっても懸念されている。この点について、実際に加入者数の減少による経済的な問題が起きている組合もあり、プログラムや大学間における差異もみられつつある。このまま加入者が減ると、学生組合が学生の代表として機能しているとはいい難くなるだろう。組合への加盟が任意制になっても学生参画による質保証を維持するには、新しい質保証枠組において学生の視点を重視することで、低下しつつある学生の質保証への参画の意識を大学、政府、国からの働きかけを得て高めることが重要な施策となる。つまり現状の学生参画は、UKÄや大学に主導されて機能しうる。しかしこれは、学生参画の政治的な強要を意味するのではなく、学生参画という共通のテーマについてUKÄや大学が学生の意

見をいかに拾い上げていくのかを制度的に下支えするものである。

　スウェーデンでは、学生は大学の政策運営上のパートナーであることが法律上定められており、教員と学生の対等な関係が意識されてきた。スウェーデンの学生参画は、高等教育法において保証されているということ、国、政府、大学、学生からの働きがけで質保証への学生参画が制度的に構築されていることから、学生参画に関する歴史的経緯が日本の状況とは大きく異なる。こうした特徴をふまえた上で、日本の大学の質保証において学生参画を進めるために、スウェーデンから学べることについて考察したい。スウェーデンにおける新しい質保証枠組では学生の内部質保証への参画の強化を掲げており、その新たな視点として学生へのフィードバックを挙げて、単に結果を報告するだけではなく分析の過程においても学生の視点を取り入れることを重視している。たとえば、内部質保証の手段の一つとして実施される授業評価は、その結果が教育改善につながるように可視化され、ファカルディー・デベロップメントのために活用される。学生から集めた「声」をデータとして有効活用し、学内の教育改善へとつなげるための仕組みを構築している。このことは、学生に無駄な参加はさせない、そして、参加させた意味を明示することを大学が意識していることの表れだといえる。大学の内部質保証に学生を形式的に参画させるのではなく、参画させたことで「何が」「どのように」変わったのかを学生にフィードバックし、明らかにすることが、大学の質保証に学生を参画させるうえで必要になると考えられる。日本においても学生参画による教学改善が展開されているが、学生には意思決定権は付与されておらず、また、大学運営に関与する制度も構築されていない。日本の大学の質保証において、学生自治会や学生FD活動に参加していない学生以外の参画を促すためには、単に調査や評価に参加させる「だけ」ではなく、これらに参加した意義が見いだせるような結果（具体的な教育改善や、どのような議論が学内で行われたのか、など）を学生に提示することが求められるであろう。

　本稿は、学生参画による大学教育の質保証に関する制度的検討を射程とした。本研究を踏まえて、実際に大学の学生参画がいかに実現され、大学への影響力をもつ学生が形成されているのか、学生組合や学生へのインタビュー調査を実施して考察することを今後の課題としたい。

論　文

【謝辞】
　本稿は、科学研究費基盤研究（B）「学生参画による質保証の国際比較―学生との対話を反映した大学教育の質の向上―」（代表者：田中正弘）による助成を受けて実施したものです。

【注】
(1)　スウェーデンにおける学生の特徴として、大学に入学する年齢層が高いことが挙げられる（入学時の平均年齢24歳：OECD平均22歳）（OECD 2016）。高校卒業後すぐに大学へ進学するのではなく、社会経験を積んでから大学へ進学する学生が多く存在し、日本における学生とは属性が異なる状況にある。
(2)　学士、修士、博士課程の教育を提供する国立大学25校、および私立大学3校。
(3)　たとえば、ルンド大学には9つの学生組合が活動を展開しており、学部によって所属する組合が異なる。組合によっては政党政治による影響を受けて主義やポリシーを掲げている場合もある。
(4)　学生組合に加盟することを選択する権利を学生に委ねるという観点から、学生組合への加盟が任意制になった（UKÄ 2017a）。
(5)　たとえば、ストックホルム大学では、学期ごとに120クローネを支払わなければならない。
(6)　SFS（2017a）*Studentbudget 2017.*; SFS（2017b）*SFS Bostadsrapport 2017-Bostadssituationen för landets studenter.*
(7)　SFS（2015）*Alla fattar utom jag-Hur skapar vi förutsättningar för god undervisning?*
(8)　たとえば、ウプサラ大学やカールスタッド大学。
(9)　SOU（2016）2016: 29, *Trygghet och attraktivitet – en forskarkarriär för framtiden.*
(10)　「(1) 内部質保証の関連を強化すること」では、大学の内部質保証との一貫性を重視している。「(2) 国際的な枠組を導入すること」では、ESGの指標を取り入れた枠組を構築する計画である。「(4) 大学教育の労働社会へのインパクトを明確にすること」では、労働組合からの代表者の教育への評価を重視することで、教育内容の実用性を確保することを目指している。（武 2016）
(11)　これまでに、2003年に博士課程を対象に、2006年に修士課程の留学生を対象に、2007年に学部生を対象に、2015年に学部生および博士課程の学生を対象に実施した。
(12)　この調査票は、在籍する大学において少なくとも2セメスターの期間修学した学生で、大学の在籍期間、取得単位数などに基づいた層別解析によって抽出された11,031人の学生を対象に送付された。回収率は34％であった。回収率は2002年の67％、2007年の57％と比較して、最も低い数値である。低い回収率ではあるが、同国における学生の学修状況を把握するための貴重な資料として本稿では分析の対象とした。
(13)　調査項目は、(1) 教養と価値観、(2) 批判的考察、(3) 学生間の協働、(4) コミュニケーションの習得、(5) リーディング・ライティング・レポート作成に関するスキル、(6) 教員

によるサポート、によって構成されている。

（14） 任期は3年である。

【参考文献】

沖裕貴（2016）「日本の高等教育における『学生参画』の概念の再整理の試み－新たな『学生連携』の概念をどう捉えるか－」『中部大学教育研究』No. 16、pp. 1-12。

武寛子（2016）「スウェーデンにおける大学教育の新しい質保証枠組の構築に向けた動向」『大学教育研究』第24号、pp. 87-97.

──── （2017）「スウェーデンの大学における新しい内部質保証枠組に関する考察」『東海教育社会学研究会』第88回、於名古屋大学、発表レジュメ。

Andersson, F.（2012）*Ökat beroende efter frihetsreformen? - Studentinflytandet två år efter kårobligatoriets avskaffande.* Sveriges universitets- och högskoleförbund.

Adomson, L. and Gougoulakis, P.（2017）"Swedish Quality Assurance of Higher Education: From Enhancement to Results Control and Back to Enhancement?". In Georgios K.M. Joshi and S. Paivandi（eds）, *Quality Assurance in Higher Education: A Global Perspective*, Studera Press pp. 19-40.

Carey,P.（2013）"Student Engagement: Stakeholder Perspectives on Course Representation in University Governance," *Studies in Higher Education*, Vol. 38, No. 9: pp. 1290-1304.

Coats, H.（2005）"The Value of Student Engagement for Higher Education Quality Assurance," *Quality in Higher Education*, Vol. 11, No. 11: pp. 25-36.

Culver, S.M. and Warfvinge, P.（2013）"Assessment, Accountability and Educational Quality in the United States and Sweden," *European Journal of Higher Education*, Vol. 3, No. 1; pp. 10-23.

ENQA（2012）*Swedish National Agency for Higher Education: Review of ENQA Membership.*

Högskoleverket（2007）*Rapport 2007:20 R, Studentspegeln 2007.*

Högskolelag（1992:1434）.

Healy, M. and Mason O'conner, K. and Broadfoot, P.（2010）"Reflection on Engaging Students in the Process and Product of Strategy Development for Learning, Teaching and Assessment: an Institutional Case Study," *International Journal of Academic Development,* Vol. 15, No. 1: pp. 19-32.

Kafu, E. R.（2013）"Framing Student Engagement in Higher Education," *Studies in Higher Education*, Vol. 28, No. 5: pp. 658-773.

Lunds universitet（2012）*Strategisk plan för Lunds universitet 2012–2016.*

Millard, L., Bartholomew, P., Brand, S. and Nygaard, C.（2013）"Why Student Engagement Matters", In Nygaard, C. Brand, S., Bartholomew, P. and Millard, L. *Student Engagement- Identity, Motivation and Community.* UK, Libri Pubrishing.

OECD（2016）*Education at a Glance.*

Regerigens proposition（2010）*2009/10:139 Fokus på kunskap - kvalitet i den högre utbildningen.*

Stockholms Universitiet（2012）*Policy och riktlinjer för studentinflytande vid Stockholms universitet.*

論　文

Studentkårsförordning (SFS 2009:769)

Take,H. (2013) "Outcomes of Student Learning and the Learning Evaluation Approach in Sweden-Reconsideration of Evaluation Approach from the Perspective of a Student Survey", *Kobe Journal of Higher Education*, No. 22: pp. 71-86.

Teelken,C. and Wihlborg, M. (2010) "Reflecting on the Bologna Outcome Space: Some Pitfalls to Avoid? Exploring Universities in Sweden and the Netherlands", *European Educational Research Journal*, Vol. 9, No. 1, pp. 105-115.

The Swedish National Union of Students. (2014) *Improving Teaching and Learning in Swedish Higher Education: A Student Centred Perspective.* Stockholm, Globalt företagstryckeri.

Universitetskanslersämbetet (2016) *Förslag till nytt nationellt kvalitetssystem för högre utbildning – diskussionsunderlag inför dialogmöten i maj-juni 2016.*

――― (2017a) *Studentinflytandet – Kartlaggning och analys av studentinflytandets forutsattningar efter karobligatoriets avskaffande* (dnr 111-99-16).

――― (2017b) *Rapport 2017:3Studentspegeln 2016.*

Uppsala University (2015) *Guidelines for Uppsala University's Model for Educational Evaluations.*

Student Engagement in Quality Assurance in University Education:
The Formation of Students' Influence on Higher Education

Hiroko TAKE

(Aichi University of Education)

In recent years, the diversification of opportunities and places to receive university education has accelerated the importance of quality improvement and quality assurance in university education. Student engagement has become an important perspective for understanding the various shifts required for institutions and the content and framework of university education.

In Sweden, students have been considered as a partner in the policy management of universities since the university education reforms of the 1970s. Students have been involved in higher education policy at a national and institutional level as key actors with the right of resolution. Students who are selected from the student union participate in committees and meetings as representatives. Student engagement at Swedish universities has been established based on efforts from the government, universities, faculty members and students. Student engagement in the quality assurance of university education is vital and already at an advanced stage, as student engagement has been ensured by law and students have the right to be involved in the decision-making processes of university management. However, students now have the right to choose if they will participate in the student union, something that was compulsory until 2010. This has led to a decline in student affiliation, with just 42% of students now participating in the student union. As a result, the decreased student influence on universities has become a concern (UKÄ 2017).

This article aims to analyse the system with respect to student engagement in quality assurance in university education in Sweden and suggest how to promote student engagement in Japan. First, the author examines how the higher education law ensures that student engagement is a right of students, including student engagement in university education quality assurance. Based on the legal infrastructure regarding student engagement, the author considers the relevance of the student union, which functions as the representative of students and is responsible for direct and indirect forms of student engagement in university administration and education, to quality assurance. It then analyses how Sweden, where the number of students affiliated to student unions is declining, is attempting to enhance student engagement and improve students' influence on universities. Finally, the study suggests

論　　文

approaches for student engagement in the quality assurance of university education in Japan.

In Sweden, student engagement in institutional quality assurance is ensured as a right by the higher education law and student union regulations. Each university clarifies students' role and position in quality assurance based on the law. Students are considered as an important partner in the improvement of university education and have the right to be involved in decision-making processes regarding university management, finance and education. Universities have to establish opportunities to engage students in issues ranging from the coordination of education programmes to management policy.

Student unions have a role in activities related to students' education and welfare. For example, they function as part of student services, supporting students' health and welfare, preventing any kind of discrimination, making proposals about grades and examinations and participating in producing annual reports. Students involved in student union activity are not only involved in social participation or work experience but also function as co-workers who disseminate student views about the education content that is required and opportunities for improvement in education.

The third national quality assurance framework was implemented in 2017. The new framework emphasises four points: (1) strengthening the connection with institutional quality assurance; (2) adopting the international framework; (3) strengthening the role of students in quality assurance; and (4) demonstrating university education's impact on economy and society. The framework clarifies the procedures for students as evaluators and students' role in institutional quality assurance and external evaluation based on the guidelines for student engagement proposed by the Bologna Process. The framework focuses on ensuring that institutional quality assurance has a student perspective. It ensures that universities learn from students' opinions regarding improvements and that there is discussion between faculty members and students about educational improvements. The new framework also proposes that universities implement interviews with students to take the student perspective into account in the process of evaluation.

Thus, in Sweden, students are recognised as a partner in university policy management and have an equal relationship with their teachers. The student union still remains an important organisation for students living on campus. However, if the number of students affiliating with the union continues to decrease, it might become difficult to claim that the union has the function of representing students. To maintain student engagement in quality assurance under optional affiliation, the new quality assurance framework adopts the significant strategy of focusing on the student perspective in order to respond to the decline in student consciousness regarding the importance of engaging in university

スウェーデンにおける学生参画による大学教育の質保証

quality assurance. Student engagement might now function not as the result of students' self-motivated involvement but as something that is led by the authorities and universities. This does not indicate political constraints but rather reveals that formative support from the authorities and universities is seen as the way to figure out students' voices.

The new quality assurance framework strengthens student engagement in quality assurance, and the new emphasis is on feedback from students. For example, the results of course evaluations, which have been implemented as one of the approaches towards institutional quality assurance, are used for faculty development. Universities use the "student voice" as data and connect it with educational improvement. This means that universities do not let students participate ineffectively; instead, they show the results or meaning of their participation. When it comes to encouraging student engagement in quality assurance, it is important that universities provide feedback to students on "what" has changed by their engagement and "how", rather than offering just a formal participation. To persuade students to engage in quality assurance in university education, universities are required not only to encourage students to participate in surveys and evaluation processes but also to show students the results of their engagement, such as clear educational improvements and the effects of student engagement on faculty debates.

論　文 ──────────────────── 比較教育学研究第56号〔2018年〕──

米国AVIDプログラムの実態の解明

──カリフォルニア州サンディエゴ市のサン・イシドロ高校を事例として──

福野　裕美
(岡山学院大学)

はじめに

　本論文の目的は米国のAVID（Advancement Via Individual Determination）プログラムの実態を明らかにし、その特質と課題を考察することである[1]。AVIDプログラムは社会経済的に不利な状況にある生徒を対象とした大学進学支援策である。参加するのはアフリカ系アメリカ人やラテン系アメリカ人などのマイノリティ、低所得家庭の生徒たちであるが、毎年多くの生徒が大学に進学している。

　AVIDプログラムに参加する生徒たちは、高校で特別な支援を受けながら、アドバンスト・プレイスメント（Advanced Placement、以下AP）コースを履修する。APコースは米国の高校で開設されている大学レベルの授業である。APコースはもともと一部の恵まれた環境にある生徒のために創設された制度であり、歴史的に不利な状況にある生徒はAPコースを履修できていなかった。

　しかし、2000年頃の米国の調査において、高校でAPコースのような厳格なレベルの授業を履修することは、生徒たちの大学進学や4年間で学位を取得する可能性を高めることが指摘されており（Adelman 1999, 2006）、連邦教育省は大学進学における人種・民族間の格差を縮小するため、不利な状況にある生徒のAPコース履修を増やすアクセス拡大事業に積極的に取り組んできた。具体的には、2002年の落ちこぼれを作らないための初等中等教育法（No Child Left Behind Act of 2001）のタイトルⅠの規定に基づき、不利な状況にある生徒がAPコースを履修できるように、経済的な面からAPテスト[2]受験料を補助し、

また州や学区によるAPコースのアクセス拡大のための取り組みを支援してきた（福野 2009）。

連邦教育省による全米レベルの取り組みの結果、APコースを開設する学校は増え、履修する全体の生徒数も増えた[3]。ところが白人やアジア系の生徒に比べて、不利な状況にある生徒は依然としてAPコースを十分に履修できていない[4]。調査結果が示すとおり、APコース履修が生徒の大学進学可能性を高めるとしても、不利な状況にある生徒たちがAPコースを履修できなければ、彼らはそのメリットを享受できないであろう。米国全体で大学進学における人種・民族間の格差も未だに解消されていないが（Musu-Gillette 2016）、APコース履修に人種・民族間の偏りが見られる現状に鑑みれば、むしろAPコースの存在が、大学進学における格差の原因となっているようにも思われる。

不利な状況にある生徒がAPコースを十分に履修できていないことについて、APコースを全米レベルで管理するカレッジ・ボードは、生徒たちが何らかの要因によってAPコースの履修を妨げられていると考えている。連邦教育省によるアクセス拡大事業により、APコース履修を阻む経済的な要因はある程度取り除かれてきたといえるが、この他の要因としてカレッジ・ボードが指摘するのは、学校現場の慣習により、不利な状況にある生徒のAPコース履修が妨げられやすいことである[5]。現在、学校内部にある要因を改善することが大きな課題となっている。

こうした中で、一部の学校にはAVIDプログラムが普及し、成果を上げている。AVIDプログラムは1980年にカリフォルニア州の学校で始められた取り組みであるが、今日では全米46州とその他の4,000校以上の学校で実施されている。参加する生徒たちは不利な状況にあるにもかかわらずAPコースを履修し、毎年7割を超える生徒が大学への入学を認められている。AVIDプログラムでは、APコースを大学進学の阻害要因とさせないために何をしているのか。連邦教育省による取り組みを改善していく上で、AVIDプログラムの実践は有効な示唆を与えるであろう。

しかし、AVIDプログラムの実態はまだ十分に解明されていない。AVIDプログラムの先行研究について、日本ではほとんど蓄積されていない。米国では1990年代に社会学の視点からAVIDプログラムが分析されており（Mehan

論　文

1996)、さらに2000年代以降は統計的な調査に基づいて、AVIDプログラムが参加する生徒に多くのメリットをもたらすことが指摘されている（Guthrie 2000；Huerta 2015など）。しかし、こうした先行研究からは学校内部で実施されているAVIDプログラムの内容は明らかにならない。AVIDプログラムは学校を基盤として実施されているため、その実態を明らかにするためには、事例に基づいた検討が必要である。

　以上のことから、本論文では事例校を取り上げてAVIDプログラムの実態を明らかにし、不利な状況にある生徒のAPコース履修への支援という点から、AVIDプログラムの特質と課題を考察することを目的とする。また、このことはAPコースが不利な状況にある生徒の大学進学を促進し、大学進学における人種・民族間の格差縮小に機能する仕組みの一端を明らかにすることにつながっている。

　全米レベルのAVIDプログラムの実施状況やその成果については、カリフォルニア州サンディエゴ市にあるAVIDプログラム管理団体（後述するAVIDセンター）の本部において、2017年5月にインタビュー調査を実施し、情報を収集した。また、事例校にはカリフォルニア州サンディエゴ市のサン・イシドロ（San Ysidro）高校を選定し、2016年3月にインタビュー調査を実施した。

　日本では先行研究が蓄積されていないため、以下ではまずAVIDプログラムの概要を確認した上で、事例校選定の理由を述べる（第1節）。続いて、事例校におけるAVIDプログラム運営の実態（第2節）、学区教育委員会による支援の実態（第3節）を明らかにする。最後にAVIDプログラムの特質と課題を考察する（第4節）。

1．AVIDプログラムの概要と事例校選定の理由

　本節ではAVIDプログラムの起源と現状、今日の管理体制を明らかにし、AVIDプログラムの概要を確認した上で、事例校選定の理由を述べる。

(1)　AVIDプログラムの起源と現状

AVIDプログラムは、1980年にカリフォルニア州サンディエゴ市にある公立

のクレアモント（Clairemont）高校で創設された。直接的な契機は同校で人種統合のための強制バス通学が実施されたことである。もともと同校は約8割の生徒が大学に進学する学校であったが、新たに500人の低所得家庭のラテン系アメリカ人生徒とアフリカ系アメリカ人生徒が転入してくることになった（Swanson 1993）。

　こうした状況の中で、当時、同校の英語教師であったスワンソンは質を維持しつつ、人種統合を達成することを試みた。スワンソンは転入生の中から大学進学準備クラスに在籍しておらず、成績得点平均（GPA）が1.5から2.5の範囲である32人の生徒を選んだ。そして、彼らに大学進学者向けの科目を履修させるとともに、特別クラスを設けてその学習を支援することを考えた。特別クラスではコーネル式ノート術（Cornel Note-taking）と呼ばれるノート作りの手法[6]を教えたり、生徒同士がグループで学ぶ時間を設けたりした。

　当初、同僚の教師たちはスワンソンの試みに批判的であった[7]。しかし、AVIDプログラムに参加する生徒たちが非常に活発なノートテイカー（いわゆるメモ魔）だったことから、教科担当の教師たちは、しだいに生徒たちをまじめな学習者としてみるようになったという（Swanson 1993）。最終的に30人が高校卒業までAVIDプログラムへの参加を継続し、このうち28人が4年制大学、2人がコミュニティ・カレッジに進学した（Swanson 1993）。これが最初のAVIDプログラムである。

　その後、AVIDプログラムの成果は教師の間で評判となり、他校にも普及していった。1992年にはAVIDセンターというNPO団体が設立され、以後、AVIDセンターが全米レベルでプログラムの管理運営を担当している。2015-2016年度のデータによると、AVIDプログラムは中等教育段階（6年生から12年生まで）の4,273校の学校で実施され、参加した生徒数は463,435人であった。このうち、無償減額給食措置対象の生徒は306,555人であり、参加生徒全体の66.1％を占めた[8]。

　また、2014-2015年度にAVIDプログラムに参加した高校卒業生40,272人のうち、在学中にAPテストまたは国際バカロレア・ディプロマ・プログラム[9]の試験を受験した生徒は26,265人（65.2％）、4年制大学への入学を許可された生徒は31,296人（77.7％）であった。AVIDプログラム参加者の大半は不利な

論　文

状況におかれた生徒たちであるが、多くがAPコースを履修し、大学に進学している。

(2)　AVIDセンターによる今日の管理体制

今日のAVIDプログラムは、AVIDセンターの管理の下、学校を基盤として実施されている。AVIDプログラムを開設する際には、学区教育委員会が実施する学校を決定し、AVIDセンターと契約を結ぶ。AVIDセンターでは、AVIDプログラムの要件として11項目を提示している。まとめると以下のとおりである。

① 　生徒の学力レベルが中程度であること
② 　生徒及び教職員はAVIDプログラムへの参加を自ら決定すること
③ 　学校はAVIDプログラムを通常の時間割の中に組み込むこと
④ 　生徒は大学入学要件を満たすコースを履修すること
⑤ 　学業面での自己管理力を高めるために生徒に勉強のやり方を教えること
⑥ 　作文と文章読解を重視したカリキュラムを提供すること
⑦ 　批判的思考を促進するための探究と協同活動を実施すること
⑧ 　訓練された十分な数の大学生チューターがいること
⑨ 　生徒の進歩がデータを通して分析されていること
⑩ 　学校または学区が財源を確保し、職能開発機会に継続的に参加すること
⑪ 　学際的な現場チームが協同して活動していること

①及び②はAVIDプログラムの参加者の選定に関わる項目である。学力レベルが中程度であることの他には、親が大学に進学していない大学進学第一世代、歴史的に高等教育に進学していないグループの出身、大学進学を希望することなどがある。④はAPコースを含む厳格なレベルの授業の履修を求めた項目である。AVIDプログラムの基本的な仕組みは創設時と変わらず、参加者は厳格なレベルの授業を履修し、特別クラスで学習支援を受ける。この特別クラスはAVID選択クラスと呼ばれ、上記の③、⑤、⑥、⑦、⑧が関連する項目である。AVIDセンターではAVID選択クラスで使用する教材を各学校に配付し、教師に職能開発機会を提供している。⑨、⑩、⑪はAVIDプログラムの管理運営に関する項目である。

なお、AVIDセンターでは上記の11項目を柱として評価を行い、各学校の AVID プログラムの質の維持に努めている。この評価プロセスにおいて高い実績を上げていることが認められた学校は、AVID 全米デモンストレーションスクールに認定される。すなわち、AVID 全米デモンストレーションスクールは、特に模範的なプログラム運営が行われている学校である。

(3)　事例校選定の理由

本論文ではAVIDプログラムの実態を明らかにするため、学校現場の取り組みを検討する。事例校として選定したのはカリフォルニア州サンディエゴ市にあるサン・イシドロ高校である。カリフォルニア州はAVIDプログラムが創設された土地であり、現在も多くの学校でAVIDプログラムが実施されている。2015-2016年度のデータによると、カリフォルニア州ではAVIDプログラムは1,306校（米国全体の実施校に占める割合は30.6%）で実施され、参加した生徒数は174,191人（米国全体の参加生徒数に占める割合は37.6%）であった。また、2017年1月31日現在、米国全体で160校が上述した全米デモンストレーションスクールに認定されているが、このうちの56校はカリフォルニア州内の学校である。

このようにAVIDプログラムが多く実施されているカリフォルニア州の中で、高い実績を上げている学校の1つがサン・イシドロ高校である。同校は2002-2003年度に創設された公立の総合制高校であり、メキシコとの国境から2マイル（約3.2km）という立地から、ラテン系アメリカ人生徒が多く通っている。2015-2016年度の学校全体の生徒数2,256人のうち、無償減額給食措置対象の生徒は1,671人（74.1%）であった[10]。サン・イシドロ高校は多くの不利な状況にある生徒を抱えながら学業面で成果を上げており[11]、2011年にはAVID 全米デモンストレーションスクールに認定されている。

本論文ではこのサン・イシドロ高校を事例として、AVIDプログラムの実態を明らかにする。さらに同校が属するスウィートウォーター統合高等学校学区（Sweetwater Union High School District）の教育委員会が、同校のAVIDプログラムをどのように支援しているかについても明らかにする。サン・イシドロ高校での調査は2016年3月7日及び10日[12]、スウィートウォーター統合高等学

論　文

校学区教育委員会での調査は2016年3月8日及び9日に実施した[13]。

　なお、日本では先行研究が蓄積されておらず、AVIDプログラムについてほとんど知られていない。本論文ではAVIDプログラムの実態を精緻に理解するため、事例校を1校に絞り、その詳細を明らかにすることとした。本論文の知見を実際の教育政策に反映するには、他の実践校の事例を検討することも必要であるが、それは次の課題であると考えている。

2．事例校におけるAVIDプログラムの実態

　本節では、サン・イシドロ高校のAVIDプログラムの現況を確認した上で、運営体制、参加者決定の方法、カリキュラム、成果と課題について述べる。

(1)　サン・イシドロ高校のAVIDプログラムの現況

　AVIDプログラムは選択科目であり、学校内の一部の生徒のみが参加する。2015-2016年度にサン・イシドロ高校のAVIDプログラムでは11のクラスが開設され、331人の生徒が参加した（全校生徒数2,256人に対して14.7％）[14]。同校のAVIDプログラム参加者の人種構成比は**表1**に示した。学校全体の人種構成比と同様に、AVIDプログラム参加者の大半はラテン系アメリカ人である。またAVIDプログラム参加者（331人）のうち、無償減額給食措置対象の生徒は254人（76.7％）であり、学校全体に占める割合（74.1％）よりも若干高い。AVIDプログラムは、決して学校内のより恵まれた層の生徒たちを集めたわけではないことがわかる。

表1　サン・イシドロ高校の生徒の人種構成比 (2015-2016年度)

	学校全体		AVIDプログラム参加者	
	生徒数（人）	割合（％）	生徒数（人）	割合（％）
ラテン系	2116	93.8	319	96.4
アジア系	52	2.3	4	1.2
アフリカ系	31	1.4	2	0.6
アメリカ先住民	19	0.8	2	0.6
白人（非ヒスパニック）	16	0.7	0	0.0
その他	22	1.0	4	1.2
総数	2256	100.0	331	100.0

出典）事例校における2016年3月調査で得られたデータより筆者作成。

(2) 運営体制

学校レベルでのAVIDプログラムの運営には、校長や副校長、カウンセラーなど多様な教職員が関わっているが、特徴的なスタッフとして挙げられるのが、AVIDコーディネーター、AVID選択クラス教師、AVIDチューターである。AVIDコーディネーターは学校現場でAVIDプログラムの管理・運営を担う人物であり、校長が教員の中から1人を指名する。AVID選択クラス教師は後述するAVIDカリキュラムの授業を担当する。AVID選択クラス教師も、校長が教員の中から指名するが、その人数はAVIDプログラムの実施規模によって異なっており、同校には6人配置されている。最後に、AVIDチューターは後述するチュートリアルと呼ばれるグループ学習を支援する。AVIDチューターについては、学校や学区が近隣の大学生をアルバイトで採用しており、同校には10人置かれている。

なお、AVIDセンターが示すAVIDプログラムの要件11項目の②に示したとおり、教職員がAVIDプログラムに携わる際には本人の意思が反映される。例えばサン・イシドロ高校のAVIDコーディネーターは、AVIDプログラムを担当することになったきっかけとして、自身が大学生の時にAVIDチューターを務めた経験から、教師としてAVIDプログラムに携わることを自ら志願したという[15]。

(3) 参加者決定の方法

サン・イシドロ高校のAVIDプログラムの参加者は、大学進学第一世代、学力レベルが中程度（具体的には成績得点平均（GPA）が2.0から3.5の間であること）、AVIDプログラムへの参加や大学進学を希望していることといったAVIDセンターが示す基準をふまえた上で、生徒が提出する申請書と、AVIDコーディネーターによる面接に基づいて決定される[16]。申請書に記入する項目は次のとおりである。

【申請書に記入する項目】
・氏名、メールアドレス、電話番号、英語教師、数学教師の氏名

論　文

・あなたは来年、サン・イシドロ高校に進学しますか。
・母親の最終学歴／父親の最終学歴
・あなたは、AVIDに参加しない生徒よりも、より多くの時間を宿題、ノート、勉強に費やしたいと思いますか。
・もしあなたがAVIDゼロピリオド（あなたのスケジュールにおいてもう一つのクラスが必要なので）を受講しなければならないとしたらかまわないですか。
・あなたは、AVIDゼロピリオドを受講したいと思いますか。
　（もし、「はい」なら、どの科目を受講したいですか。）
・AVIDプログラムの生徒は非常に物事に打ち込んでいて、やる気のある人たちです。あなたは課外活動、地域サービス、学校外での生活と共にどうやって高校と進学クラスのバランスを取る予定ですか。いくつかの文で答えなさい。
・なぜあなたは大学に進学したいと思いますか。具体的に書いてください。
・人生には障害や問題がたくさんあります。これらの衝突から逃げる人もいれば、それらに正面から直面する人もいます。あなたの人生で克服した障害について1-2パラグラフ書きなさい。障害を書いて、それを克服するためにあなたがしたことを説明しなさい。

　以上が申請書に記入する項目である。「AVIDゼロピリオド」とは、朝8時から開始される補習のことである。申請書には両親の最終学歴を答える項目とともに、生徒がAVIDプログラムで勤勉に学ぶかどうかを判断するための項目が設定されている。後者は大学進学に向けてやる気のある生徒を識別するための質問である。

(4)　カリキュラム

　カリキュラムについて、まずAVIDプログラムのコース編成を**表2**に示す。
　同校には9年生から12年生までを対象として、「AVID9/10」、「AVIDジュニア・セミナー」、「AVIDシニア・セミナー」と呼ばれる3つの段階的なコースが設けられている。表中の"a-g"コースはカリフォルニア大学とカリフォル

表2　AVIDプログラムのコース編成

コース名	対象	履修の前提条件
AVID9/10	9年生 10年生	・教師やカウンセラーの推薦 ・成績得点平均（GPA）が2.0以上 ・スタンダードテストで平均点以上 ・大学に進学する意思を有すること
AVIDジュニア・セミナー	11年生	・教師やカウンセラーの推薦 ・大学進学意思を有すること ・カリフォルニア州立大学とカリフォルニア大学への入学要件である"a-g"コースを修了するトラックにあること ・11年生の6月までに進学適性検査（SATとACTの両方もしくはどちらか一方）を受験すること
AVIDシニア・セミナー	12年生	・少なくとも4学期（そのうちの2つは11年生の間）にAVIDプログラムに参加していること ・大学進学意思を有すること ・カリフォルニア州立大学とカリフォルニア大学への入学要件である"a-g"コースを修了するトラックにあること ・12年生の6月までに進学適性検査（SATとACTの両方もしくはどちらか一方）を受験していること ・最低1つの4年制大学を受験すること

出典）事例校で収集した資料を基に筆者作成。

ニア州立大学の入学要件[17]であり、AVIDプログラムでは、生徒がこの要件を満たせるように厳格なレベルの授業を履修することを求めている。

　生徒たちはAPコースなどの厳格なレベルの授業を履修するとともに、全員がAVID選択クラスという授業を履修する。AVID選択クラスは原則として1週間に5コマ実施される。同校のAVID選択クラスの時間割を表3に示す。

　授業はチュートリアルと呼ばれるグループ学習が2コマ、AVIDカリキュラムが2コマ、バインダーチェックやゲストスピーカーによる講演などを行う1コマで構成される。チュートリアルでは生徒たちがグループを作り、普段の授業で十分に理解できなかった問題に取り組む。原則として生徒7人のグループに、AVIDチューターとよばれる大学生が1人付いてサポートする。ただし、AVIDチューターは答えを教えず、生徒たちが正解を導き出すのを手助けする。

表3　AVID選択クラスの時間割

	月曜日	水曜日	金曜日
1限	チュートリアル（グループ学習）	チュートリアル（グループ学習）	バインダーチェック、ゲストスピーカーによる講演など
2限	AVIDカリキュラム	AVIDカリキュラム	

出典）事例校での聞き取り調査に基づき筆者作成。

論　文

これは、生徒たちがお互いに教え合うことで学習効果が高まると考えられているからである。

　AVIDカリキュラムでは文章の読み方や書き方、議論の仕方、良い質問の考え方など、勉強のやり方が教授される。具体的には先述したコーネル式ノート術のほか、「教室で成功する対話方法」といったものまで教えられる。その内容は「最前列に座って、前傾姿勢になって、質問して、うなずいて、教師に話しかけなさい（Sit in the Front, Lean Forward, Ask Questions, Nod Your Head, Talk to the Teacher）」であり、頭文字をとって「スラント（SLANT）」と呼ばれている。これは教師と良好な関係を築くための望ましい学習態度を示している。

　金曜日のバインダーチェックでは生徒たちの日常の学習状況を教師が確認する。またその他の活動として大学訪問も行われている。生徒たちにとって大学は身近な場所ではないため、大学訪問は大学の雰囲気に触れるよい機会となっている。

（5）　成果と課題

　成果について、まず2014-2015年度のAPテスト結果を**表4**に示す。表中の「AVIDなし」は、AVIDプログラムに参加していない生徒の結果である。AVIDプログラムへの参加基準の1つは「学力レベルが中程度」であり、すでに高い成績を修め、特別な援助を必要としない生徒はAVIDプログラムには参加しな

表4　サン・イシドロ高校のAPテスト結果 (2014-2015年度)

	受験者数（人）		合格者数（人）		合格率（％）		平均点（点）	
	AVID	AVIDなし	AVID	AVIDなし	AVID	AVIDなし	AVID	AVIDなし
スタジオ・アート	2	1	1	1	50.0	100.0	2.50	3.00
英語	46	46	13	24	28.3	52.2	2.13	2.72
英文学	5	14	2	11	40.0	78.6	2.60	3.36
アメリカ政治	12	9	12	9	100.0	100.0	4.08	4.67
アメリカ史	15	27	10	21	66.7	77.8	2.87	3.37
世界史	18	38	7	17	38.9	44.7	2.28	2.42
微積分学	25	37	24	36	96.0	97.3	4.32	4.38
生物学	5	14	2	1	40.0	7.1	2.20	2.00
環境科学	9	11	1	4	11.1	36.4	1.44	2.45
物理学	8	8	0	1	0.0	12.5	1.38	1.75
スペイン語	27	85	26	83	96.3	97.6	4.33	4.48
スペイン文学	24	14	19	13	79.2	92.9	3.29	3.93

出典）事例校における2016年3月調査で得られたデータより筆者作成。

い。実際にサン・イシドロ高校にも、AVIDプログラムに参加せずに大学進学をめざす生徒が一定数存在する。AVIDプログラムが成績上位者を集めた実践ではないことを再確認するために、AVIDプログラム参加者と非参加者のAPテスト結果を示した。

　ここでは特に、大学進学に影響があるとされる微積分学[18]に注目する。AVIDプログラム参加者のみを抽出すると、APテスト受験者25人のうち、合格点とされる3点以上を取得したものが24人（合格率96％）、平均点は4.32点だった。AVIDプログラムに参加していない生徒の成績（受験者37人、合格者36人、合格率97.3％、平均点4.38点）と比べても、ほぼ同等の結果を修めている。

　また生徒の大学進学状況について、2014-2015年度にAVIDプログラムに参加して高校を卒業した生徒78名のうち、4年制大学進学者は56名、2年制のコミュニティ・カレッジ進学者は22名であった[19]。なお、カリフォルニア州では高等教育マスタープランによって大学の機能分化が図られており、研究活動に重点を置くカリフォルニア大学への入学要件は当該年度の高校卒業者のうち成績上位12.5％以内、実践的分野や教員養成に重点を置くカリフォルニア州立大学では成績上位33.3％以内と定められている[20]。つまり、これらの大学への進学者は高い成績基準をクリアしたことになるが、上述した4年制大学進学者56名のうちカリフォルニア大学進学者は21名、カリフォルニア州立大学進学者は27名であった[21]。AVIDコーディネーターによれば、コミュニティ・カレッジに進学した生徒の多くは4年制大学への入学許可を得ていたが、経済的な事情のために4年制大学への進学を断念したという。このように、AVIDプログラム参加者は不利な状況にありながらもAPテストで成果を上げ、大学進学という点でも高い実績を上げている。なお、同校には2013年3月6日、2015年3月11日と継続して訪問調査を行っているが、プログラム運営面の大きな課題は指摘されていない。

3．学区教育委員会による支援の実態

　AVIDプログラムの運営は、学区教育委員会によって支えられている。以下、

論　文

サン・イシドロ高校が属するスウィートウォーター統合高等学校学区の概要を述べ、学区教育委員会の役割と運営面の課題を明らかにする。

(1)　スウィートウォーター統合高等学校学区の概要

　スウィートウォーター統合高等学校学区の生徒の人種構成比を**表5**に示す。

　生徒の人種構成比を見ると、やはり地域的な事情からラテン系アメリカ人生徒の割合が高い。また2016年1月のデータによると、学区全体の無償減額給食措置対象の生徒の割合は54.9%（学区の全生徒数37,259人中20,436人）であった[22]。

　同学区にはハイスクール12校、ミドルスクール11校、オールタナティブスクール1校があり、2016年現在、AVIDプログラムは学区内すべての学校で実施されている。ただし、その規模は学校によって異なっている。学区全体の生徒数37,259人のうちAVIDプログラムに参加している生徒は2,958人（7.9%）である。また学区のAVIDプログラム参加者（2,958人）のうち、無償減額給食措置対象の生徒は65.4%（1,935人）であった。前述の学区全体の割合（54.6%）よりも高い。

(2)　学区教育委員会の役割

　学区教育委員会が担っているのは、運営費用の負担、教員研修の実施、AVIDチューターの採用・研修の実施、評価プロセスに関する業務遂行の4点である。

表5　スウィートウォーター統合高等学校学区の生徒の人種構成比（2016年1月）

	学区全体		AVIDプログラム参加者	
	生徒数（人）	割合（%）	生徒数（人）	割合（%）
ラテン系	28329	76.03	2437	82.39
アジア系	3630	9.74	208	7.03
アフリカ系	994	2.67	79	2.67
アメリカ先住民	72	0.19	5	0.17
白人（非ヒスパニック）	2157	5.79	103	3.48
ハワイアン	101	0.27	7	0.24
その他	1976	5.30	119	4.02
総数	37259	100.00	2958	100.00

　出典）学区教育委員会における2016年3月調査で得られたデータより筆者作成。

第1に運営費用について、学区はプログラムの運営にあたって必要となる費用全般を負担している。主な項目としては、生徒が使用する教科書や本、課外活動（大学訪問など）に必要な費用、AVIDチューターの人件費（時給12.8ドル）、教員研修のための費用、さらに研修時に教員が不在となる場合の代替教員の費用がある。第2に教員研修について、学区はAVIDプログラムを担当する教員を対象に1日研修を年間4回実施している。研修の内容は現場の教員のニーズに応じている。第3にAVIDチューターの採用・研修について、AVIDチューターは学校ごとに採用されるが、学区ではAVIDチューターの募集活動を行っている。具体的には、AVIDプログラムを卒業して大学に進学する生徒に呼びかけたり、地元の大学に求人広告を出したりしている。さらに、AVIDチューターに対し、1日8時間で2日間にわたる研修（合計16時間）を実施している。第4に評価プロセスに関する業務について、AVIDセンターが行う評価プロセスに関わって、学区ではその業務の一端を担っている。

以上がAVIDプログラムの運営に関わって学区教育委員会が担う役割である。学区は運営費用や教職員の職能開発機会の提供など、学校現場で実施されるAVIDプログラムの条件整備を行っている。こうした学区教育委員会からの支援に対して、サン・イシドロ高校のAVIDコーディネーターは、同校のAVIDプログラムが成果を上げるために不可欠なものであると考えている[23]。

（3）　運営面の課題

学区のAVIDプログラム担当者からは、AVIDプログラムが問題なく運営されている学校とそうでない学校があることが指摘された。一部の学校は問題を抱えているが、その原因の1つはAVIDプログラムにふさわしい生徒を選べていないことにあるという。やる気がまったくない生徒を参加させると教師の負担が大きくなり、AVIDプログラムの運営がうまくいかないということであった。他には教師の側の原因もある。AVIDプログラムの規模が小さい学校では周囲の教師の理解を得ることが難しく、AVIDプログラム担当の教師はより多くの困難を抱えるという。

学区の担当者によれば、本論文の事例であるサン・イシドロ高校のAVIDプログラムは非常に良好に運営されているという。AVIDプログラムの運営に問

論　文

題を抱えている学校に対しては学区が教員研修を行ったり、学区の担当者が教室まで出向き、授業を参観した上で教師に指導・助言したりするなどの対応が取られている。

4．AVIDプログラムの特質と課題

　これまで明らかにしてきたことをふまえ、本節ではAVIDプログラムの特質と課題について考察する。

(1)　AVIDプログラムの特質

　本論文の第2節で述べたように、サン・イシドロ高校では申請書に基づく面接を行い、不利な状況にある生徒の中から、大学進学に向けてやる気のある生徒を選んでいた。そして参加者には、大学進学に向けてAPコースなどの厳格なレベルの授業の履修を求めるとともに、9年生の段階から12年生に至るまで継続して多様な支援を行っていた。その支援内容には、生徒たちがお互いに教え合うグループ学習の時間の提供、勉強のやり方を教えること、日々の学習状況の確認や大学の雰囲気に触れる機会の提供などがあった。不利な状況にある生徒のAPコース履修への支援という点から、連邦教育省によるAPコースのアクセス拡大事業と比較すると、AVIDプログラムの特質は次のように指摘できよう。

　連邦教育省によるアクセス拡大事業は、不利な状況にある生徒全般を対象とし、彼らがAPコースを履修できるように経済的な面からAPテスト受験料を補助したり、州や学区によるAPコースのアクセス拡大のための取り組みを支援したりするようなものであった。これらはいわば、従来閉ざされていたAPコースや大学への道筋（ルート）を開くような取り組みである。それに対してAVIDプログラムでは、すべての生徒を支援するのではなく、不利な状況にある生徒たちの中から適切な支援があればAPコースを履修できる「見込みのある」生徒を選び、継続的に多様な形で支援していた。これは不利な状況にある生徒たちが、連邦教育省のアクセス拡大事業によって開かれた道筋（ルート）にのれるようにする「アクセス支援」型の取り組みであるといえよう。

なお、AVID プログラムの「アクセス支援」型の取り組みは、連邦教育省のアクセス拡大事業を補完するものである。すなわち、AVID プログラムが機能する前提として、連邦教育省が提供してきたようなアクセス拡大事業が不可欠である。例えば、AP テスト受験料の補助により、その経済的負担が軽減され、AP コースや大学進学への道が開かれるのである。もし AP テスト受験料の補助がなければ、生徒たちの経済的負担は大きい。AVID プログラムに参加する生徒たちは AP コースを履修せず、彼らの大学進学への道も閉ざされたままになるだろう[24]。

(2)　AVID プログラムの課題

他方で AVID プログラムの課題は、いかにして AVID プログラムにふさわしい「見込みのある」生徒を選ぶかという点にある。AVID プログラムの対象者は AVID センターによって基準が示されているが、学校では教師が面接を行って参加者を選んでおり、その決定には現場教師に裁量の余地がある。結果として、参加者の選定に失敗することもあるだろう。大学進学に向けてやる気のある生徒をいかに識別できるかが、AVID プログラムの重要なポイントである。

しかし、この点についてはより慎重な検討が必要である。「AVID プログラムにふさわしい生徒を選ぶこと」に失敗して起こる問題には 2 つの場合が考えられる。1 つは学区の担当者が指摘したように、やる気がない生徒が AVID プログラムに参加することである。教師の負担が増え、プログラムの運営がうまくいかなくなる。もう 1 つの問題は、潜在的ではあるが、AVID プログラムに参加してそのメリットを享受できるはずの生徒を見逃してしまうことである。参加者の選定は AVID プログラムにとって重要なポイントではあるが、過度に参加を制限することは、AVID プログラムの目的を損なうおそれもあるのではなかろうか。

おわりに

本論文ではサン・イシドロ高校を事例として、不利な状況にある生徒が AP コースを履修して大学に進学する AVID プログラムの実態を明らかにした。た

論　文

だしAVIDプログラムの対象は「見込みのある生徒」であり、低学力や怠学傾向のある生徒は含まれない。現時点でAVIDプログラムはすべての生徒にメリットをもたらすものではないが、この点に関連して最後に本研究の意義と今後の研究課題を述べる。

　本論文の知見は、学校と不平等をめぐる一連の研究に位置づくものである。米国の教育制度に関する1960年代後半以降の研究では、学校は社会的不平等を解消せず、むしろ学校内部で不平等が生成されていることが明らかにされてきた（黒崎1989）。学校が社会的不平等を再生産することは教育学研究の通説になっており、特に優秀な生徒を対象とするAPコースは社会的不平等をより拡大する制度であると考えられてきた。

　しかし、AVIDプログラムはこの通説に必ずしも当てはまらない事例であり、適切な支援があればAPコースが不利な状況にある生徒の大学進学を促進し、大学進学における人種・民族間の格差が縮小される可能性を示唆している。公正な教育制度の構築に向けて、AVIDプログラムの仕組みをさらに解明することが求められる。また本論文の知見は1校のみの事例に基づくものであるため、他校での検証も必要である。これらは今後の研究課題としたい。AVIDプログラムの出発点は米国の高校教師によって始められた些細な取り組みであったが、その成果が今日の米国社会や教育学研究に与えるインパクトは、決して小さなものではないだろう。

【注】
(1)　"AVID"は"知への熱望"を意味するラテン語のavidusから付けられた名前である（Freedman 2000）。発音は英単語の"avid"と同様である。
(2)　APテストとは毎年5月に実施される全米統一の試験であり、生徒はAPコースを履修した後にAPテストを受験する（APコースとAPテストを合わせてAPプログラムと呼ぶ）。試験で3点以上（5点満点中）を取得すると合格とされ、大学進学後に大学の単位が認定される。APコース履修に費用はかからないが、APテストには受験料（2016年時点で1科目93ドル）が必要である。
(3)　米国全体では2002-2003年度にAPテストは14,353校の学校で実施され、1,017,396人の生徒が受験していたが、2012-2013年度にはAPテストは18,920校の学校で実施され、2,218,578人の生徒が受験しており、受験者数は10年間で2倍以上に増えた（College Board, Annual AP Program Participation 1956-2016. URL:https://secure-media.collegeboard.org/digitalServices/pdf/

research/2016/2016-Annual-Participation.pdf(2017/7/18閲覧))。

(4)　全米レベルでAPコースを管理するカレッジ・ボードは、高校卒業生全体、APテスト受験者、APテスト合格者（3点以上取得）の人種構成比のデータをもとに検証しているが、2012-2013年度の高校卒業生の場合、白人は高校生全体で58.3%、APテスト受験者で55.9%、APテスト合格者で61.5%を占める一方、アフリカ系アメリカ人は高校卒業生全体で14.5%、APテスト受験者で9.2%、APテスト合格者で4.6%を占めるにすぎなかった（College Board 2014）。

(5)　カレッジ・ボードは、一部の生徒に対して暗黙のうちにAPコースへの参加を阻む慣習が学校現場にあるとの見解を示している（College Board, Barriers to Equity and Access. URL:http://waltonapsi.typepad.com/files/barriers-to-equity-and-access.pdf(2017/9/26閲覧))。また先行研究では、教師やカウンセラーは不利な状況にある生徒に隠れた前提条件を課し、その条件を満たさないとAPコースの履修を阻害することが指摘されている（Yonezawa 2002）。

(6)　1ページを分割し、右側の広い欄に授業内容、左側の狭い欄に質問を書くというノート作りの手法である。

(7)　同僚の教師たちからは、スワンソンに対して、「（強制バス通学の）生徒はこの学校にふさわしくないし、まして私の大学進学準備クラスにふさわしくないことは言うまでもない」といった意見が寄せられたという（Swanson 1993）。

(8)　以下、全米レベル及びカリフォルニア州のAVIDプログラムの実施状況に関するデータは、2017年5月1日にAVIDセンター本部におけるシニア・ディレクター/チーフ・リサーチ・オフィサーに対するインタビュー調査にて得た。

(9)　国際バカロレア・ディプロマ・プログラムはAPコースと同様に、高校で実施される厳格なレベルの授業であり、その試験で所定の成績を修めると国際的に認められる大学入学資格を得られる。

(10)　データは2016年3月の事例校における調査で得られたものである。

(11)　同校は、カレッジ・ボードによる2009年の報告書においてAPコースのアクセス拡大で成果を上げている学校に挙げられている（College Board 2009）。

(12)　インタビュー対象者は同校のAVIDプログラム担当の副校長、AVIDコーディネーター（兼AVID選択クラス教師）である。

(13)　インタビュー対象者は学区のAVIDプログラム担当のディレクターである。

(14)　以下、事例校の全校生徒数やAVIDプログラム参加生徒数など、事例校に関するデータは、2016年3月の調査で得られたものである。

(15)　AVIDコーディネーターへのインタビュー（2016年3月7日実施）より。

(16)　同校のAVIDコーディネーターによると、学校全体で約400人の生徒がAVIDプログラムの参加を申請し、300人から350人の生徒が選ばれるという。

(17)　(a)歴史/社会科学、(b)英語、(c)数学、(d)実験科学、(e)英語以外の外国語、(f)視覚または舞台芸術、(g)大学進学準備コースの中からC以上の成績で15単位を修了していることが求められる。

(18)　高校でより厳格なレベルの数学の授業を受講するにつれて、大学に進学する割合が高まることが明らかにされている（ACT 2010）。

85

論　文

（19）　大学進学者に関するデータは、2016年12月にサン・イシドロ高校のAVIDコーディネーターからEメールで得たものである。

（20）　A Master Plan for Higher Education in California, 1960-1975 参照。

（21）　その他の生徒は私立大学や州外の大学に進学した。

（22）　以下、学区に関するデータは2016年3月の調査で得られたものである。

（23）　AVIDコーディネーターへのインタビュー（2016年3月7日実施）より。

（24）　米国では2015年12月に「全ての児童・生徒が成功するための法律（Every Student Succeeds Act of 2015）」が制定され、同法ではAPテスト受験料補助のための資金が、州に対する包括的な補助金の一部に含まれるように変わった。しかし、AVIDプログラムが今後も成果を上げるためには、APテスト受験料補助のための一定の財源が継続的に確保される必要があるだろう。

【文献一覧】

黒崎勲（1989）『教育と不平等：現代アメリカ教育制度研究』新曜社.

福野裕美（2009）「米国アドバンスト・プレイスメント・プログラムにおけるアクセス拡大に関する一考察：全米レベルの取り組みに焦点をあてて」筑波大学大学院人間総合科学研究科教育基礎学専攻『教育学論集』第5集、pp.153-173.

ACT（2010）. Mind the Gaps: How College Readiness Narrows Achievement Gaps in College Success.

Adelman, C.（1999）Answers in the Tool Box. Academic Intensity, Attendance Patterns, and Bachelor's Degree Attainment. Washington, DC.：U.S. Department of Education.

Adelman, C.（2006）The Toolbox Revisited: Paths to Degree Completion From High School Through College. Washington, D.C.：U.S. Department of Education.

College Board.（2009）The 5th Annual AP Report to the Nation.

College Board.（2014）The 10th Annual AP Report to the Nation.

Freeman, J.（2000）*Wall of Fame*, AVID Academic Press, California.

Guthrie, L. & Guthrie, G.（2000）Longitudinal Research on AVID 1999-2000: Final Report. Burlingame, CA: Center for Research, Evaluation And Training in Education（CREATE）.

Huerta, J., & Watt, K.（2015）Examining the college preparation and intermediate outcomes of college success of AVID graduates enrolled in universities and community colleges. American Secondary Education, 43（3）, 20-35.

Mehan, H., Villanueva, I., Hubbard, L., & Lintz, A.（1996）*Constructing school success: The consequences of untracking low-achieving students*. New York, NY: Cambridge University Press.

Musu-Gillette, L., Robinson, J., McFarland, J., KewalRamani, A., Zhang, A., Wilkinson-Flicker, S.（2016）*Status and Trends in the Education of Racial and Ethnic Groups 2016*. National Center for Education Statistics.

Swanson, M. C., et al.（1993）"The AVID Classroom: A System of Academic and Social Supports for Low-Achieving Students," Creating New Educational Communities: Schools and Classrooms Where All Children Can Be Smart, The 94th volume of the National Society for the Study of Education, pp.1-22.

Yonezawa, S., Stuart, W. A., Irene, Serna.（2002）."Choosing Tracks:"Freedom of Choice" in Detracking Schools," American Educational Research Journal, 39（1）, 37-67.

【追記】　本研究はJSPS科研費JP26870767の助成を受けたものである。

論　文

Actual State of the AVID Program in the United States:
A Case Study of San Ysidro High School in San Diego, California

Yumi FUKUNO

(Okayama Gakuin University)

The AVID (Advancement Via Individual Determination) program is a unique college readiness system for students from socioeconomically disadvantaged households. The program places disadvantaged students in advanced classes, such as Advanced Placement (AP) courses. Further, each student is enrolled in an elective class designed to increase the likelihood of entering a four-year college.

Advanced Placement (AP) courses are college-level courses that are held in high school. Originally, AP courses targeted elite students. However, a wider target audience has caused an expansion in the number of AP students. According to previous studies, taking advanced courses in high school (e.g., AP courses), increases the possibility of college attendance. Therefore, to close the achievement gap, the U.S. Department of Education has made efforts to increase access to AP courses by disadvantaged students.

However, the U.S. Department of Education is facing difficulties in achieving its goal. Although the overall number of schools and students who take AP courses has increased, minority and low-income students are less likely to enroll in AP courses than Caucasian and Asian students.

Despite this situation, the AVID program is available in some schools in and around California, and AVID students take AP courses and go on to college despite their disadvantaged status. Special support provisions are applicable to such students through the AVID program; therefore, it would be pertinent to examine the assistance offered to them.

This study clarified the actual state of the AVID program based on a case study of San Ysidro High School—recognized as a leading AVID school —in San Diego, California. Interviews were conducted at San Ysidro High School in San Diego, California, in March 2016.

First, this paper includes an outline of the AVID program, which was first established at a public high school in San Diego in 1980. Since then, the program has spread to other schools. During the 2015–2016 school year, the AVID program was in effect at 4,273 school sites, and 463,435 students enrolled in the AVID program nationwide. The number of students who were qualified for free/ subsidized lunches was 306,555 (66.1%). Despite their disadvantaged status, many AVID students enter

四-year universities. In the 2014–2015 school year, 40,272 high school seniors joined the AVID program, and 31,296 of these (77.7%) were accepted at four-year colleges.

The AVID program operates at school sites. School district offices and the AVID Center support these sites. The AVID Center, which is a non-profit organization, oversees the AVID program nationwide. The AVID Center sets the 11 elements of AVID program and offers materials to schools and professional development resources to teachers.

Second, this paper clarifies the reality of the AVID program at San Ysidro High School. In the 2015–2016 school year, 331 students were enrolled in the school's AVID program. Of these, 76.7% qualified for free/subsidized lunches.

Staff members engaged in the AVID program include an AVID coordinator, AVID elective teacher, and AVID tutor. The AVID coordinator manages the program at the school site. The AVID elective teacher directs the AVID elective class, and the tutor is a college student who assists with the AVID tutorial session.

Program participants are selected based on interviews with an AVID coordinator. The AVID coordinator investigates students' backgrounds and their willingness to study diligently if selected for the program.

The AVID program comprises three courses: AVID 9/10, AVID Junior Seminar, and AVID Senior Seminar. Students take advanced classes and an AVID elective class. The AVID elective class is held for five hours every week. Two hours are devoted to the AVID curriculum, in which students are taught useful study skills. A further two hours are used for the AVID tutorial, in which students learn from each other. In the remaining hour, the students' learning stati are checked by their teachers.

Through this supportive system, AVID students have made remarkable progress on AP test scores and in college enrollment rates. In the 2014–2015 school year, 78 senior students were enrolled in the AVID program at San Ysidro High School, and all joined institutions of higher education (i.e., 56 joined four-year colleges and 22 joined community colleges).

Through this study, how the school district office manages the AVID program was clarified. The Sweetwater Union High School District (to which San Ysidro High School belongs) bears the cost of the program, controls professional development, recruits the AVID tutor, and carries out an evaluation. According to the district director in charge of the AVID program, it did not work in some schools because less qualified students were selected for the program.

This paper concludes with a discussion regarding characteristics of the AVID program and

論　文

relevant issues related to its implementation. The AVID program provides disadvantaged students with many resources needed to enter college. In this paper, the support extended to such students is described as "access assistance efforts." This paper states that one of the issues of the AVID program is how to select qualified students for the program.

―――― 論　文 ――――――――――――― 比較教育学研究第56号〔2018年〕――

米国初等中等教育法の最新の再改定法（ESSA）の制定背景
――連邦政府の権限拡大をめぐる二大政党間の対立と妥協――

吉良　直
（東洋大学）

はじめに――問題の所在と本稿の主題

　アメリカ合衆国（以下「アメリカ」）で2015年12月10日に、民主党オバマ大統領の署名により成立した「すべての生徒が成功する法」(Every Student Succeeds Act、以下「ESSA」）は、1990年代から学力格差是正のため拡大の一途を辿ってきた教育分野における連邦政府の権限を大幅に抑制し州に戻すのが特徴である（Klein 2016）。ESSAは、1965年4月に民主党ジョンソン政権下で制定された「初等中等教育法」(Elementary and Secondary Education Act of 1965、以下「ESEA」）の最新の再改定法であり、低所得家庭の子どもたちの教育の質と機会の改善を主目的としたESEAは時限立法で、約5年置きに修正・再改定されていた。ESSAの前の再改定法の「どの子も置き去りにしない法」(No Child Left Behind Act of 2001、以下「NCLB法」）は、共和党ブッシュ政権下で2002年1月に成立したが、期限の2007年から約8年間も再改定が実現しないという異例の事態となっていた。

　中央集権的な日本の教育制度とは異なり、アメリカでは、合衆国憲法に明示的な規定が無いため、修正第10条により教育は州政府の専権事項となり、地方分権的に公教育制度が発展した。1965年のESEA制定以降、貧困層に特化したインプット重視の連邦教育援助が長年続いたが、結果責任は問われず連邦政府の権限は限定されていた。それは主に、アメリカにおける伝統的な地方自治の精神によるものだった。

　しかしその後、学力格差の是正と全米レベルの生徒の学力向上がなかなか進

91

論　文

まない状況等への対応として、1990年代から連邦政府の権限が拡大の一途を辿ったが、その流れを作ったのは、1989年の全米教育サミット以降に推進されたスタンダードに基づく改革であった。その改革は、学力向上と格差是正のため、州レベルでスタンダードとテストを策定し、結果責任を問い改善を促すことを意図していた。民主党クリントン政権下で1994年に成立したNCLB法の前の再改定法の「アメリカ学校改善法」(Improving America's Schools Act of 1994、以下「IASA」)による州政府への財政支援等を通して、スタンダードに基づく改革が普及していったが、2002年のNCLB法では、連邦政府の権限がさらに拡大され、州統一テストの結果の適正年次進捗度(adequately yearly progress、以下「AYP」)に基づくアカウンタビリティ制度が強化された(DeBray 2006; McGuinn 2006; Skinner & Lomax 2010; 北野他 2009)。NCLB法の目標は、ESEA制定当時の精神を継承し、人種、所得等に基づく学力格差是正を明確にしたもので賞賛されたが、連邦政府の権限を大幅に拡大し罰則を伴う手法には保守・革新の様々な方面から批判が噴出して再改定の必要性が叫ばれた(Meier & Wood 2004; 北野他 2012)。2009年発足のオバマ政権では、立法府である連邦議会での再改定ではなく行政府である連邦教育省を通した政策により、政権の教育方針への政策誘導を促してNCLB法の問題点の修正を図ったが、連邦政府の権限のさらなる拡大に対して主に共和党議員等から批判が増大していたというのがESSAの制定背景である(McGuinn 2014)。

　ここで問題となっているのは、連邦政府の権限が、2002年の連邦議会でのNCLB法制定で拡大して批判が噴出した後、オバマ政権下で連邦教育省を通してさらに拡大しESEA再改定の必要性が叫ばれる中で、なぜ期限から約8年間も再改定が実現しなかったか、そしてなぜその後再改定が実現したのかである。本稿は、再改定法案の骨子と投票結果に表れた二大政党間の対立と妥協を主題とし、再改定が実現しなかった理由と、共和党寄りの連邦政府の権限を抑制するESSAが制定された背景を解明することを目指す。本稿では、第1に先行研究レビューをまとめた後に本研究の概要を提示し、第2に2007年の期限から約8年間再改定が実現しなかった時期、第3に2015年に再改定が実現した年に分けて再改定法案の骨子と投票結果を分析し、最後に本稿の結論と今後の研究課題をまとめる。

1．ESEA再改定法に関する先行研究と本稿の目的と概要

　ESEAの再改定法の内容、制定背景、教育改革の概要に関する先行研究は前節に盛り込んだものを含め多数あるが、本稿の内容との関連で特に重要になるものを3項目挙げる。第1項目は、連邦政府の権限を拡大し、スタンダードに基づく改革を推進した1994年のIASAと2002年のNCLB法の制定背景に関する研究である。伝統的に、民主党は貧困撲滅、格差是正を信条として連邦資金援助拡充は推進しつつ、テストに基づくアカウンタビリティ制度の確立には慎重であり、共和党は地方自治と財政縮減を提唱し連邦政府の関与全般に慎重だった。一連の研究は、両党がなぜ連邦政府の財政支援拡大と厳しいアカウンタビリティ制度の導入に基づく改革を推進したかを解明し、民主党内では連邦資金援助は拡充する代わりに結果責任を求めることを容認するニュー・デモクラットが台頭し、リベラル派と一線を画してIASAとNCLB法を推進していったこと、共和党内にも連邦政府の予算と権限拡大を容認する穏健派が出現したこと等を指摘している（Hale 1995; Jennings 1998, 2015; McGuinn 2006; 北野他 2012; 吉良 2015）。ESEAはもともと民主党政権で成立した平等保障策で、再改定時の民主党議員の賛成票の割合は一貫して高かった一方で、共和党議員の賛成票の割合は、特に連邦政府の権限を拡大したIASA制定時の両院平均は36％と低かったが、権限をさらに拡大したNCLB法制定時は、両院平均で約90％と激増した。これは、8年振りの共和党ブッシュ政権が目指す政策を共和党議員は支援すべきというプレッシャーに加え、同時多発テロ後の特殊事情の中で、ブッシュ大統領が法案成立を連邦議会に強く求めたため、超党派の支持により制定したとされているが、多くの共和党議員が信条を曲げて賛成票を投じたことも分かっている（DeBray 2006；吉良 2012）。

　第2項目は、その後のオバマ政権の教育政策に関する文献である。オバマ大統領とダンカン（Arne Duncan）連邦教育長官は、連邦議会での再改定が出来ない中、連邦教育省を通して州間の競争資金である頂点への競争（Race to the Top、以下「RTTT」）プログラムやNCLB法の責務遂行免除等の政策では、申請条件として州政府に対して、生徒の学力テストの結果の進捗度と教員評価を

論　文

結びつける政策の推進やNCLB法の問題点を解決するためのコモン・コア・ス
テート・スタンダード（Common Core State Standards、以下「CCSS」）の採択
の推奨等の、政権の教育方針への政策誘導を行ったこと等が指摘されている
（篠原 2012; McGuinn 2014;高橋 2015; 大桃 2017）。しかし同時に、教員評価等
に関する連邦政府の権限のさらなる拡大に対しては、学力向上に関する結果責
任が、ブッシュ政権下での学区や学校から、オバマ政権下では教員に向けられ
身分保障問題が深刻化したため、共和党議員や支持者だけでなく民主党内から
も批判が増大していったことも、ESSA制定の背景として重要である（高橋
2012; Petrilli 2015a）。

　第3項目としては、大統領と連邦議会上下両院の多数党の勢力図に基づく分
析が挙げられる。統一政党政府（unified party government）は、政権党が議会
の上下両院の多数党となっている状態を、分割（divided）政党政府（または分
割政府）は、政権党が議会の少なくとも一院で多数党となっていない状態を指
す。統一政党政府の場合、大統領と連邦議会の連携が取れていれば、大統領の
意向を反映した議会運営がしやすい状態となり、実際1994年のクリントン政
権下のIASAは民主党の統一政党政府で実現しており、ブッシュ政権も発足時
は共和党の統一政党政府であったことがNCLB法制定の一要因とされている
（DeBray 2006）[1]。一方、分割政党政府では党派対立があり大統領の意向が反
映し難く議会運営が困難になる場合が多いが、同時に法律制定の成果という意
味では統一政党政府の場合とそれほど違いがないことも指摘されている
（Mayhew 1991; Binder 2005）。ESEA の再改定に関しても一概には言えず、分割
政党政府でも、世論の動向、大統領任期の周期等の他の要因により両党の妥協
が図れれば法律が成立した事例もあり、ブッシュ政権下のNCLB法成立時も最
終的には分割政党政府の状態であった（DeBray 2006; DeBray & Houck 2011）。

　第1項目のスタンダードに基づく改革を推進したIASAとNCLB法の制定背
景に関する先行研究では、2002年のNCLB法までの再改定法の分析は多数ある
が、最新のESSAについてはまだほぼ皆無である。例外として、長嶺（2015）
はオバマ政権下の2013年までの再改定の動向を扱っているが断片的で最新の
2015年のESSA制定の動向までは扱っていない。第2項目のオバマ政権の教育
政策に関する先行研究は多数あるが、ESSAの制定過程等と結びつけた論考は、

ほぼ皆無である。例外として、小林（2016）、大桃（2017）は、連邦政府の権限を抑制し州に戻すことを重視するESSAが成立したことに言及しているが、その制定過程等には触れてない。第3項目の大統領と連邦議会の勢力図に関する先行研究は元々限定的であり、この視点からESSAの制定に触れたものは皆無である。

　そこで本稿では、最新の再改定法案の骨子と投票結果に表れた二大政党間の対立と妥協を主題とし、教育格差是正のため連邦政府の予算の拡大と権限の維持を求める民主党と、地方自治の理念に基づき肥大化した連邦政府の権限の抑制を求める共和党の間の対立と妥協を考察し、期限から8年間再改定が実現しなかった後、共和党寄りの連邦政府の権限を抑制するESSAが制定された背景を解明することを目的とする。本研究では、研究目的に合わせて2つの研究課題を設定する。第1に、NCLB法の再改定期限の2007年以降なぜ約8年間もの間再改定が実現しなかったのかを、第110議会から第113議会までの連邦議会の勢力図や再改定を目指す動きと共に、2009年に誕生したオバマ政権の教育政策の概要も合わせて解明する。第2に、そのような状況で、なぜ2015年12月に再改定が可能になり、連邦政府の権限を抑制する再改定法が成立したかを、第114議会の再改定法案の骨子と投票結果に表れた二大政党間の対立と妥協の分析を通して解明する。その理由を解明する際、特に分割政党政府の下での法案制定には二大政党間の妥協が必要になるが、後述する上院の議事妨害制度等の法案成立に向けて両党議員に妥協を強いることになった制度に着目して分析する。研究課題の解明により、ESSAの意義となる、連邦政府の権限抑制という大きな政策転換の背景を明らかにする。

　本研究では、連邦議会における2007年以降のESEA再改定過程に関する各種記事、文献、並びに連邦議会の上下両院の法案の文書や連邦議会ホームページに集約された投票結果等を情報源としてその分析を通して上記の研究課題を解明していく。分析手法としては、再改定が実現しなかった時期、再改定が実現した時期に分け、上記の第1項目から第3項目の視点から、再改定過程における民主・共和両党間の対立や妥協の模索と連邦政府の権限を抑制するESSAが制定された背景に関して、連邦議会上下両院での再改定法案の骨子と投票結果の関係等に着目して、政党政府の枠組みも用いて分析していくこととする。

論　文

２．ブッシュ・オバマ政権下の再改定過程（第110～113議会、2007～14）

　本節では、NCLB法の再改定の期限となった2007年から2014年までの再改
定が実現しなかった期間の連邦議会における動向について検討していく。**表1**
に2007年1月発足の第110議会から2015年1月発足の第114議会までの大統領
と連邦議会多数党、政党政府の変遷をまとめた。この期間には、オバマ政権発
足当初の第111議会（2009-10）が民主党の統一政党政府だった以外は、すべ
て分割政党政府になっていることが分かる。本節では、ブッシュ政権下の第
110議会（2007-08）、オバマ政権下の第111議会から第113議会（2009-14）の
期間のESEA再改定の動向を考察していく。

(1)　ブッシュ政権下の再改定の動向（第110議会、2007-08）

　ブッシュ政権下の2007年からの第110議会は、共和党大統領と民主党主導の
連邦議会という分割政党政府の状態となる中で、NCLB法は5年の再改定の期
限を迎えた。ブッシュ大統領とスペリングズ（Margarett Spellings）連邦教育長
官は、NCLB法の目標、州レベルの年次テスト、サブ・グループごとの点数の
公表等の主要部分の意義を強調しつつ、批判が出ていたAYPの目標の達成方
法等の修正を盛り込んだ再改定法制定を重要課題としていた。また、教育関連
委員会の委員長となった民主党ミラー下院議員（George Miller、カリフォルニ
ア州）とケネディ上院議員（Edward Kennedy、マサチューセッツ州）も再改定
法制定を目指してはいたが、同時に、大学生の学生ローンの利子の引き下げ等
の他の優先事項もあり、2007年中の再改定は実現しなかった（Hoff 2007）。第

表1　2007年から16年までの連邦議会、大統領と議会多数党、政党政府の変遷[(2)]

期間（議会）	大統領	上院多数党	下院多数党	政党政府
第110議会（2007-08）	ブッシュ（共和）	民主51	民主233	分割（共・民民）
第111議会（2009-10）	オバマ（民主）	民主57	民主256	統一（民・民民）
第112議会（2011-12）	オバマ（民主）	民主56	共和241	分割（民・民共）
第113議会（2013-14）	オバマ（民主）	民主52	共和232	分割（民・民共）
第114議会（2015-16）	オバマ（民主）	共和54	共和247	分割（民・共共）

出典）Visual Guide: The Balance Of Power Between Congress and The Presidency（1901-2017）[(3)].

110議会で再改定が実現しなかった最大の理由としては、やはり分割政党政府で両党が合意できなかったことがあり、連邦議会上下両院多数派の民主党側に、再改定法の制定によりブッシュ政権や共和党側に手柄を取らせたくないという心理が働いたことも重要だったと言える[4]。その後2008年の大統領選挙の年に突入し、ブッシュ政権は2度目のESEA再改定を実現できないまま、09年1月に2期8年の任期を終えた。

(2) オバマ政権下の再改定の動向（第111～113議会、2009-14）

2008年の大統領選挙に勝利して発足したオバマ政権下の2009年からの第111議会は、民主党の統一政党政府の状態にあった（表1）。1993年発足のクリントン政権のように、最初の2年間にESEA再改定を最優先課題にしていれば、オバマ政権が目指す内容の再改定が実現していた可能性があるが、実際には実現せず仕舞いとなった。その最大の理由としては、オバマ政権にとって、就任前の2008年に起こったリーマン・ショック後の経済回復が待ったなしの最優先課題だったことがあり、さらに4,700万人と概算された無保険者を救済すべく医療保険制度改革に取り組むことをもう一つの最優先課題にしたことが挙げられる。

ここで注目すべきことは、この2つの最優先課題に関しては、オバマ政権下の連邦議会は、統一政党政府の数の利点を活かして法律を成立させていることである。具体的には、経済刺激策を中心とする「アメリカ復興・再投資法」（American Recovery and Reinvestment Act of 2009、以下「ARRA」）は2009年2月19日に、「オバマケア」と呼ばれている「患者保護及び医療費負担適正化法」（Patient Protection and Affordable Care Act、以下「PPACA」）も2010年3月23日に、それぞれ大統領が署名して成立しているが、その投票結果は特筆に値する。それは、ARRAの両院協議会合意法案に関しては、2009年2月13日に下院、上院で可決されたが、下院では共和党議員の賛成票は皆無であり、上院でも賛成票は共和党穏健派3名のみであり[5]、さらにPPACAに至っては、連邦議会上下両院での最終投票で共和党議員の賛成票は皆無のままの可決成立となったからである[6]。つまり、統一政党政府の利点を活かして、大統領と議会多数派の民主党が目指す政策を立法化したが、民主党側が、共和党側の賛成票を獲得できる

論　文

ような妥協案を策定しなかったことが、その後の連邦議会内の党派間対立の激化に繋がっていったのである。

　2010年の中間選挙で共和党が下院の多数派を奪還すると、分割政党政府の状態となった（表1）。2011年からの第112議会、2013年からの第113議会では、下院は教育労働力委員会（Education and the Workforce Committee）の委員長の共和党クライン議員（John Klein、ミネソタ州）、上院は保健教育労働年金委員会（Health, Education, Labor and Pensions Committee）の委員長の民主党ハーキン議員（Tom Harkin、アイオワ州）が主導してESEA再改定が目指された。

　表2に第112議会と第113議会におけるESEA再改定のための法案と投票結果の概要を示した。共和党が多数党の下院では、地方自治と財政縮減等の共和党の信条を反映した法案が審議され、共和党議員のみの賛成票により本会議で成立した法案があった。一方、民主党が多数党の上院では、後述するオバマ政権の再改定案に基づき教育格差是正のため連邦政府の予算を増額し権限を維持することを目指す法案が委員会で可決されたが本会議では成立しなかった。そのため両院協議会は編成されず再改定は実現しなかった[7]。その最大の理由は、分割政党政府の状態で両党間の妥協が図りにくくなったことだと言える[8]。2011年からの4年間は、下院多数派の共和党と上院多数派の民主党の政策の違いから対立が激化して法律が成立しにくい状態となり、結果的に連邦議会の支持率は史上最低レベルの10％台となった[9]。

　オバマ政権下の教育改革の概要については、第1節の先行研究の第3項目にまとめたように、立法府である連邦議会でのESEA再改定が実現しないことから、行政府である連邦教育省を通して、主に政策誘導という形で政権の教育政策を推進していったことで連邦政府の権限をさらに拡大したことが特に重要で

表2　第112、113議会におけるESEA再改定のための法案と投票結果の概要

連邦議会	下院（共和党多数派）	上院（民主党多数派）
第112議会 （2011-12）	Empowering Parents through Quality Charter Schools Act（H.R.2218）のみ、2011年9月13日本会議で可決（365対54）	Elementary and Secondary Education Reauthorization Act of 2011（S.3578）は、2011年10月20日上院教育関連委員会可決。本会議では審議されず
第113議会 （2013-14）	Student Success Act（H.R.5）は、2013年6月19日に委員会で可決。7月19日本会議で可決（221対207、共和のみ賛成）	Strengthening America's Schools Act（S.1094）は、2013年6月12日委員会で可決（民主のみ賛成）。本会議では審議されず

出典）Skinner, et al.（2012, 2013）、連邦議会のホームページ等を基に筆者作成。

98

ある。オバマ政権は、2010年3月に *ESEA Blueprint for Reform*（U. S. Department of Education 2010）と題するESEA再改定案を公表してNCLB法の実施による問題の解決を目指し、民主党が多数党の上院では、このオバマ政権案に基づく再改定が2011年と13年に目指されたが、共和党が多数党の下院との合意ができず再改定は実現しなかった。ただ、オバマ政権は、RTTTやNCLB法責務遂行免除等への申請条件として、主要な教育方針への政策誘導をしたことで、多くの州がCCSSを採択し、テスト結果と教員評価を連動させる政策等を導入していったが、NCLB法で拡大した連邦政府の権限が、ダンカン連邦教育長官の下でさらに拡大したことに関して、特に共和党議員から批判が増大していったことは、連邦政府の権限を抑制するESSAの制定への原動力となったため重要である（Petrilli 2015a）。

3．オバマ政権下での再改定過程（第114議会、2015）

　2014年の中間選挙で上院でも民主党が敗北した結果、2015年1月からの第114議会では、共和党が上下両院の多数党となった（表1）。依然、分割政党政府だが、共和党が連邦議会両院の多数派となったことで、連邦教育省の権限拡大を懸念していた共和党主導のESEA再改定の動きが加速した。下院では引き続き教育労働力委員会の委員長のクライン議員、上院では元連邦教育長官（1991-93）で保健教育労働年金委員会の委員長となったアレキサンダー議員（Lamar Alexander、テネシー州）が主導してESEA再改定法成立を目指した。

　ここで特筆すべきことは、連邦議会の特殊事情として、435議席の下院では多数決（218票以上）で法案が可決されるが、100議席の上院では60票の賛成票が無いと議事妨害（filibuster）により法案が可決できなくなる可能性があるため、多数党は少数党の賛成票を獲得するため妥協案を策定することを余儀なくされることである。実際、第114議会では、共和党は54議席で6議席足りなかったため、後述するように、アレキサンダー委員長は、マレー民主党代表（Patty Murray、ワシントン州）との妥協案の策定を図っており、上院と下院の投票結果の傾向に差が出たのはこのためである。

論　文

（1）　連邦議会における ESEA 再改定法案の制定過程と投票結果

　ここでは敢えて、まず ESEA 再改定法案の上下両院本会議での採決と制定の流れを示した上で、上下両院での投票結果の傾向の違いを、法案の骨子を用いて説明することとする。下院と上院の ESEA 再改定法案は、それぞれ教育関連委員会での審議と採択を経て、本会議に上程された。下院本会議では、Student Success Act（H.R. 5）が 2015 年 7 月 8 日に 218 対 213 で、上院本会議では、Every Child Achieves Act（S. 1177）が 7 月 16 日に 81 対 17 で、それぞれ可決された（**表3**）。後述するように下院では、民主党議員の賛成票は皆無であった。その後、異なる法案が可決されたため、両院協議会がクライン下院議員を議長として設置され合意法案（Every Student Succeeds Act）が策定され、最終的に 12 月 2 日に下院本会議では 359 対 64 で、9 日に上院本会議では 85 対 12 で、それぞれ可決された（表3）。そしてその翌日の 12 月 10 日に、オバマ大統領が、首都ワシントンのホワイトハウスに隣接するアイゼンハワー行政府ビルの講堂で開催された署名式で署名して、ESEA の最新の再改定法は、「すべての生徒が成功する法」（ESSA、P.L. 114-95）として成立した。期限から約 8 年間再改定されない状況で、奇しくも ESEA 制定 50 周年の年の再改定法制定であった。さらに、過去の民主党政権下の ESEA 制定と再改定法制定は全て統一政党政府で実現して

表3　2015 年の ESEA 再改定法案の連邦議会上下両院での投票結果
（7月の下院上院法案、12月の両院協議会合意法案）

下院　本会議	7月8日下院法案 *Student Success Act*			12月2日両院協議会合意法案 *Every Student Succeeds Act*		
投票結果	賛成	反対	棄権	賛成	反対	棄権
共和党議員（246）	218（88.6%）	27	1	178（72.7%）	64	3
民主党議員（188）	0（　0%）	186	2	181（96.3%）	0	7
下院合計（434）[10]	218	213	3	359	64	10

上院　本会議	7月16日上院法案 *Every Child Achieves Act*			12月9日両院協議会合意法案 *Every Student Succeeds Act*		
投票結果	賛成	反対	棄権	賛成	反対	棄権
共和党議員（54）	39（72.2%）	14	1	40（74.0%）	12	2
民主党議員（44）	40（90.9%）	3	1	44（100%）	0	0
無所属議員（2）	2	0	0	1	0	1
上院合計（100）	81	17	2	85	12	3

出典）米国連邦議会のホームページより入手[11]。各党の賛成票の割合は筆者算出。

いたので、オバマ大統領は、分割政党政府で再改定を実現した初の民主党大統領となった。

　ESSA成立までには、分割政党政府の状態の民主党、共和党間で様々な対立と妥協があったが、それは上下両院での2回ずつの投票における各党の賛成票の割合と法案の骨子の傾向を分析することで垣間見ることができる。下院多数派の共和党議員の賛成票の割合は、7月の下院案の採

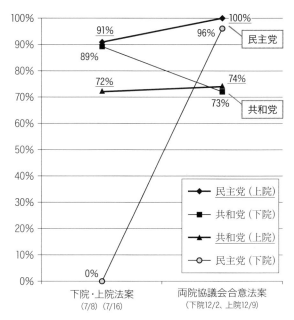

図1　連邦議会の共和党・民主党議員の下院・上院法案、両院協議会合意法案の賛成票の割合の変化

決では88.6％と高かったが、12月の両院協議会合意法案の採決では72.7％と約16％下がっているのに対し、民主党側は、賛成票無しの0％が96.3％に激増している（表3、図1の細線）。一方上院多数派の共和党議員の賛成票の割合は、7月の採決では72.2％だったが、12月の採決でも74.0％に微増しており、民主党側も、7月が90.9％で、12月には44人全員が賛成票を投じ、100％と約10％増えている（表3、図1の太線）。

(2)　上下両院、並びに両院協議会の法案の骨子と投票結果の関係

　上記の投票結果は、両党間の対立と妥協を反映したものである。オバマ政権下の改革が連邦教育省の権限を拡大するものだったため、多数決で法案を可決できる下院で審議された法案は、共和党クライン委員長が主導して策定し、地方自治と財政縮減の共和党の信条に基づき、連邦教育予算を削減し、連邦政府の権限を大幅に抑制して州政府に戻すものとなった。表4に示した法案の骨子

論　文

表4　第114議会における下院、上院のESEA再改定法案の骨子の比較

上下両院法案	該当する法案の内容
両院法案共通	・NCLB法の適正年次進捗度（AYP）、AYPに満たない時の罰則規定廃止 ・第3〜8学年までの読解、算数・数学のテストの実施、小中高レベルの科学のテストの実施、テスト結果のサブ・グループごとの公表 ・連邦教育長官の権限の禁止
下院法案特有	・連邦教育予算の削減とプログラムの統合による包括補助金化 ・Title I Portabilityと呼ばれる援助対象生徒の選んだ学校に連邦資金が配分される措置
上院法案特有	・就学前教育への財政支援の拡大

出典）米国連邦議会のホームページ[11]、CCSSO（2015）等を基に筆者作成。

では、まず上段にある上院と共通する部分に、NCLB法に関する批判が集中したAYPと罰則規定の廃止や連邦教育長官の権限の抑制が盛り込まれ、年次テストの実施とサブ・グループごとのテスト結果の公表の義務付け等は維持されたが、AYPに代わる目標の設定やその結果責任の扱い等は州政府に委ねられるものとなった[12]。

　中段の下院法案特有の項目では、予算削減とプログラムの統合による包括補助金化があり、これにより州政府の予算執行の裁量権を高めることを目指した。さらにTitle I Portabilityと呼ばれる援助対象生徒の選んだ学校に連邦資金が配分される措置は、私立学校も含むバウチャー制への布石として盛り込まれた（Camera 2015）。ただ、民主党側からは、予算削減に関する批判だけでなく、連邦資金が不利な状況にある生徒以外に使われることや拡散して格差是正への効果が薄れることへの批判が出たため、本会議の投票では民主党議員の賛成票は皆無となった。

　一方、上院の共和党は、上述した議事妨害に対応できる60票を確保していなかったため、共和党アレキサンダー委員長が、民主党代表のマレー議員をはじめとする民主党指導部との妥協案を策定した。表4の中段の下院法案特有の項目は盛り込まれず、上段の共通部分の連邦政府の権限を抑制し州政府に戻す代わりに、年次テストに基づくサブ・グループごとの結果の公表は維持した上で、下段の民主党側が強く求めた就学前教育への財政支援の拡大が盛り込まれた。上院案が両党議員の70％以上の支持を得て可決され、特に民主党議員の賛成票が90％を超えたのにはそのような背景があった。

　そして、両院協議会合意法案策定時には、両院協議会の議長となった下院の

クライン委員長とアレキサンダー上院議員を中心とする議会多数派の共和党指導部が、マレー上院議員、スコット下院議員（Bobby Scott、バージニア州）等の民主党側と協議を行った。連邦教育長官も務めたベテランのアレキサンダー上院議員は、教育格差是正のため連邦政府の権限を維持したいオバマ政権と公民権擁護団体等の意向を踏まえ、大統領が拒否権を発動しないような妥協案策定を共和党内でも模索し、上院法案に近い形で合意した。表4の中段の下院法案に特有の項目は、包括補助金化が一部盛り込まれた他は削除されたため、民主党議員の賛成票の割合は上下両院で95％以上と非常に高くなった一方で、逆に不満を持った特に下院の共和党議員の賛成票の割合は約16％下がり、両院で70％程度となっている。しかし相対的に考えると、上述したクリントン政権下のIASA制定時の36％と比べれば約2倍で、大筋では地方自治の理念を反映した共和党寄りの連邦政府の権限を抑制する法案だったため比較的高くなったと言える（Neff 2015）。

　結果的に、共和党側は、連邦政府による罰則を伴う厳しいアカウンタビリティ制度の撤廃と権限の州政府への委譲、並びに連邦教育長官の権限の抑制を勝ち取り、民主党側は格差是正のための年次テストに基づくサブ・グループごとの結果の公表の維持と就学前教育への財政支援拡大等を勝ち取ったことになる（Korte 2015; Petrilli 2015b）。ただ、ここで重要なのは、両党間の妥協があったものの、連邦議会上下両院の多数派の共和党寄りの再改定だったことである（Neff 2015）。オバマ大統領は、ESSA署名式で超党派の合意による再改定法成立を「クリスマスの奇跡」(Obama 2015)と冗談交じりに称賛しており、学力格差を可視化するサブ・グループの枠組み等が維持されたことを評価しているが、同時に格差是正のための連邦政府の権限は維持されず、抑制されることとなった。

　実際ESSAは、ブッシュ政権下で制定されたNCLB法のAYP、罰則規定等を廃止しただけでなく、オバマ政権下で連邦教育省を通して、連邦資金援助やプログラムへの申請条件として実施していた学力テストの結果と教員評価を連動させる政策の推進、CCSSの採択の推奨等を否定するものだったのである。さらに、連邦教育長官の権限を抑制する箇所が複数盛り込まれたのは、ダンカン連邦教育長官の権限が肥大していったことへの主に共和党側からの反動の表れ

論　文

であった（Petrilli 2015a; U.S. Congress 2015; McGuinn 2016）。このような経緯でESSAは制定されたのであり、大きな政策転換となったことがその意義である。オバマ政権としては、就任当初の統一政党政府の状態で再改定を実現できなかったためこのような事態となったが、分割政党政府で、連邦議会の両院の多数派を野党に握られている場合、政権側が苦渋の決断を迫られることがあることが窺える。

おわりに――結論と今後の研究課題

　本稿は、ESEA再改定法案の骨子と投票結果に表れた二大政党間の対立と妥協を主題とし、共和党寄りの連邦政府の権限を抑制することを特徴とするESSAが制定された背景を解明することを目的としたが、論点をまとめる。

　再改定期限から約8年後に漸く成立した理由に関する分析では、共和党ブッシュ政権最後の2年間となった第110議会で民主党が上下両院の多数派となり、分割政党政府の中で合意ができず再改定は実現しなかった。そして、民主党オバマ政権は2009年の就任当初統一政党政府の状態にあったが、別の優先課題がありESEA再改定を実現できず、2011年からの4年間は、民主党大統領の下で民主党が上院多数党、共和党が下院多数党という分割政党政府となり、ESEA再改定法案は審議されたが、両党の政策の違いから妥協案が策定できず、再改定は実現できなかった。

　オバマ政権は、連邦議会でESEA再改定が実現できないため、連邦教育省を通して教育政策を実施し、NCLB法の責務遂行免除を条件付きで認める等の連邦教育省の権限をさらに拡大する政策を取り、これが事実上のESEA再改定とも考えられたが、政権の政策が立法に根差していなかったため、言わば二重構造となり不安定なものとなったことは否めない。実際、2015年12月に制定されたESSAは、オバマ政権が推進していた連邦教育省主導の教育改革（RTTT、教員評価等）を全面的に否定するものであり、2017年度から実施されるESSAでは、連邦教育省の権限は大幅に抑制され、州政府に権限が戻されることになった。つまり、ブッシュ政権下のNCLB法で拡大した連邦政府の権限を、オバマ政権下でさらに拡大したことへの主として共和党議員からの反動により、

104

ESSAは連邦政府の権限を抑制する形で制定されたと言える。

　再改定期限から約8年間成立しなかった背景には、オバマ政権発足当初の2年間を除き、分割政党政府の下で、二大政党間の政策の違いからくる対立があり、妥協案を策定できなかったことがある。逆に、2015年12月にESSAが制定された背景には、同じ分割政党政府でも共和党が連邦議会上下両院で多数党となったことで法案は通しやすくなり、さらに上院の議事妨害制度、並びに両院協議会等の法案成立に向けて両党に妥協を強いることとなった連邦議会の制度が存在したことは特筆すべき点である。大局的に見ると共和党主導の再改定過程のため、民主党側は、連邦政府の権限の抑制を認めざるを得なかったが、同時に議事妨害制度により、上院の共和党側が、就学前教育への財政支援の拡大等を支援することで譲歩し、さらに両院協議会制度により下院の共和党側が上院の超党派の支持を得て可決された法案を容認し譲歩したことで、州レベルの年次テストとサブ・グループごとのデータの公表等を維持しつつ、拡大の一途を辿っていた連邦政府の権限を抑制するESSAは制定されたのである。ESEA再改定史上初めて、民主党大統領の分割政党政府での再改定となったが、やはり上下両院で多数派となった共和党に押される形での再改定となったことは興味深い。

　本稿の最大の意義は、これまで蓄積されてきたアメリカの連邦教育政策に関連する先行研究で、まだほとんど扱われていないESEAの最新の再改定法であるESSAの制定背景について分析した点にある。具体的には、再改定の実現の有無が、二大政党間の妥協の有無と連動していることを明らかにすることで、分割政党政府の下でも、NCLB法への幅広い層からの批判とオバマ政権下の教育政策への反動といった再改定実現への原動力があれば、連邦議会の議事妨害等の制度が二大政党間の妥協を促すことが可能なこと、また結果的にその妥協が連邦政府の権限を抑制する大きな政策転換につながったことを解明している点も、本稿の重要な意義となる。

　本稿では、2015年12月に制定されたESEAの最新の再改定法であるESSAの制定背景を中心に分析したが、最後に今後の研究課題について述べる。大局的に考えると、2015年に50周年を迎えたESEAの50年の変遷に関して分析し、その成果と課題を、教育における平等保障や学力格差是正の観点から総括する

論　文

研究が求められる。そのような研究と同時に、ESEAの再改定過程を総括する研究も求められる。その際、本研究で用いた連邦議会におけるESEA再改定法案の骨子と投票結果と二大政党間の対立と妥協について50年間を振り返ることは有効だと考える。そして、8年間の民主党オバマ政権の教育政策とその成果を総括することも重要になる。様々な方策が取られても不利な状況にある子どもたちの学力向上や格差是正が限定的だったために連邦政府の権限が拡大の一途を辿ったが、権限を抑制し州や地方学区に戻すESSAが2017年度から実施される今、州政府以下がどれだけ主体的に教育改革に取り組んできたかが問われることになるだろう。

　最後に、2017年1月発足の共和党トランプ政権は、統一政党政府の状態にあり、連邦教育予算と権限の抑制を標榜する大統領と連邦議会の下で、2017年度からとされたESSAの本格的実施が、運用面等でどのようなものになるかも注視する必要がある。

【付記】
　本研究はJSPS科研費（26245075）の助成を受けたものである。

【注】
(1)　ブッシュ政権は、2001年1月発足当初は共和党の統一政党政府の状態にあったが、5月に共和党ジェフォーズ上院議員が離党して無所属議員となったため民主党が多数党となり、分割政党政府の状態となった（DeBray 2006）。
(2)　上院は100議席なので、51議席で過半数となるが、政権与党は50議席でも上院議長を兼ねる副大統領の1票で多数党となる。下院は435議席なので、218議席で過半数となる。各議会の多数党名の横の数字は議席数を表す。
(3)　大統領と連邦議会の勢力図は、http://wiredpen.com/resources/political- commentary-and-analysis/a-visual-guide- balance-of- power-congress-presidency/ より取得（最終閲覧日、2017年3月6日）。
(4)　DeBray（2006: 14）は、民主・共和が逆の状態のクリントン政権下の第106議会（1999-2000）でIASAの再改定が実現しなかったのは、民主党大統領と共和党が上下両院多数派の分割政党政府だったことが主な原因だとしている。
(5)　法案審議過程の詳細は、https://www.govtrack.us/congress/bills/111/hr1 より取得（最終閲覧日、2017年3月6日）。
(6)　法案審議過程の詳細は、https://www.govtrack.us/congress/bills/111/hr3590 より取得（最終閲覧日、2017年3月6日）。
(7)　この4年間に唯一本会議で可決された包括法案は、2013年の下院のStudent Success Actで

あったが、2015年の同名の法案と同様（表3）、地方自治と財政縮減を基調とする共和党主導のもので、民主党議員の賛成票は皆無だった。

(8)　2010年の連邦議会選挙で、究極の小さな政府を標榜するティー・パーティと呼ばれるグループが支援する超保守派の議員が多く誕生し、穏健派の議員の数が減り共和党内が保守化したことで、妥協が図りにくくなったことが指摘されている（DeBray & Houck 2011）。

(9)　ギャラップ社の連邦議会支持率の調査（Congress and the Public）https://www.gallup.com/poll/1600/congress-public.aspx より取得（最終閲覧日、2017年3月28日）。

(10)　下院は合計435議席だが、7月8日には1議席、12月2日には2議席が空席だったため、合計数は前者で434議席、後者で433議席となっている。

(11)　下院法案は、https://www.govtrack.us/congress/bills/114/hr5、上院法案、両院協議会合意法案は、https://www.govtrack.us/congress/bills/114/s1177より取得（最終閲覧日、どちらも2017年3月6日）。

(12)　ここで、より共和党色の強い下院法案にも、年次テストとサブ・グループごとのテスト結果の公表の義務付けが盛り込まれた背景には、オバマ政権や民主党議員の支持に加えて、学力格差是正のために連邦レベルのこのような措置が必要だと主張した公民権擁護団体等の後押しがあったことが重要である。

【参考文献】

大桃敏行（2017）「学力格差是正に向けたアメリカ合衆国の取り組み－連邦教育政策の展開とチャーター・スクールの挑戦－」『比較教育学研究』第54号、135-146。

北野秋男著、黒田友紀、石井英真、長嶺宏作、吉良直、遠藤貴広著（2009）『現代アメリカの教育アセスメント行政の展開－マサチューセッツ州（MCASテスト）を中心に－』東信堂。

北野秋男、吉良直、大桃敏行編著（2012）『アメリカ教育改革の最前線－頂点への競争』学術出版会。

吉良直（2012）「アウトカム重視への政策転換－1989年教育サミットから2002年NLCB法制定まで」北野、吉良、大桃編著『アメリカ教育改革の最前線－頂点への競争』学術出版会、35-51。

吉良直（2015）「米国の公民権擁護団体による厳格な教育アカウンタビリティ政策推進の背景－エデュケーション・トラストによる政策支援の理由と方策に着目して」『教育学研究』第82巻第3号、427-438。

小林宏美（2016）「アメリカ社会における移民の社会的統合と公教育－教育政策のマイノリティ児童生徒への影響に着目して」『三田社会学』No. 21、30-41。

篠原岳司（2012）「『頂点への競争』の展開－ブッシュ政権の遺産とオバマ政権の教育政策」北野、吉良、大桃編著『アメリカ教育改革の最前線－頂点への競争』学術出版会、53-68。

高橋哲（2012）「NCLB法制下の連邦教育政策と教員の身分保障問題」北野、吉良、大桃編著『アメリカ教育改革の最前線－頂点への競争』学術出版会、145-160。

高橋哲（2015）「行政改革としての教員評価＝人事評価制度－日米比較からみる教員評価政策の日本的特質－」『日本教育行政学会年報』No.41、37-55。

長嶺宏作（2015）「オバマ政権下における『初等中等教育法（ESEA）』の再改定過程－連邦主義

論　文

の特質－」『国際関係学部研究年報』第36集、1-11。

Binder, S. A.（2005）Elections and Congress's Governing Capacity. *Extensions*. 1-7.

Camera, L.（2015）Title I Portability Sticky Wicket in NCLB Rewrite. *Education Week*, February 13.

Council of Chief State School Officers（CCSSO）（2015）*Comparison of Select Elements of ESEA Proposals and Conference Report*. Washington: CCSSO.

DeBray, E. H.（2006）*Politics, Ideology, and Education: Federal Policy during the Clinton and Bush Administrations*. New York: Teachers College Press.

DeBray, E. H., & Houck, E.A.（2011）A Narrow Path through the Broad Middle: Mapping Institutional Considerations for ESEA Reauthorization. *Peabody Journal of Education*, 86, pp. 319-337.

Hale, J. F.（1995）The Making of the New Democrats. *Political Science Quarterly*, Vol. 110, No. 2, 207-232.

Hoff, D. J.（2007）Bush to Start NCLB Push in Congress. *Education Week*, January 10.

Jennings, J. F.（1998）*Why National Standards and Tests? Politics and the Quest for Better Schools*. Thousand Oaks, CA: SAGE Publications.

Jennings, J.（2015）*Presidents, Congress, and the Public Schools: The Politics of Education Reform*. Cambridge, MA: Harvard Education Press.

Klein, A.（2016）The Every Student Succeeds Act: An ESSA Overview. *Education Week*, March 31.

Korte, G.（2015）The Every Student Succeeds Act vs. No Child Left Behind: What's Changed? *USA Today*, Dec. 11.

Mayhew, D.（1991）*Divided We Govern*. New Haven, CT: Yale University Press.

McGuinn, P. J.（2006）*No Child Left Behind and the Transformation of Federal Education Policy, 1965-2005*. Lawrence, Kansas: University Press of Kansas.

McGuinn, P. J.（2014）Presidential Policymaking: Race to the Top, Executive Power, and the Obama Education Agenda. *Forum*, 12（1）, 61-79.

McGuinn, P. J.（2016）From No Child Left behind to the Every Student Succeeds Act: Federalism and the Education Legacy of the Obama Administration. *Publius*（*The Journal of Federalism*）, 46（3）, 392-415.

Meier, D. & Wood, G.（2004）*Many Children Left Behind: How the No Child Left Behind Act Is Damaging Our Children and Our Schools*. Boston, MA: Beacon Press.

Neff, B.（2015）'No Child' Left Behind: New Bill Would Move Fedearl Ed Policy to the Right. *The Daily Caller*, December 1.

Obama, B.（2015）*Remarks on Signing the Every Student Succeeds Act*. December10.

Petrilli, M. J.（2015a）The New ESEA Will Be "Loose-Loose" Because Arne Duncan Went Overboard with "Tight-Tight." *The Education Gadfly Weekly*, August 12.

Petrilli, M. J.（2015b）The New ESEA, in a Single Table. *The Education Gadfly Weekly*, November 18.

Skinner, R. R., et al.（2012）. *ESEA Reauthorization Proposals in the 112th Congress: Comparison of Major Features*. Washington, D.C.: Congressional Research Service.

Skinner, R. R., et al.（2013）. *ESEA Reauthorization Proposals in the 113th Congress: Comparison of Major Features*. Washington, D.C.: Congressional Research Service.

Skinner, R. R., & Lomax, E. D.（2010）. *Accountability Issues and Reauthorization of the Elementary and Secondary Education Act*. Washington, D.C.: Congressional Research Service.

U.S. Congress（114th, 1st Session）（2015）. *Every Student Succeeds Act.*

U.S. Department of Education（Office of Planning, Evaluation and Policy Development）（2010）*ESEA Blueprint for Reform*. Washington, D.C.

論　文

Behind the Latest Rewrite (ESSA) of the U.S. Elementary and Secondary Education Act: Rivalry and Compromise between the Two Major Parties over Federal Overreach

Naoshi KIRA

(Toyo University)

In the United States, the Every Student Succeeds Act (ESSA) was signed into law by President Barack Obama (Democrat) on December 10th, 2015, which rolls back federal authority in education and allows states more power over their accountability systems. ESSA is the latest reauthorization of the Elementary and Secondary Education Act (ESEA) of 1965 enacted by President Lyndon B. Johnson (Democrat) in an effort to improve educational quality and opportunity for disadvantaged children. The previous reauthorization was the No Child Left Behind Act (NCLB) of 2001 signed by President George W. Bush (Republican) in 2002, but there was an unprecedented situation in which the law had not been reauthorized for as many as 8 years since its deadline for renewal in 2007.

This article deals with rivalry and compromise between the two major parties, as is reflected in the latest ESEA reauthorization bills and voting records, and it examines exchanges between Democrats who attempted to expand federal education budget and maintain federal authority based on their principles of promoting social justice and narrowing achievement gaps and Republicans who sought to control federal authority and bring it back to state and local governments based on their principles of promoting local control and fiscal conservatism. This article aims to clarify the reasons why the ESEA was not renewed for 8 years as well as the background for the enactment of the ESSA—a Republican-leaning bill, which significantly rolls back federal authority in education.

As a background to understanding the ESSA, federal aid to education targeted toward disadvantaged children had persisted for a few decades since the enactment of ESEA in 1965, while federal authority was limited at that time. Federal authority in education has expanded through outcome-oriented reforms since the 1990s with the enactment and implementation of an ESEA rewrite (the Improving America's Schools Act) in 1994 and the NCLB in 2002, causing criticism from supporters of both parties. It was further expanded through the promotion of specific education policies by the Obama administration through the Department of Education in the forms of conditions for applying for federal competitive grants called the Race to the Top (RTTT) and waivers from NCLB requirements, which

110

米国初等中等教育法の最新の再改定法（ESSA）の制定背景

resulted in fierce criticism mostly from Republicans.

As for the reasons why the ESEA was not reauthorized for 8 years, although the Democratic members of Congress held the majority in both chambers for two years under the Bush administration starting in 2007, no agreement was made between the two parties as to how to renew the NCLB, and the law was not renewed. The Democrats maintained a majority in both chambers under the Obama administration inaugurated in 2009, but they were not able to take advantage of the situation of unified party government to rewrite the law due to other legislative priorities, such as economic recovery and health care reform. The Republicans took back the majority of the House in 2011, resulting in a divided-party government, and they could not compromise with the Democratic majority in the Senate as to how to reauthorize the ESEA for the coming four years as their views were quite different. In the meantime, the Obama administration bypassed the Congress (legislative branch) to renew the ESEA, and promoted its education policies through the Department of Education (executive branch) as conditions to the state governments when they applied for the RTTT grants and the NCLB waiver, resulting in further expansion of the federal authority causing fierce criticisms especially from Republicans.

In 2014, the Republicans won the midterm election, and took control of both chambers in Congress, leading the ESEA renewal to finally move forward. They were frustrated with federal overreach under the Obama administration and were determined to reauthorize the ESEA. Due to the system of filibuster and conference committee negotiations which forced the Republicans and Democrats to compromise, the Republican leaders in education committees took initiatives to make compromise with the Democratic counterparts, such as to maintain annual testing and subgroup reporting systems, and expand federal funding for pre-school education, but were determined to do away with a few notorious NCLB measures, such as adequate yearly progress, cascading sanctions for schools in need of improvement, etc. As a result, the ESSA was signed into law by Democratic President Obama, but its contents were leaning Republican, and the main thrust of it was to bring the authority back to state and local governments.

The significance of this study lies in the fact that it examined the background for the latest reauthorization of the ESEA at a time when existing literature is still very limited on the subject. More specifically, by revealing the relationship between presence or absence of reauthorization and of compromise between the two major parties, this study demonstrated that if there was a driving force for reauthorization, such as fierce criticism toward the NCLB and backlash against education reform under the Obama administration, congressional systems such as filibuster can generate compromise between

論　文

the two parties even under divided party government, and that the compromise led to a major policy shift of curtailing the federal power in education.

As the ESEA celebrated its 50th anniversary in April, 2015, further studies are needed to summarize the accomplishments and challenges of the ESEA and its reauthorization laws from a variety of perspectives, such as the effects of various policies over 50 years on narrowing achievement gaps, etc., in order to learn lessons for the future. Moreover, further studies are also needed to clarify the reauthorization processes in Congress over 50 years from various perspectives, such as rivalry and compromise between the two major parties used in this study, to learn lessons. Finally, ESSA is to be implemented in the school year 2017 under the new administration, so it needs to be studied along the way.

——— 論　文 ———————————————— 比較教育学研究第56号〔2018年〕———

ニュージーランドにおけるチャーター・スクールと社会統合
——マオリ系とパシフィカ系に着目して——

中村　浩子
(大阪国際大学)

はじめに

　ニュージーランド（以下、NZ）において先住民マオリ系と1960年代以降の移住者を中心とする太平洋島嶼地域出身パシフィカ系の生徒たちは「優先されるべき学習者（priority learners）」とされている[1]。実際、両者とヨーロッパ系及びアジア系との間には著しい学力格差がある[2]。格差は教育的なものに留まらず、自殺率や寿命、失業率や貧困率など社会的経済的にも顕著である。これは、マオリ系とパシフィカ系の多くが、センの言う個人がどれだけの生を選び取る潜在的な可能性を持っているかを表す「潜在能力」という点で著しく自由を制限された不平等な状態を示している[3]。エスニシティに関係なく自らが望む生き方を追求し、社会への意味ある参加を果たし、社会との積極的な結びつきを実感できるようになることは、長らく被植民者として哀しみを余儀なくされたマオリ系、そして更に周縁化されてきたとされるパシフィカ系にとって悲願であり続けている。

　格差がもたらす社会の分断を食い止め、文化的差異を承認しつつ、メインストリームの社会及び諸制度への参加を誰しもが果たせる社会をいかに構築するか[4]という社会統合をめぐる問題は、NZにおいても切迫した課題である。そして個人の潜在能力を育む上で教育制度の設計は要をなす。政府は、マオリ系・パシフィカ系等の学習者が「仕事や人生で成功することができる教育レベルを実現すれば著しい経済的・社会的利益がある」としてチャーター・スクール（以下、CS）を推進してきた[5]。本稿はNZで新設されたCSについて、社

113

論　文

会統合という課題に照らしつつその可能性と課題について考察するものである。

　NZでCSは「優先されるべき学習者」の学力向上を目的に「パートナーシップ・スクール／クラ・ホウルア（Partnership Schools/ Kura Hourua: 以下、PSKH）」との名称で制度化された。出資者（sponsor）と中央政府との間に交わされる契約のもと公的資金の配分を受け設立・運営される同学校制度は、右派・国民党第5次政権下（2008年発足）で協力協定を結んだACT党によって提唱された。ACT党は名称を「消費者及び納税者連盟（Association of consumers and taxpayers）」の頭文字からとり、1980年代に新自由主義的行財政改革（ロジャーノミクス）を推進したロジャー・ダグラス元財務相らが1993年に結成した、リバタリアン的信条で知られる党である。PSKHの導入は2011年、総選挙後に得票率僅か1%で1議席を得た同党が国民党と交わした協力協定書（Confidence and Supply Agreement with ACT New Zealand: 2011年12月5日付）に盛り込まれ、2013年6月に法制化された（2013年教育修正法）。

　ところである意味NZでは、1980年代以降の「明日の学校」改革で全公立校がCSに転換されたと言うことも可能である。同改革は教育委員会を廃止した上で、全国の学校に設置された親代表を含む学校理事会が国から直接予算配分を受け、自律的に学校経営を行うことになったからである。以降各学校理事会は独自に教育計画や経営計画を含む学校憲章（スクール・チャーター）を作成している[6]。

　また同国には特設特色校（special character schools）という学校種があり、1980年代の行財政改革以降、カトリック系を中心に私立学校が公立セクターに統合された統合学校（integrated schools）に加えて、オルタナティブな教育実践を行う学校を含む指定特色校（designated character schools）や先住民マオリのためのイマージョン学校クラ・カウパパ・マオリ（kura kaupapa Māori）が法制化され、公教育制度は多様化されている。従来とは異なる教育を行う学校を創設する制度的枠組みは既に存在していたとも言える[7]。

　こうして分権化・多様化を相当程度進めた国として知られる同国ではあるが、それでも尚、小さな政府、自由貿易、規制緩和、減税、企業家精神の育成を党是に掲げるACT党は、PSKH推進にあたり、学校教育の更なる多様化と選択肢の拡大をうたい、イノベーションの自由をその特徴として挙げてきた[8]。

114

しかしPSKHは教育の民営化を進めるものだとして、教員組合は一貫して強く批判してきた。同組織を支持基盤とする左派・労働党も反対の立場を貫いており、否決はされたものの2016年4月には制度を廃止する法案を国会に提出している。こうしてNZ版CS制度は、一見するとイデオロギーが衝突するもう一つの政治闘争の場を生み出しているようにも映る。実際にPSKHを支持する立場から教員組合の立場は、旧態依然としたイデオロギーに固執する抵抗と見做されてもきた。

　しかしマオリ系とパシフィカ系の多くがNZで社会的に不利な立場に追いやられ、低学力層の圧倒的多数を占めることは事実である。これら「長い尾っぽ（long tail）」の教育向上は、同国喫緊の課題であることに違いない。それは学力格差の解消のみならず、教育を通じた社会統合という観点からも最重要課題である。

　主流社会とは異なる文化的背景をもつ層が社会への意味ある参加を果たし、自らを公正な社会における平等な市民として理解できるような社会統合[9]の実現という課題に照らして、PSKH制度の導入はどのような意味をもつのか。また制度をめぐる葛藤は、同国の教育をめぐるいかなる状況を映し出しているのか。これを考察するのが本稿の目的である。

1．米国CSとNZのPSKH制度

(1)　米国CSをめぐる問題

　1990年代初頭に米国で始まったCSには、2014年現在6747校に約270万人が在籍している[10]。ラヴィッチによれば、発案者の当初の基本概念は「一定期間の設立許可を取得し、落第する危険性の高い生徒と共に学び、一定の到達点に達すると活動を終了する」というものだったという。しかし当初の目的とは裏腹にCSは、投資家にとっては税金を資源に巨額の学校予算に支えられた未開拓市場と映り、企業には慈善事業でありながら安定した利益獲得が見込める機会となり、既存の学校制度にとっては資源を奪うものとなっていった。更にハイステイクス・テストを伴うNCLB法の下、入学基準や入学者数を自由に決定できるCSは、入学必要書類の形式を過度に煩雑にする等の手段で高い学力

115

論　文

達成が見込めない生徒や障害者の入学を制限したり退学に追い込む傾向も指摘されている。また営利を優先し教員給与や教材費を抑えたり、学校不動産の不透明な取引が疑われても「民間会社」であることを理由に財務関連資料が開示されない事例も報告されている[11]。

　「教育のアカウンタビリティーを重要な制度的要素とする」[12]と積極的に評価する向きもあるCSだが、「選択の自由」を隠れ蓑に多くは「人種差別・階層差別を基盤」[13]にしているとも指摘される。更にCS以外の公立学校が、最も不利益な環境にある「残りもののための学校」と化している州もあるという[14]。それは米国のCSが、実質的には中間層のみによる「選択」を、もしくは黒人やヒスパニック系など最も不利な立場にある層の排除を許してきたことを示している。

(2)　NZにおけるPSKH制度

　こうした米国の状況を背景に、NZにおいてPSKHは、マオリ系とパシフィカ系を含む「優先されるべき学習者」の教育成果の向上に照準化した新しいタイプの学校として導入された。一般校との最大の違いは、教育成果向上に関する高度のアカウンタビリティと引き換えに、イノベーションを起こし生徒たちを巻き込む（engage）ための自由と柔軟性を多くもつ点にあるとされる[15]。

　募集・採用の決定は、「PSKH認可委員会」による助言をもとに教育大臣が行う。初募集（Round 1）で採用された5校が2014年に開設されて以降、PSKHは2017年までに11校開校されているが、内1校は教育内容の質に問題があるとして僅か2年で教育大臣により閉校措置がとられている。また2016年には、既設のPSKHへの支援と関心をもつ出資者組織の応募支援を行う独立組織「E Tipu E Rea（マオリ語で新芽や分岐する枝を育てる意）」が政府との契約により設立された。更に激しい批判キャンペーンを尻目にACT党主導のもと、2019年開設予定の第5回募集では「優先されるべき学習者」層に限らず、新たにSTEM（科学・技術・工学・数学）分野の教育に重点を置く学校の募集も行われることになった。

　「パートナーシップ・スクール」の名称における「パートナーシップ」とは、出資者となるコミュニティ組織、マオリの部族（iwi）、慈善組織、企業等と、

教育実践に携わる教育者との関係を指すとされる。またマオリ語名称「クラ・ホウルア（Kura Hourua）」は、マオリ語で「学校」を意味する「クラ」と、長距離の海洋航海に用いられた伝統的な二重船殻カヌーを意味する「ワカ・ホウルア」（ワカはカヌーの意）に因んでいる[16]。

　学校は政府と出資者との契約の下に運営され、1980年代以降同国の「明日の学校」体制の要である保護者代表や地域住民から構成される学校理事会を置く義務を有しない。また契約には教育達成に関する期間を定めた数値目標が盛り込まれ、その「実績（performance）」について各校は教育省に四半期及び年間報告書を提出しなければならない。含まれるのは、「優先されるべき学習者」の全在籍者に占める比率、初等教育段階であれば学年ごとに習得すべき内容として国が定める学力水準「ナショナル・スタンダード」到達者の比率、中等段階であれば全国資格認定試験「NCEA」取得率、退学・停学処分件数、財務状況である[17]。

　各学校には、在籍者数から算出される開設費（半年分の学校長給与を含む）、校地・校舎維持管理費、教育・運営費に加えて職能開発・教材費が配分される。ナショナル・カリキュラムに順ずる必要はなく、無登録教員の雇用も可能であり、教員組合との労働協約の遵守も免除される。また独自の授業時間や学期の設定、宗教教育や、業務の第三者への外注も可能である[18]。

　2017年7月現在開校中の10校に関して言えば、出資者は社会貢献活動や教育活動の実績を有する公益財団等であり、教育目的より営利追求の優先が危惧される事例はない。10校は全て、批判する側の目にも「起こりうる最もマシな部類の学校」[19]に映っており、認可委員会事務局幹部も、応募してくる出資者組織は「（公的）資金目当てでないことは確か」で、自分たちのコミュニティや不遇な子どもたちの状況改善に「情熱をもち、それが原動力になっている」と述べる[20]。

　とすれば、米国では落第リスクの高い生徒の教育向上を目的としたはずが公的資金を肥やしに利潤を追求する私的企業のビジネス・モデルへと転換を許してしまったCSであるが、NZでは、それがいかに富裕層を支持基盤とするACT党主導で導入され、そこに企業のビジネスチャンス拡大という意図が隠されていたとしても、導入意図とは裏腹に、これまで不利な立場にあった集団の教育

論　文

機会の保証という望ましい展開が純粋に見られているということなのだろうか。

　以下本稿では、PSKH制度の導入に激しく反対してきた教員組合の批判について、発表された声明や決議文等を基に見た上で、マオリ系とパシフィカ系の人々にとっての同制度の意義について、2016年8月と2017年2〜3月にかけて実施した先住民学校2タイプ4校、PSKH3校、近隣の一般公立校2校へのインタビュー調査結果を基に検討していく。

2．教員組合による批判

　PSKHに最も激しく反発してきたのは教員組合である。中等段階の教員95％以上が所属するとされるPPTA（New Zealand Post Primary Teachers' Association）は、NZに新たな学校形態への需要は見られず、米国CSが教室でイノベーションを生んでいる証拠は殆どなく、多くはむしろ暗記や標準テストに依存している上、10年以上制度が展開されてきた同国の学力はNZを遥かに下回る、と訴える[21]。

　そしてCSは「民間の出資者に運営される私立学校にも拘らず納税者からの資金配分を公立学校同等に受け、生徒たちの保護に乏しく、保護者代表が殆どおらず、納税者からの資金の適切な使用を保証する監視も殆ど受けない」と主張する[22]。実際CSは保護者代表を含む学校理事会を必置とせず、公的機関の情報公開について定める公的情報法（Official Information Act 1982）も適用が除外される。加えて制度導入直前の2011年総選挙キャンペーン中に与党国民党はCSについて全く言及しなかったことから、初等段階の教職員組合NZEI（New Zealand Educational Institute）も「既存の学校より透明性に欠」き「アカウンタビリティが低い」と訴えている[23]。

　更にPPTAは、ACT党の関心は同党に投票する「国内1％の富裕層に公立学校資金の金脈を開」くことにあり「貧しい子どもの教育成果の向上にはない」とも指摘し、CSは「他人の子どもで実験を行おうとするもの」であり、「包括予算配分制度[24]を導入し、教職の非専門職化、教員組合潰し、学校の企業化、非人格的・工場スタイルの暗記学習への回帰によって、NZ教育制度の完全な民営化を図る隠れ蓑」に過ぎず、メインストリームの学校やイマージョン学校

118

で不利な立場にある層の教育向上策として既に成果が認められているプログラムの資源となり得た「納税者の資金を公立学校から引き上げさせ、地域の学校コミュニティに否定的な影響を与え、あらゆる生徒の教育機会を縮小させてしまう」、と訴える[25]。

そもそも学校理事会への保護者の参加を基盤としてきた同国の学校運営モデルとも相容れない。その上既に不足する公的資金がPSKHに配分されることで既存の学校が更なる資源不足に喘ぐだけでなく、営利企業の利潤に変換される。教員組合のこうした批判には、教育を巡る資源の稀少性に対する切迫した危機感が映し出されている。

CS法制化に至る審議過程においては、国会の教育・科学特別委員会やメディア上で討議がなされた。またPPTAから「NZ版CS検討部会」(教育副大臣任命)に提出された提言には法制化に当たり採用されたものもある[26]。それでも尚、与党国民党が選挙運動期間中には言及せず、勝利後に制度導入を表明したことは、民主主義的正当性を損ねることに繋がったと言えるだろう。

3. 先住民マオリ系学校の認識

では先住民マオリの教育関係者にとって、PSKHはどのように映っているのか。

マオリ部族学校[27]23校から成る全国部族学校機構（Te Maru o Ngā Kura ā Iwi o Aotearoa）は国会の教育・科学特別委員会に提出した意見書（submission）で、「無反応で共感性も欠くメインストリームの学校システムでは解決策を奪われたままのマオリ系」にとって、また「失敗が幾世代にもわたり予期され既定のものとされているマオリ系、パシフィカ系、貧しい労働者階級」にとって、PSKHは「卓越したモデルを生み出す最善の機会を有することになる」と主張している。そして、部族学校同様、学力に絶え間なく照準が置かれることで、意味ある「結果」を得て、自分の運命を真に決定できる能力に導かれ、イノベーションを起こす自由あふれる職業文化の育成に貢献するだろうと論じている。

また教員組合の反発にも拘らずPSKHには雇用が認められている非登録教員

論　文

をめぐっては、マオリ語教育セクターは非登録教員なくして機能することはできなかったのであり、マオリ語復興に不可欠な存在であったとも述べている[28]。

　PSKHを支持する部族学校のB校長は、既存の学校システムは「アカウンタビリティが不十分」だとして次のように批判する。

　　我々はアオテアロア（マオリ語でNZの意）の全ての子どもを、人種、宗教、信条に拘らず教え教育する任務を負う職にあるはずだ。でもそうはなってない。マオリ系の学力は遥かに低い。（メインストリーム）システムの学校は同じ結果を出し続け、パケハ（ヨーロッパ系）の子ども達は進級しても、マオリ系の子ども達は余りに多くが失敗を余儀なくされている。何も変わらない。それでも（一般校は）同じことをし続ける。アカウンタビリティなどまるでない。(2016.8.12)

　既存の公立学校は「アカウンタビリティ」が「まるでない」、つまり多くのマオリ系児童生徒の学力不振を放置したまま「結果」を出さずとも責任を問われない、との認識とともに、PSKHに対しては以下のように述べた。

　　KH（クラ・ホウルア）は結果に直接基づいて予算配分される。結果を出していれば予算配分が継続される。結果を出さなければ予算はカットされる。実際（それは）ある学校に既に起きたことだからね。こんなことは嘗てなかったことだ。結果を出せなかった。立て直せなかった、バン！終了（と閉校される）。なのに公立学校の方はどうだって言うんだ？……もし全ての家族が、子ども達が、皆在籍中の学校に満足していたら、CSは存在してないよ。(2016.8.12)

　2016年にPSKHの1校が閉校されたことは、教員組合にとっては巨額の公的資金の浪費を意味したが、B校長には、アカウンタビリティが適切に確保されている証拠として却って制度の正統性を高める事例と認識されている。

　マオリ語イマージョン教育を行う学校の開設運動に対しては、過去に「分離主義」と批判する向きもあった[29]。それについて尋ねた筆者に対しB校長は、

120

「そんな輩は気にしない」と述べた上で、以下のように続けた。

　　そう、確かに分離主義と隔離主義は我らが学校の特徴になっている。宗教
　ごと、ジェンダーごと、宗派ごと、思想ごとに分離されている。我々は非
　常に分離している。分離は良いことだ。選択肢（choice）を与えてくれる
　からね。さあでも、もしシステムが、彼らが属するシステムが、我々のア
　イデンティティ、我々の言語、我々の文化を保護すると彼らも結集してい
　たとしたら、そんな（選択肢の）必要性はないんだよ。でも彼らはそうは
　していないね。(2016.8.12)

　既存の学校教育は「彼らの属するシステム」であり、それは「我々のアイデ
ンティティ、我々の言語、我々の文化を保護」しようとはしない。もししてい
たら、「分離」の「選択肢」は必要ない。B校長の主張には、既存のメインス
トリーム・システムが自分たちを包摂するシステムではないとの認識が明確に
示されている。
　一方、別の部族学校のD校長はやや異なる見解を示した。同校は近年科学技
術分野の教育に重点を置き、昨年は生徒達を米シリコンバレーに派遣している
が、その資金は地元のマオリ系財団と関係を構築して得られたものという。財
団とのそうした関係は、PSKHの学校運営モデルと親和性があるとも言える。
しかしD校長はPSKHに関心はないとして、その理由を次のように述べた。

　　我々には支援を受けられる組織がある。概ね30の部族学校で、とても良
　い連帯だ。サポーティブで素晴らしい専門的で協調的なサポートがある。
　だから…このグループの中に居続けたいと思う。クラ・ホウルアは違う。
　考え方が違う。マオリのことを教えなくていいし、マオリ語で教授する学
　校とも限らない。(2016.8.11)

　「素晴らしい、専門的で協調的なサポート」を受けることができる「とても
良い連帯」に属する本部族学校は、そもそもマオリの言語や文化の教授を所与
としないPSKHとは全く「違う」学校種であるとの認識が示されている[30]。

論　文

　1980年代以降の「明日の学校」体制では学校が競争環境下で孤立し、「成功事例の共有」が困難であることが「欠点」であるとされる中[31]、D校長の見解は、専門的で協調的な支援がいかに貴重であるかを示しているとも言える。

4．PSKHをめぐる分断と対立

（1）　近隣校との敵対的分断

　では実際に開校したPSKHは、同制度に対する批判を、また既存の学校をどのように見ているのだろうか。

　PSKHのW校は、社会的経済的に恵まれないマオリ・パシフィカ系が集住する南オークランドに位置する。英語を第一教授言語とするマオリ語とのバイリンガル教育を行う同校では、R校長によれば、いずれかの親が刑務所で服役中か出所したばかりである児童が在籍者の約4割を占め、教師たちは「複数の障害をもつ子どもたち」に教えることが求められるという。

　W校の出資者は日本における公益社団法人に相当する組織（incorporated society）で、1986年の設立以来、カウンセリング、家計管理支援、職業訓練プログラム、葬儀場、フードバンク、ラジオ局等の家族支援事業をマオリ系対象に運営している。支援家族数は現在「870以上」（R校長）に上るという。R校長と事務職員1名のデスクがある学校事務室の建物には、同出資組織で働くカウンセラーやソーシャル・ワーカー達のデスクが並ぶ建物が隣接している。R校長は麻薬中毒の親と離れて暮らす3人兄弟の例を挙げつつ、W校に通う児童に大きな恩恵をもたらしているのが、カウンセラーとソーシャル・ワーカーが常駐するこの「学校を包み込んでくれているサービス（wraparound service）」だと話した。

　またPSKHであるもう一つの利点として、R校長は出資者組織からの事務職サポートを挙げた。保護者代表が選挙で選出される学校理事会による学校経営は、確かにNZ「明日の学校」体制の要である。しかしそれが健全に機能することが社会的経済的に低い層が集住する地域で難しいことは長らく指摘されてきた[32]。「私達の目標は学校理事会に親が参加すること」と言うW校の学校経営の監督は目下、出資者組織がW校開設前年に設立した会社の業務となって

122

いる。

　筆者のW校訪問中にR校長が繰り返し言及したのは、W校を含めたPSKHに対する「ネガティブ・キャンペーン」についてだった。R校長は教員組合の幹部と対面した時のことを次のように語った。

　　「CSを訪ねたことはないでしょう？」と尋ねたら「ない」と言うから、「ならばご招待しましょう。運動を続けて、私達を抹殺する前に、どうぞ来てみて下さいよ」。（でも）彼は来なかったし今後も来ないでしょう。世にいる批判派はみな我々の学校に来たことはないの。私達の（学校に通う児童の）家族のことを何も知らないの。私達の組織のことも何も知らない。私達がこの子どもたちとどれだけ上手くやっているか知らないの。（2016.8.18）

　W校はまた、開設初年度に教育省に提出した第2・四半期報告書において、「学校の運営に現在影響を及ぼしている」事項を記入する『問題（issues）』欄にて、地域の校長会から排除されたために、同会を通じた職能開発の機会を得られず、自前のプランやネットワークに頼ることしかできなかったと報告している。同報告書でW校は教育省に、関係者会合や連盟等の組織形成を求めている。

　PSKHに対する近隣校からのこうした制裁的な態度は、PSKH制度が地域の教育界に敵対的な分断をもたらしている証左として見ることができる。

　実際のところ、PPTAは組合員に、「CSには行くな」と、PSKHへの就職を控えるよう呼びかけている。採用手段として高額の給与[33]が提示されるかもしれないが、次第に仕事量や仕事時間が増やされ、職業的自律性が奪われ、外部からの審査も組合からのサポートもなく、管理職からのいじめは開示させることも止めさせることも難しくなるだろうとして、PSKHは教師にとって、劣悪な労働環境になると訴えている。また、「統一的な、効果的な公教育システム、社会統合にとって有害なCSに応募しないよう、CSとも、その出資者、管理職、被雇用者とも職業的にもスポーツでも文化的にも接触を控えるよう求める」として[34]、組合員に対しPSKHとの教育目的上の「接触」をも控えるよう求めて

論　文

いる。

（2）　学力達成をめぐる敵対的対立

　PSKH 教育省委託評価報告書によれば、2015年に関しては、理由なき欠席件数はほぼ全校が目標を達成し、出席停止・停学・退学処分は8校中「ゼロ・トレランス」策を掲げる1校と開校当初の問題が背景にある1校のみが達成できなかったと判断されている。更に高等学校3校のうち3校とも NCEA 取得目標率を上回ったが、初等学校・中学校5校のうちナショナル・スタンダード到達率を明確に上回ったのは1校、「ほぼ到達」したのは1校、残り3校は未達とされた[35]。

　高等学校以外は芳しくなかった学力目標到達状況は「お粗末な成績」として更なる批判を招いているだけではなく、委託調査報告書自体も報告書の日付（2016年11月28日）を遥かに遅れて（2017年5月5日）公開されことから、実態隠しとの疑念を生んでいる[36]。

　こうした批判や疑念に晒され、地域の学校ネットワークにおける支援から遮断されながらも、W校の使命は「優先されるべき学習者」の学力数値目標達成であることには変わらない。R校長のデスク前の壁には、教育省との間に交された契約に盛り込まれている『契約学力目標』が張られている。『契約学力目標』には、昨年度と今年度の在籍優先群に該当する児童の割合と「読解・算数・筆記（Reading, Maths, Writing）」の『ナショナル・スタンダード』到達率に関する目標数値が学年ごとに記されていた。R校長は言う。

> この『契約』に縛られていると感じてるかと問われれば、当然、そこにあるものよね。……でも例えば〈読解〉で生徒たちが「78％」の（『契約』で求められている）最低水準に届かなかったら心配するかって？　もちろんする。でもそれで行き詰まる？　いいえ。だってどれだけ大変なことかわかっているもの。ここにいるそれぞれの子どもには事情があって、みな違うレベルの支援を必要としているのよ。（2016.8.18）

　W校の在籍生徒達は個別に異なる支援が必要な事情を抱えている。その多

くは昨年開校したW校に転校するまで他校に在籍していた。近隣の小学校は
「なぜCSが必要か」と、「この子達の面倒は見てきた」と、PSKHを批判する。
しかしこうした批判に対し、R校長は「こんなにも読解力が遥かに遥かに遥か
に低い子どもたちで一杯にしてどういうつもりだったのか」と問う。R校長に
よれば、開校一年目の昨年度末に校内で実施したテストでは3年生の66%が
『学力目標』に到達せず多くが遥かに下回っていた。しかし今年の年央に実施
したテストでその割合は半減したという。R校長は年度末迄の全員の到達を目
指していた。

　次に、やはり南オークランドに位置するPSKHのS校について見たい。S校
の出資者は、P氏夫妻が私財を投入し設立した慈善信託である。長い教歴をも
つP氏はカリキュラム編成の責任者を務める。P氏によれば、S校の開設2年後
のナショナル・スタンダードの到達率は、読解71.6%、筆記73.4%、算数70%
であり、いずれも近隣二校の到達率（34・37・37と40・33・24）の倍近くに
達する。

　近隣校を上回るS校の成績に対しては「地域で能力の高い生徒だけを集めて
いるからだ」との批判が向けられたことがあるというが、その際P氏は「なら
ばこの地域には120名（同校の在籍者数）しか賢い生徒がいないって言うんだ
ね？」と返したという。P氏は次のようにPSKHの意義を述べた。

　　我々だって（NZ）全体の数字を変えることは実際にはできない。でも他
　　校の現状に異議申立てはできる。もし近隣の学校が本校のせいでばつの悪
　　い思いをするなら、変わっていったらいい。改善したらいい。本校を嫌う
　　近隣校に言ってやったことがある。我々を潰す最善の方法は、素晴らしい
　　仕事をして、誰も本校に来る必要はないと思わせることだって。でも今の
　　ところ、「いやいや……自分たちの学校には出来のいい子がいない」って
　　言っているだけだ。（2016.8.16）

　P氏は近隣校の在籍生徒たちが学業失敗者の代名詞のように語られる現実に
ついて、それは生徒たちの問題ではないと繰り返し、学校の側が地域の生徒たち
にレッテルを張ってしまっているとして近隣校に対する憤りを何度も口にした。

論　文

5．パシフィカ系PSKH学校の実現

　PSKHのP校は、学校離籍経験のあるパシフィカ系の11〜13年生に、新たなスタートの提供を目的に設立された、パシフィカ系学校を謳う国内初の学校である[37]。出資者組織の慈善財団は、「NZにおいて最も周縁化されたコミュニティ」（同組織ウェブサイト）であるパシフィカ系の若者、家族、コミュニティを対象に教育プログラムや社会奉仕活動を行う団体に経営サービスを提供してきた。

　P校の一日は運動トレーニングに始まり、シャワーをとって朝食を受け、全校で祈りの時間を持ち、パシフィカ系の文化について学ぶプログラムが続く。トレーニングと朝食の提供は健康的な生活習慣の獲得を目的としており、授業は一連のルーティンを終えてから10時半に始められる。

　P校には、「6つの学校で退学させられた」生徒や「どの学校も入学させたがらない」生徒、「精神的に問題を抱えており受診中」の生徒等が一年を通じて入学してくる[38]。調査訪問時にもパトカーが一台入ってきたが、E校長は、「パトカーが入ってきたね、生徒のことで私に話があって来たんだろう」と、あたかも日常風景であるかのように話した。その一方でP校には、「問題」を抱えた生徒ではないという意味で『良い生徒』も在籍していると、ソーシャル・ワーカーである両親が学校リサーチを重ねた結果P校入学を決めたという女子生徒の例も挙げた。

　P校ではまた、サモアやトンガ等から移住して間もない生徒や、家庭言語が異なるため英語が未習得である生徒のためのESOLクラスを設けているが、時に「間抜けクラス」と呼ぶ生徒がいるので、「人生をも豊かにする」という意味を込めて「強化（enrichment）クラス」との呼称を用いているという。

　これまでパシフィカ系の文化や価値観に基づく学校が開設されることが殆どなかったことに関して、E校長は次のように話した。

　　　順番があるということだろうね。目下のところ序列的には、マオリが申し
　　　立てを行っている。マオリには申し立てを最初に行う権利が当然あるから

ね。パシフィカ系が申し立てをするのはその後というわけだ。(2017.3.1)

　NZ社会における「序列」において、パシフィカ系の人々の権利請求の順番は、植民地統治下に被抑圧を経験した先住民マオリに次いで2番目にあるというE校長の認識どおりであれば、その順番がようやく訪れ自分たちの文化及び価値観に基づく正規の学校誕生が可能となったのは、PSKH制度導入という契機においてであったと言える。ちなみにP校では近隣校との敵対的な関係が語られることはなく、PSKH一般に向けられる批判についても「新しいものには皆抵抗するものよ」(事務職員H氏)と問題視していなかった。

　E校長によれば、「この辺り南オークランドの学校に行けばどこでもほぼ100%の在籍者がパシフィカ系」だが、「学校の構造は依然としてメインストリーム」であり「制度を動かす精神的モデルはヨーロッパ的」である。例えば喫煙で補導された生徒は、「ヨーロッパ的」なメインストリームの学校では恐らくは3日間の出席停止、居残りや懲罰が課されるだろう。しかし「ポリネシア的」モデルに基づくP校にあって学校は「出て行け」と言い渡したり懲罰を課す立場にはないと考える。学校に来るか否かを決めるのは、そして学校に来させる責任はあくまで親又は家族に委ねられるのであり、「オーソリティ（言うことを聞かせるだけの権威や権限）」は親の下にあるのだと言う。

　ところで、こうして生徒指導のスタイルも異なるパシフィカ系を謳う同校を、近隣の「ヨーロッパ的」なメインストリームの学校はどう見ているのだろうか。

　筆者が訪問した同じく南オークランドにあるメインストリームのディサイル1[(39)]の学校のうち、F校のヨーロッパ系W校長は無登録教員を採用できる点を挙げつつ、またN校のサモア系J校長は「選択」に基づく学校モデルであることを理由に、PSKHには批判的だった。しかしF校のI副校長は、少し異なる見解を述べた。I副校長はパシフィカ系（サモア系）である。

　　心の中では、……（自校の生徒がマオリ・パシフィカ系学校に）通いたいと言ってきたら、マオリのこと、自分たち太平洋諸島文化のルーツについて学びたいと言うのであれば、それは素晴らしい事です。本当は我々のところ（一般の公立学校）にいるよりも、そういう事（現象）がもっとあれ

論　文

ばいいと思っています。それが本音です。でも頭の中では、また1人生徒を引き止めることができなかった、生徒数が減ってしまうとも考えるでしょう。……資金が（生徒）数に関係してきますから。でも教育者としては、先頭に立って、握手をして、幸運を祈るでしょう。簡単なことではない、困難な道ではあろうけれど、生徒たちが「自分の文化について学びたいんだ」といった感覚を抱いたことを喜ぶでしょう。(2017.3.2.)

　「頭の中」では在籍生徒数の減少について考え悩むことになる。しかし「心の中」では、自分の文化的ルーツについて学びたいという思いに目覚め、それを実現しようというマオリ・パシフィカ系の子どもが増えることを願っている。
　I副校長の二律背反的な見解には、一方では、他校との資源獲得競争の下に置かれた公立学校の実情が端的に示されている。だが他方で「本音」では、「ヨーロッパ的」なメインストリームの公立学校で管理職の立場にあっても、生徒たちが自身の文化的ルーツについて学ぶことができる学校に通うことは本来的には喜ばしいと捉えられている。しかし同時にそれはメインストリームでは不可能であるとの認識も示唆されている。

おわりに

　教員組合が指摘するように、与党国民党が選挙運動中には言及せず制度を導入したこと、PSKHは選挙を経た保護者代表を含む学校理事会を持たないこと、公的資金の配分を受けながら情報公開義務が限定的なことは全て、PSKH制度の民主主義的吟味の機会を制限し説明責任という意味でアカウンタビリティを低下させている点は否めない。同制度の正統性が民主主義的に確保されなければ、公教育制度全体への信頼を損ね、社会統合の源泉としての機能も低め兼ねない。
　他方マオリ系の教育関係者にとって、またPSKHにとっても、多数のマオリ系が学業不振を余儀なくされているという歴然とした「結果」に対して責任をとらない既存のメインストリームの学校は、結果責任という意味でアカウンタビリティを欠くものと映っている。PSKHはマオリの文化や言語の復興という

点では既存の先住民イマージョン学校に比べ不十分であるかもしれない。しかし結果責任を強く求められる PSKH は、マオリ系が学力のみならず職業上も卓越性を手にし「潜在能力」を広げる機会を提供する可能性を秘めたものではある。

また PSKH 制度の導入はパシフィカ系の人々にとっても、自分たちの文化や価値観に基づく正規の学校が誕生する道が開かれたことを意味する。ドロップアウトや停学処分等による学校離籍率はマオリ系とパシフィカ系に高く、そのため NZ ではこうした生徒たちに「あてがう」ものとして「オルタナティブ教育プログラム」が公費により制度化されてきた[40]。しかしそれはあくまで学校教育の外にとどまる「プログラム」に過ぎず、そこへの所属は時にスティグマを伴う。

齋藤は、生活保障としていま必要とされているのは、スティグマがつきものである事後的な保護を手厚くする「プロテクション型」ではなく、「1人ひとりが生の展望を拓き、自分の自由を拡げていくことができるような機会を様々な形で創りだしていく」プロモーション型であると論じる[41]。ESOL クラスの呼称を「強化クラス」に換え、「良い生徒」も通う正規の学校は、齋藤の言うプロモーション型として理解することができる。

他方キムリッカは、近代国家が統合を意図して発展させてきた教育的・政治的・法的制度や構造を「社会構成文化」と呼ぶが、それは、生き方についての幅広い選択肢を提供するものであり、市民の自由や平等の保障はこの「社会構成文化」を通じてもたらされる機会を享受する資格とアクセスが平等であるよう保障することだと主張する。また移民のようなマイノリティ集団の取りうる途は、恒久的な周縁化の甘受か、より公正な条件を求めつつ既存の社会構成文化に統合されるかの二つであるという。そして後者にあっては、統合が長期的な過程だと認識した上で、移民社会内の団体や組織に対する財政支援など、暫定的だが特段の便宜を図ること、またマジョリティのアイデンティティに付与してきた尊敬の念と便宜をマイノリティにも保障することが必要だと述べる[42]。

PSKH の P 校が真なる社会参加に必要な資格を取得し正規の高等学校卒業資格を得ることができるパシフィカ系公立学校であることは、キムリッカの言う「社会構成文化」、則ち個人に多様な選択肢を意味あるものとしてもたらす共通の社会制度としての学校へのアクセスと所属を確かにする可能性を有している。

論　文

　そうした学校の誕生はパシフィカ系アイデンティティの承認のみならず、メインストリーム社会への自由で平等な参加という社会統合に向けた条件を改善し、より公平なものとするという意味を持ちうる。

　但しPSKH制度は2019年度からSTEM分野重点校にも開設の道が開かれており、このまま重点分野が拡張され同制度の導入が「NZ教育制度の完全な民営化を図る隠れ蓑」であったことが明らかとなれば、上述した社会統合上の意義は失われることになる。それは、利潤追求を最優先する企業による開設や、一般公立校が最も不利な立場にある者のみの学校と化す事態を許すことにもなり得る。

　教員組合は、営利を優先する民間企業に公的資金を元手とする利潤追求を許すことに反対しており、弱者を支援する社会支援事業に反対している訳ではない。その点でCSを巡る立場の違いは確かに、教育の民営化を容認するか否かという政治的イデオロギーを軸にしているとも言える。しかし再分配の動機に必要な連帯意識[43]の促進という観点から見れば、PSKHと一般公立校との間に敵対的分断をもたらしている現状は望ましいものではない。

　しかしながら地域の教育界をも巻き込む分断と敵対を生んでいる最大の要因は、稀少な資源を巡る競争環境にあるとも言える。PSKHの誕生は近隣校の資源縮小を直接意味しうる。それは、明日の学校体制下で既に生徒獲得競争の中で孤軍奮闘を強いられてきた学校に更なる負荷となる。完全な民営化は、競争、孤立、分断という、統合への足枷を促すことを意味すると言えるだろう。

【注】
(1)　Education Review Office, 2012, *Evaluation at a Glance: Priority Learners in New Zealand Schools*, p4.「ニュージーランドの学校システムで歴史的に成功を経験していない」集団を指す用語。他に社会的経済的に低い層と障害児が含まれる。但し2017年現在開校中のチャーター・スクール全てがマオリ系とパシフィカ系を主な対象としている。
(2)　2015年PISAでNZ全体の科学・読解力・数学の平均得点は、各々513・509・495であったのに対し、マオリ系は466・465・452、パシフィカ系は446・450・441だった(May, S. et al., 2016, *PISA2015: New Zealand Summary Report*, Ministry of Education)。
(3)　セン、A.、池本幸生ほか訳、1999、『不平等の再検討』、岩波書店。
(4)　キムリッカ、W.、2012、岡崎晴輝他監訳、『土着語の政治』、法政大学出版局。
(5)　Ministry of Education, 2014, *Partnership Schools | Kura Hourua The Partnership School Model*

and Options for the Future: Briefing for the Incoming Minister of Education for the 2014 general election, p.2.

(6)　福本みちよ、2014、「社会と学校教育」、青木麻衣子・佐藤博志編『新版オーストラリア・ニュージーランドの教育』東信堂。

(7)　中村浩子、2008、「学校選択の自由とオルタナティブ教育」『比較教育学研究』37、pp.133-154。

(8)　ACT党ウェブサイト内「principles」及び「education」より（http://act.org.nz）。2017年6月9日最終アクセス。

(9)　齋藤純一、2009、「制度による自由／デモクラシーによる社会統合」、齋藤純一編『自由への問い1 社会統合』岩波書店。

(10)　National Center for Education Statistics, *Digest of Education Statistics 2016, Number and enrollment of public elementary and secondary schools, by school level, type, and charter and magnet status*（https://nces.ed.gov/programs/digest/d16/tables/dt16_216.20.asp）、2017年7月19日最終アクセス。

(11)　ラヴィッチ、D.、末藤美津子訳、2015、『アメリカ　間違いがまかり通っている時代』、東信堂。

(12)　高野良一、2007、「チャータースクールの可能性の中心」『教育のために：理論的応答』世織書房。

(13)　佐藤学、1999、『教育改革をデザインする』、岩波書店、9頁。

(14)　権瞳、2011、「チャータースクールはアメリカ公教育を救うか」『プール学院大学研究紀要』51、pp.135-148.

(15)　Ministry of Education, 前掲、P.2.

(16)　船殻の二重化により太平洋であらゆる困難に耐えうる強度と万能性を持ち合わせた船体だったという。Partnership Schools Kura Hourua Authorization Board, What is a Partnership School?（http://partnershipschools.education.govt.nz/pskh/what-are-partnership-schools）、2017年7月17日最終アクセス。

(17)　ナショナル・スタンダードとNCEAについては、高橋望、2014、「カリキュラムと学力」、青木・佐藤編、前掲書。

(18)　Partnership Schools Kura Hourua Authorization Board, Aug 2016, *Partnership Schools| Kura Hourua Request for Application to open in 2018 & 2019.*（http://partnershipschools.education.govt.nz/assets/Partnership-School-Round-4-applications/0208-PSKH-04-AB-Information-Session-FINAL.pdf）、2017年7月20日最終アクセス。

(19)　PPTA幹部インタビューより。2017年2月27日。

(20)　認可委員会事務局幹部インタビューより。2017年2月27日。

(21)　PPTAウェブサイト内 "Charter Schools"（http://ppta.org.nz/advice-and-issues/charter-schools/）、2017年6月27日最終アクセス。

(22)　PPTA, 2013, *Charter Schools: A Paper from the PPTA National Executive, PPTA Annual Conference 1-3 October 2013*,（http://ppta.org.nz/advice-and-issues/charter-schools/）、2017年7月1日最終アクセス、p.1。

論　文

(23)　NZEI Te Riu Roa, 2013, NZEI Submission on the Education Amendment Bill (77-1), pp.3-4.

(24)　教員給与と学校運営費が一括で配分される制度。1990年代に教員組合の猛反対の中で選択的に導入されたが希望する学校が少なく廃止された経緯がある。

(25)　PPTA, 2013, 前掲、p.2,6。

(26)　提言された7つの「安全策」の内、震災に喘ぐクライストチャーチに開設しないこと、停学・退学処分件数の公開、委託調査の実施、営利追求学校を開設しないこと等は採用されたと言える（PPTA, *Charter Schools Update: September 2012*, p.3)。

(27)　先住民学校には、教育法155条の下に設立され、統一の学校運営指針に従うクラ・カウパパ・マオリと、同法156条の適用により創設される「指定特色校」に含まれる部族学校の2種がある。後者は地域の部族と強い関係を持つ傾向にある。

(28)　Te Maru o Ngā Kura ā Iwi o Aotearoa, *Submission to the Education and Science Select Committee re: Kura Hourua*, 26 Feb 2013（https://www.parliament.nz/en/pb/sc/submissions-and-advice/document/50SCES_EVI_00DBHOH_BILL11822_1_A321903/dr-toby-curtis-supp1)、2017年7月12日最終アクセス。

(29)　Smith, G.H., 1990, ‘Taha Maori’, in Codd, J., Harker, R. et.al., *Political Issues in New Zealand Education*, 2nd ed, Dunmore Press, pp.183-197.

(30)　PSKHは「我々」とは「全く違う」とする認識は別のクラ・カウパパ・マオリでも聞かれ、校長は制度導入に批判的だった。2016年8月12日インタビューより。

(31)　Wylie, C., 2012, *Vital Connections*, NZCER Press, pp.237-40.

(32)　中村浩子、2012、「ニュージーランドの学校経営における格差と多様性」『比較教育学研究』44、pp.45-66、ほか。

(33)　一般公立校より教員の給与額が高いことは、W校でも後述するS校でも聞かれた。

(34)　PPTA, 2013, 前掲、pp.8-9。

(35)　Jenkins, M., 2016, *EVALUATION OF PARTNERSHIP SCHOOLS ｜ KURA HOURUA POLICY: Year 2, Final Report 28 November 2016*, released from Ministry of Education, 2017, pp.45-8.

(36)　Save Our Schools NZ, "Charter School Performance Cover Up",（https://saveourschoolsnz.com/category/charter-schools/) 2017年7月20日最終アクセス。

(37)　パシフィカ系文化を教育の中心に据えバイリンガル・プログラムに基づく校内ユニットを置く学校として、教育省との長い「闘い」を経て設立された「指定特色校」K校が知られる。同校を国内初とすればP校は恐らく2校目となる。

(38)　パシフィカ系生徒の2016年の出席停止及び退学処分（15歳以下）件数は、それぞれ1000人当り24.8と1.6であり、マオリ系37.2と3.0より低いが、ヨーロッパ系15.7と0.9、アジア系4.5と0.1よりも著しく高い（Education Counts, *Stand-downs, suspensions, exclusions and expulsions from school*, http://www.educationcounts.govt.nz/、 2017年7月20日最終アクセス）。

(39)　各校在籍者の相対的な社会的経済的水準を示す値。「1」が最も低い。

(40)　中村、2008、前掲。

(41)　齋藤純一・宮本太郎、2009、「対論自由の相互承認に向けて」、齋藤編、前掲書。

(42)　キムリッカ、W.、2012、前掲書、pp.76-7, 229-30, 293-4。

(43)　キムリッカ、W.、2012、前掲書、11章。

132

ニュージーランドにおけるチャーター・スクールと社会統合

Charter Schools and Social Integration in New Zealand:
A Focus on Maori and Pasifika Students

Hiroko NAKAMURA

(Osaka International University)

Indigenous Maori and immigrant Pacifika students are referred to as "priority learners" in New Zealand. There lies a significant achievement gap between Maori and Pacifika students and those of European and Asian descent. The disparity is also conspicuous socially and economically, such as in suicide, unemployment and poverty rates.

The above suggests a state of inequality restricting many Maori and Pasifika students' capability to have the meaningful choice of life. For Maori who have had to suffer the grief as "the colonised" and Pasifika, who are sometimes referred to as "the most marginalised" in New Zealand, a society where one can, regardless of ethnicity, pursue the life one aspires, participate meaningfully in society and feel the positive bond with the society is yet to be realised.

The issue of social integration lies in how we stem social division deriving from disparity, recognise cultural differences and develop a society where everybody can participate in mainstream society and its institutions. The design of the education system plays a key role in promoting the capability of the individual.

As the New Zealand government introduced the charter school system as a means to achieve the level of education for "priority learners" including Maori and Pasifika students to succeed in work and life, this paper explores the possibility and the challenge of this new system in regards to social integration.

The charter school system was proposed initially by the ACT (Association of consumers and taxpayers) party and introduced by the fifth national government and legalized in 2013. These schools can be established based on a contract between the sponsor and the ministry of education and funded by the government.

Although the New Zealand school system has experienced a significant level of devolution and diversification since the "Tomorrow's schools" reform of the 1980s, the ACT party who supports smaller government, deregulation, tax cuts and entrepreneurship has been advocating that charter schools promote further choice and diversification, innovation and freedom to school education.

論　文

However, teachers unions have actively opposed the introduction of charter schools, which may well make one assume that implementation is creating another clash based on political ideologies.

Nevertheless, the Maori and Pacifika students of New Zealand are the most disadvantaged and make up the majority of a long tail of underachievement. To eliminate this achievement gap and to promote social integration through education is still an imminent issue.

In light of social integration, where those with different cultural backgrounds than the mainstream can participate meaningfully in society and understand oneself to be an equal citizen in a just society, this paper investigated the meaning of charter schools and the implications of conflicts surrounding these schools in New Zealand.

As teachers unions argue, the national party did not mention implementation during the election campaign, charter schools do not have boards of trustees including parental representatives, and the obligation to disclose information is limited in spite of public funding, all of which work to restrict the chance to democratically scrutinize the legitimacy of institution and to lower accountability.

The decline of democratic legitimacy could erode trust in the public education system as a whole, which would not make it a reliable source of social integration.

On the other hand, for Maori educationists, and also for those working for charter schools, existant mainstream schools do not appear to be accountable as they are not taking responsibility to change results for many Maori students who have been failed. Charter schools may not be sufficient in terms of the revival of indigenous culture and language compared to the existent indigenous immersion schools. However, charter schools, which are held strictly accountable, could be the solution to provide an opportunity to achieve excellence and to develop capabilities.

For Pacifika students also, the introduction of charter schools could mean the opening up of a new pathway to establish formal schools based on their own culture and values. As dropout rates and exclusion rates are disproportionately high among Maori and Pacifika students, "alternative education programmes" have been institutionalised and funded by the government for these students. However, these programmes are placed outside formal schooling, which could attach a stigma to those who participate.

If charter schools give Pacifika students formal educational opportunities to gain qualifications needed to truly participate in society, these schools could become part of common institutions which deliver individuals various, meaningful choices in life. This could mean not only recognising their Pacifika identity, but also revising conditions for social integration and making institutions fairer, in

134

which most disadvantaged might participate.

PSKH are to be extended to include STEM-focused schools from 2019. If initial introduction of PSKH does turn out to be "the stalking horse" for full privatisation of New Zealand education system, its significance as to social integration will fade away. It could mean to allow sponsoring corporations to put profits first before educational purposes, and also to make other state schools places only for the least advantaged.

Teachers unions are opposing private business corporations making profit on the back of public funding, but not social services to the most vulnerable. Division over charter schools is surely seen to be based on the political ideologies of whether or not to allow the privatisation of education. Nevertheless, in the light of the solidarity needed to motivate people for redistribution, the current hostile divisions created between charter schools and other state schools cannot be deemed desirable.

The key cause to division could be ascertained to be the competitive environment over scarce resources. The establishment of charter schools could mean the reduction of resources in neighboring schools, which could place further strain over schools standing alone in the competition for students since the beginning of "Tomorrow's Schools". Full privatisation would only mean further competition, isolation and division, but not integration.

大 会 報 告

特集（課題研究Ⅰ） グローバル化時代における大学の国際比較
——世界大学ランキングを越えて——

特集の趣旨 　　　　　　　　　　　　　　　　　　　福留　東土

国際競争と日本の大学 　　　　　　　　　　　　　　石川真由美
　——世界大学ランキングという鏡を通して——

上位校からみた世界大学ランキング 　　　　　　　　吉永契一郎

脱群盲評象とグローバル・スタディーズ 　　　　　　米澤　彰純
　——比較高等教育研究の現代的挑戦——

研究大学モデルをどう捉えるか 　　　　　　　　　　福留　東土
　——米国における研究動向からの示唆——

公開シンポジウム

教育モデルが国境を越える時代を俯瞰する 　　　　　恒吉　僚子
　——比較教育学の原点にもどる—— 　　　　　　　高橋　史子
　　　　　　　　　　　　　　　　　　　　　　　　草彅佳奈子

課題研究Ⅱ

グローバル化時代における教育を考える（Ⅱ） 　　　山内　乾史
　——才能教育の視点から——

大会報告・特集（課題研究Ⅰ）

―――― 特集（課題研究Ⅰ）―――――――――― 比較教育学研究第56号〔2018年〕――
　グローバル化時代における大学の国際比較
特集の趣旨

　現代の世界では大学を巡ってグローバル化とそれに伴う国際競争・協調が大きく進行している。本特集は、そうした状況の中で、大学の国際比較をどのように考えるべきかについて、いくつかの視角を提示することを目的に企画された。とりわけ昨今、日本国内においてしばしば話題となり、また大学政策にも影響を及ぼしている国際大学ランキングを切り口としつつ、それを越えた国際比較のあり方を模索する方途について考えてみたい。

　日本の比較教育学研究にとって大学の国際比較は主要な課題のひとつであり続けてきた。現在、グローバル化の潮流の中で、日本の大学はこれまでになかった形で世界の大学との国際競争に直面している。その象徴的な存在は21世紀に入って登場した国際大学ランキングであり、ワールドクラス・ユニバーシティ（WCU）の概念である。大学ランキングはきわめて明快な数字を社会に示し、その分かりやすさは各種メディアやステークホルダーの関心を惹きつけている。だが、そうした単純な大学の国際比較はそもそも成り立ちうるのか。また、そうした形で大学の比較を行うことの意味はどこにあるのか。昨今の状況は、大学の国際比較研究に新たな考察の視点を突き付けているともいえる。

　そもそもランキングとは、大学の現状に関わる情報を市場や社会に分かりやすい形で提供することが目的であったはずだが、現代の状況はそれにとどまらないものとなっている。ランキングを中心とする現代の国際競争の特徴は、研究者による学術上の卓越性を巡る競争を越えて、競争が機関を単位とするものとなり、それが学術研究のあり方や機関の行動にまで直接的な影響を及ぼすようになっていることである。とりわけ、欧米へのキャッチアップを目指すアジア諸国においてランキングの及ぼす影響は大きい。国によっては大学の国際競争が国家政策に謳われ、上位にランクされる大学数の増加を目指して国家によるテコ入れが行われている。さらには、ランキングに使われる各種指標が、個々の機関による戦略や行動に直接的な影響を及ぼすに至っている。

　以上のような動向の一方で、ランキングによる国際比較に対して、批判的な眼差しを向ける動きもいくつかみられるようになっている。ひとつには、ランキングが重視する英語論文に基づく国際的な競争関係を、学術の本来的な使命に立ち返って、相対的な視点から捉えようとする取組がある。また、ランキングに対する意識は地域によって異なり、競争だけでなく、大学相互の協調関係

を促進しながら大学の発展可能性を探ろうとする考え方がある。さらには、複雑な現代的様相の中で、国際比較は多様な視角を提起するようになっており、「比較」の意義を再考する必要性が高まっている。

こうした問題意識を背景に、本特集では、国際比較の観点に立って高等教育研究を進めておられる会員諸氏に、現代における大学の国際比較のあり方について論考を執筆いただいた。石川氏、吉永氏、米澤氏の論考は、2017年6月に東京大学において開催された本学会第53回大会の課題研究において発表された内容を下敷きに、新たに書き起こしていただいたものである。

石川氏には、世界大学ランキングの登場を契機として、世界各国の大学が現在、どのような動きを見せているのか、また、ランキングが大きなインパクトをもたらしている中で、その功罪とは何なのか、さらには、我々はランキングをどのように捉えればよいのかについて論じていただいた。

吉永氏には、教育・研究が国際化する潮流を踏まえつつ、主に米国の研究大学が国際ランキングをどのように捉えているのかについて論じていただいた。そこからは、世界大学ランキングよりも、タイプの類似する大学との競争と協調により、自らの質を高めていこうとする大学の姿がみえてくる。

米澤氏には、現代的状況の中での比較高等教育研究のあり方を論じていただいた。グローバル化が多方面にわたる複雑な動向となる中で、多義的な世界観の並存と交互作用を前提とするグローバル・スタディーズの観点から、大学の国際比較を捉え直す試みを提示していただいた。

以上、学会大会の課題研究を前提とする三氏の論考に加え、本特集では、課題研究を企画立案した福留から、いまひとつの論点を付け加える意図から論考を執筆した。米国の研究大学は国際ランキングの上位を占め、そのモデルは日本を含めた世界各国に影響を及ぼしている。その一方、近年、米国においては、研究大学をどのような視点から捉えるかについて、いくつかの注目すべき研究が著されている。それらを手掛かりとしながら、日本における大学を巡る議論にどのような示唆をもたらしうるのかについて考察を行った。

本特集は、学会大会の課題研究を企画する過程で浮上したテーマであり、共同研究の成果というわけではない。それゆえ、企画全体として特定の方向性を打ち出したり、具体的な結論を導き出したりすることを目的とはしていない。むしろ、本企画を契機として、比較教育学や高等教育研究の立場から、大学の国際比較を巡る議論が活発化することを狙っている。学会員はじめ本テーマに関心を持つ方々の間で、多様な立場からさらなる議論が交わされ、日本の大学にとって建設的な議論が導かれることを強く期待するものである。　　福留　東土

―― 特集（課題研究Ⅰ）――――――――――― 比較教育学研究第56号〔2018年〕――

グローバル化時代における大学の国際比較

国際競争と日本の大学
――世界大学ランキングという鏡を通して――

石川真由美
(大阪大学)

はじめに

　21世紀の「グローバル型大学ランキング」は、2003年に開始された上海交通大学の世界ランキング（Academic Ranking of World Universities または ARWU）を嚆矢とする。グローバル型の大学ランキングとは、言語、規模、教育研究に加え、歴史やミッションも多様な各国の大学を、単一の指標で、機関毎に、しかも世界レベルで比べ、序列づけをするものである。開始から10数年を経て、その社会的・政策的な影響力はますます強まり、参加し参照する機関や地域もさらに拡大しつつある。このような状況のもとで、ランキングをめぐる諸相が、比較教育学や高等教育だけでなく、社会学、人類学、科学計量学、大学評価等の多くの分野で検討され分析の対象となっている。当初は方法論についての分析が目立ったが、次いで社会的・政策的な影響、学術生産や研究評価のあり方等について、ケース・スタディをもとに学際的・他分野融合的手法で議論が展開される例も少なくない。アプローチの多様化とともに、比較教育学の成果が研究分野を超えて参照される契機ともなっている。

　国内においての影響力という面では、近年、世界ランキングにおける日本の大学の低迷がメディアで伝えられ、大学関係者の関心事あるいは頭痛の種となっている。国内の大学に対して社会や政策担当者から厳しい目が向けられるきっかけが、2010年に「タイムズ・ハイアー・エデュケーション」誌（Times Higher Education または THE）が発表した新ランキングである。日本の大学への評価が前年までと比較して際だって悪かったことで、それまで静観していた

140

ランキングに社会と大学が対峙することになる。実際には、このランキングは THE が新規に開始したものであり前年度評価との継続性はないが、にもかかわらず、「東大、アジア1位の座を明け渡す」「日本の大学順位低下」「世界での存在感低下」などと国内メディアで大きく報道された。これ以降の THE ランキングの日本の研究大学への評価について、筆者の所属する大阪大学の順位を例として挙げると、2010年に前年の43位から130位に、その後さらに少しずつ低下を続け、2015年には論文データベースの変更というさらなる手法の変化に伴い、157位から251-300位代にまで評価が下がる。およそ5年という期間内の大きな変動は、「何をいかに測るか」の変化、すなわちランキングの手法の揺れや癖によるものであるが、あたかも大学のパフォーマンスが悪化したような印象を与えてしまう。しかも、尺度となったのが THE という、極めて不安定かつ恣意的な、英国の企業による商業ベースの世界大学ランキングであった。その後、日本の大学の国際競争力の強化が政治的な課題となり、2013年には「世界大学ランキングトップ100に10校以上」を入れることが「日本再興戦略」の成果目標として閣議決定されるに至る。つまり、ランキングが国際競争力を示す指標として公的に認知され、政策目標となったのである。

　このようなランキングを取り巻く一種の加熱状態、とくに大学に向けられる社会的な期待と政策的な要請の高まりのなかで、本稿はランキングの世界的な興隆から読み取れる高等教育のグローバルな潮流を分析し、日本の大学にとっての国際競争の意味を問う。次に、ランキングという極端に単純化された「鏡」ではあるが、そこに映る日本の大学像を分析する。従来の国内大学の序列は、ごく簡単に言えば、18歳の学力、大学入試の偏差値に大きく依拠してきた。このような国内序列には、たとえローカルな意味があろうともグローバルな通用性には欠けるという現実を、我々は世界ランキングにあらためて認識させられた。国内の序列や国内のステークホルダーからの評価を離れ、国際社会から日本の大学はどのように見えるのか。世界大学ランキングという国際競争が我々に与える示唆と課題を明らかにしたい。

大会報告・特集（課題研究Ⅰ）

1．第二期に入るランキング

　さて、本論に入る前に、ランキングについて、特に近年の動向について要点をまとめておきたい。主な大学ランキングの手法についてここでは詳述しないが[1]、よく参照される三つのランキング——Times Higher Education（THE）、QS社、上海交通大学（ARWU）ランキング——を比べると、おおむね教育・研究・国際化に関する指標を測っていることがわかる。レピュテーション（評判）調査の有無や重視度、研究のみを評価するARWUなどの違いがあるものの、研究力は論文数・引用数に加えて教員や卒業生の受賞実績、研究資金獲得実績、最近では特許数や特許の成功率等も勘案する。国際化指標は、外国人教員と留学生の割合に加え、THEは近年、国際共著論文比率を評価に加えた。指標やウェイトの設定、論文データベースの変更、評価期間の長短により順位は変動する。上位30位の大学の顔ぶれは大きく変化しないが、ほんの微細な手法の変更でも、30位以降の順位は乱高下する。

　このような世界大学ランキングに、近年、多様化・細分化の動きが鮮明である。そして、選ばれた少数の大学だけを対象とし「特権的（exclusive）」であったランキングが、より「包摂的（inclusive）」に変化しつつある。現在、よく知られている世界大学ランキングには筆者がざっと数えただけでも15以上がある。2007年の時点ですでに27種類のグローバルな大学ランキングがあったという報告もある[2]。一方で、ランク付けされる大学は約1万7千の世界の大学のうち1～3％程度と言われている[3]。従来のものに加え、イノベーション・ランキング、卒業生の雇用度ランキング、アフリカや南米等の地域別ランキングを含め、様々な新ランキングが誕生しつつある。主体も欧米の企業や機関だけでなく、サウジアラビアや台湾発のもの、そして近々ロシアも新たなランキング発表を予定している。就職率・卒業率・学生満足度など、学生側に立った多指標の「マルチランク」もある。

　これらに加え、上記THE、QS、ARWUの全てが、近年こぞって「分野別」のランキングを発表し始めた。営利企業であるランキング会社にとっては、このような「新製品」の開発により商品の数を増やし顧客を増やすことで、市場

142

を拡大できる。現在の機関ランキングでは、上位入りする大学は概ね大規模な研究総合大学であるが、特色別・分野別・地域別であれば、単科大学を含めて今後より多くの大学がランク入りするチャンスが生まれる。現在のところ、分野別の評価は区分が広すぎたり、評価される分野の数が少なかったり、まだ開発途上である。また、上位はほぼ英語圏の独占状態で、米・英・欧の「ランキング常連」「常勝リーグ」大学で占められていることが多い。しかし、今後多様化するランキングに、自らの強みを生かして参入する大学が増えることが予想される。さらに、信頼性に基本的な疑義の払拭できない機関別のレピュテーション調査に比べて、分野別であれば、当該分野の専門家の評価の信頼度が上がるというランキング側の意図もみえる。分野別の評価手法の開発等、さらにメソッドが洗練されるようになれば、第二ラウンドの争点になる可能性もある。一方で、「アフリカ大学ランキング」のような地域ランキングには慎重論も根強い。ランキング評価向上に必要な「ブランド化」や「国際化」がアフリカにおける高等教育のニーズと合致せず、貴重なリソースが浪費されるのではないか等、地域の研究者から懸念の声が上がっている[4]。

2. 選択と集中政策の世界的拡大

　世界で大学ランキングが人口に膾炙するとともに、順位は世界における当該大学の存在感であり、国際的な名声（レピュテーション）を示すと捉えられるようにもなった。さらに、ランキングが示す単純明快な世界序列は、先進工業国の高齢化・人口減少傾向と知識基盤型経済への移行のなかで、グローバルな人材獲得競争、すなわち国や機関が優れた学生や研究者を集める力に影響を与えるとも考えられる。そのため、ランキングの上昇は国家的要請ともなり、「学術軍拡」ともいわれる国家間競争をさらに激化させている[5]。

　「ワールド・クラス」「トップ○○」「エクセレント」政策などと呼ばれる特定の研究分野、大学院、重点大学を強化する政策は、90年代から多くの国で実施されてきた[6]。例えば、中国の大学重点化政策211工程、985工程は様々な施策を経て、現在の「ワールド・クラス2.0」に連なる[7]。日本においても、2002年に21世紀COEプログラムが開始され、後継のグローバルCOEプログラ

大会報告・特集（課題研究Ⅰ）

ムにおいても「世界最高水準の教育研究拠点」形成が目標とされた。つまり、世界大学ランキングの誕生に先立って、大学の研究力と国際競争力の強化はすでに政策目標として意識されていた。しかし、その後生まれたランキングは、あたかも外部評価かアカウンタビリティ・ツールのように、「ワールド・クラス」を標榜する大学の達成目標と位置づけられるようになる。

　世界大学ランキング誕生の直後から、各国の大学重点強化政策は、国家威信をかけたランク上昇策と同調してきた。特に欧州各国政府の迅速な動きは、最近の研究で詳しく明らかにされている。例えばドイツでは、2004年に教育大臣が「スイス連邦工科大学チューリッヒ校、スタンフォード、オックスフォードのようなエリート大学と競うために、ドイツには（光り輝き）遠くから見える灯台のような大学が必要」と述べ、同国重点研究拠点形成事業「エクセレンス・イニシアチブ」の第二期において大学の国際的な成功と世界ランク上位入りを後押しすることを明言した[(8)]。一方、フランスは、2003年に発表された初の上海交通大学世界ランキングにおいて同国の大学の順位が極めて低かったため、大きな衝撃を受ける。そして、「Opération Campus」のインフラ整備や様々な重点化策を打ち出し、同国高等教育と研究の魅力を世界に顕示する「ショーウィンドウ」となる、ワールド・クラスのキャンパス形成を急いでいる。このような大学テコ入れ策はあくまで一連の大学改革の一環として実施され、公式見解においてはランキングの手法は批判され、国として順位の上昇を目指していることはカモフラージュされたという[(9)]。しかし舞台裏では、大臣自らがARWUを主催する上海交通大学を訪問しロビー活動を行うなど、迅速かつ果敢に対応策を進めてきた様子が伺える。つまり、世界ランキング開始直後から、フランスはその衝撃に目覚め動いていた。

　ここに挙げたのはごく一部の例にすぎないが、国内の有力大学を強化し世界に冠たる大学を築くという各国の政策例は枚挙にいとまがない。欧米の大学には、知識基盤型経済への対応を誤れば瞬く間に中国とインドに追い抜かれるとの危機感があり、「政策パニック」を招いているとの批判もある[(10)]。大学ランキングの上位に入るような「エリート大学」「ブランド大学」を築くためには巨額な資金が必要とされるため、おしなべて少数機関への資金投下を可能にする「選択と集中」政策が展開される。その結果、国を代表するような研究大学に

144

は資金が集中投下され、研究力が強化される。しかし、選択と集中政策が国の高等教育システム全体の改善につながるかどうかは、議論の分かれるところである。システムの底上げには、むしろマイナスの可能性すらあるとの指摘もある[11]。政策の正当性を支えるための経験的エビデンスは、まだまだ不足しているのが実状である。しかし、次にみるように、ランキングと世界各国の競争的政策の影響もあって、世界の論文数は短期間に激増し、研究と教育のグローバル化は一気に加速した。日本の研究大学は、生産性の向上と国際化の加速の両面において苦戦を強いられている。

3. 国際化の推進と論文生産の増大

　ランキングを自らの強みをアピールするツールとして積極的に生かそう、順位を上げて国際的な知名度を上げようと主体的に動く大学は世界に少なくない。そのような前向きな反応の結果、大学国際化が進み、研究生産性が向上するという効果も現れている。ランキングは留学生と外国人研究者の受入増に直接結びつくというより、従来の大学国際化策を補強し加速させている。アジアの多くの研究大学においては、国際化は教育・研究環境の国際性と多様性、優秀な人材の受入等といった動機づけにより、政府主導で政策的に推進されてきた。中国・韓国等の近隣諸国においても、2000年代から数値目標を定めて留学生の受入れが積極的に推進されてきた。ランキングは国際化の目的を明確化し、国際的に知名度を上げてレピュテーションを向上させる、あるいはソフトパワー強化による競争力強化といった動きを補強する。近年、世界で研究者の流動性・移動性はめざましく向上し、特に米国等の有力大学において大学院生やポスドクの出身地の多様性が飛躍的に高まっていることから[12]、国際性は「世界から人材を惹きつける力」として採点の対象となってきた。キャンパスにおける多様性の重視、国際共同研究や国際学位プログラムの設置など、世界レベルを目指す研究・教育がグローバル社会に開かれるのは、ランキングの評価如何に関わらず、もはや不可逆の流れといえる。

　さらに、学術大国を目指してアメリカやカナダを追いかけるブラジルや中国などの大学は、Web of Science（WoS）データベース収録の論文数を具体的な目

標に設定し、研究成果の国際発信に力を入れてきた。国際雑誌に収録される論文数を増やすことは、大学ランキングの研究評価を確実に上げるだけでなく、新興大学にとっては「ノーベル賞やフィールズ賞よりも達成可能」な目標であるからという[13]。日本の政策文書等で繰り返し指摘されてきたが、2000年から2015年までのWoSの論文数は、中国で9倍強、韓国では4倍に急増してきた。一方、日本の増加率は3％に留まり、米国（50％増）ドイツ（50％増）フランス（46％増）といった先進国と比べても停滞傾向が否定できない[14]。東アジアから東南アジアに目を向け、より広範な学術雑誌を網羅するScopus論文データベースにおけるほぼ同時期（2000年から2016年）の変化をみると、マレーシアの論文数は17倍、タイは6倍という爆発的な増加で、地域の存在感を世界に示している[15]。このような論文数の伸びは、大学ランキングの結果に如実に反映されてきた。上述の上海交通大学ARWUで経年変化を読み取ると、500位以上にランクされた中国の大学数は2005年の8大学から2016年には41大学に増加した。日本は16大学なので、数の上では完全に抜かれたわけである。学術の世界には、確実に「米中2強時代」が到来しつつある[16]。

　変化は「数」だけにとどまらない。世界の研究大学においては若手を中心に英語論文による成果発信が当然視されるようになり、学術知識の生産の場ではグローバル化が一層進行している。自然科学だけでなく、人文社会科学の分野においても、英語で査読付きの国際誌に論文を掲載することが、研究大学における博士号取得や研究ポストを得るための必要条件となったことが背景にある。国際誌への英語論文掲載は、大学のランキングにおいて「得点を稼げる」ため所属機関から推奨されるだけでなく、研究職の採用・昇進・給与・ボーナス等の査定において重視される。近隣の中国・韓国・台湾などでは、WoSやScopusといった大手ジャーナル・インデックスに登録された論文に対する評価が、現地語による業績を大きく凌ぐ[17]。東南アジアの多くの研究大学においても、WoS論文の出版実績が分野を問わず採用・昇進の基本的条件と位置づけられている。まさに「出版か死か」ではなく「英語で出版するか死か（publish in English or perish）」とも言うべき状況である。

　結果として、質よりも数による評価が蔓延するだけでなく、自国語による研究の相対的な価値が低下する。人文社会科学の研究者からは、自国語による自

国民のための研究と文化を守るため、抗議の声が上がっている（例えば、注17、周の台湾事例）。他方、将来の研究職を目指すために英語で書くことが当然視される状況においては、若い世代の国際発信力は鍛えられ、強化されていく。しかし、筆者の参加した過去20年の学術論文発表に関する国際比較研究の結果をみる限り、日本の文系研究者の論文出版方法はほとんど変化していない[18]。日本語による社会への発信、とくに一般の読者がアクセスしやすい書籍による国内むけの成果発表が堅持される一方で、英語による国際誌の論文は増えていない。

　自国語による研究の相対的な地位の低下に加え、ランキングの順位向上が目的化することで、学術の世界には無視できない歪みが生じている。論文の中身を薄く切って本数を水増しする「サラミ切り」、引用得点を稼ぐための「相互引用サークル」の形成など、学術が「ゲーム化」しているとも言われる[19]。さらに、個人や機関の評価における論文の重視にともなってジャーナル数が増え、学術出版の利潤の拡大と少数の商業出版社による寡占化状態により、学術雑誌の価格が高騰している。日本の大学と図書館にとっても学術誌の購読価格の上昇のため、「自分の論文が雑誌で読めない」[20]という事態が現実に起こりつつある。オランダ、ドイツ、米国カリフォルニア等から、大学間連携による大手出版社との権利・価格交渉の例が伝えられるが、ボイコットも辞さない交渉が功を奏し、一部は値下げ交渉に成功しつつある。このような多国籍企業とのタフな交渉も、グローバル化時代の大学にとっての課題の一つである。

4．むすびにかえて

　誕生から10年数年たち、もはや「ランキングという病気」[21]が無くなることを期待しても所詮無駄であろう。日本の大学に必要なのは、むしろランキングという鏡に映る危機とチャンスを直視することであろう。ランキングという「ゲーム」において、これまで日本の研究大学はプレイヤーとして未熟で、したたかさに欠けていた。先手必勝を逃し、ルール・チェンジに翻弄される一方で、ルール作りには参加してこなかった。しかし、後発であるからこそ、フィールドの落とし穴が見える。つまり順位を上げるためだけの短絡的な

大会報告・特集（課題研究Ⅰ）

ショートカット策の欠点や、中長期的な教育・研究の発展に負の影響を与える危険を回避することも可能なはずである。

　現在の状況をひとつのチャンスとするには、何よりグローバル化がもたらす恩恵を享受することが肝要となる。学術の世界におけるグローバル化進行に伴い、文系分野でも、従来のように欧米で生産された学術知識を消費するだけでなく、生産に参加し、議論に加わり、連携できる土壌が整ってきた。近年、多くの国で研究者が、職や昇進のために国際誌上での研究発信に挑戦している。学術の本質の取り違え、あるいは自国文化への貢献という面で問題が多々あるにせよ、はたして国際的環境で鍛えられてきた世界の研究者と日本の研究者が20年、30年後に同じ土俵で競い、交流できるだろうか。英語論文数や国際共著論文数だけを目標とした「焦燥感に由来する国際化」[22]ではなく、数値目標に矮小化されない国際化を長期的に目指す以外に、日本の大学の進む道はないようにみえる。世界大学ランキングの順位上昇は、日本のような非英語・非欧米の大学の中長期の目標には適していない。しかし、グローバル化のもたらす競争と協調の潮流に背を向ける大学は、近い将来、確実に世界で周縁化する。

【注】

(1)　主なランキングのメソドロジーについては、石川真由美編 (2016).『世界大学ランキングと知の序列化：大学評価と国際競争を問う』(京都大学学術出版会) 巻末の解説に詳しい。

(2)　Tilak, J.B.G. (2016). Global Rankings, World-class Universities and Dilemma in Higher Education Policy in India. *Higher Education for the Future*, 3 (2): pp.126-143.

(3)　Rauhvargers, A. (2011). *Global University Rankings and Their Impact, EUA Report on Rankings,* the European University Association: Brussels, Belgium, p.13.

(4)　例えば、Teferra, D. (2017). Tempest in the Rankings Teapot: An African Perspective. *International Higher Education*, 91: pp.18-20.

(5)　Hazelkorn, E. (2008). Learning to Live with League Tables and Ranking: The Experience of Institutional Leaders. *Higher Education Policy,* 21 (2): pp.193-215.

(6)　一部の例は、前提書 (注1) 石川真由美「序章」pp.3-33 に、あるいはランキングの上昇をより意識した各国の政策事例については、Yudkevich, M., P. G. Altbach, and L. E. Rumbley (2016). *The Global Academic Rankings Game: Changing Institutional Policy, Practice, and Academic Life*, New York, NY: Routledge が参考になる。

(7)　Wang Qi (2017). Programmed to Fulfill Global Ambitions: Casting a Wider Net for Excellence in China's Higher Education System. *Nature*, 545 (7655): p.S53.

(8)　Cremonini, L., D. F. Westerheijden, P. Benneworth, & H. Dauncey (2014). In the Shadow of

国際競争と日本の大学

Celebrity? World-Class University Policies and Public Value in Higher Education. *Higher Education Policy*, 27（3）：pp.341-361. の note 1. 及び pp.350-351 を参照。

（9）　前提論文（注8）参照。

（10）　Stack, M.（2015）. *Global University Rankings and the Mediatization of Higher Education.* London: Palgrave Macmillan. p.110.

（11）　例えば、Cremonini et al.（注8）は、フランス、ドイツ、フィンランド3カ国のケース・スタディから、ランキング上昇が政策目的となった場合の高等教育システム全体への波及効果には懐疑的な意見である。

（12）　例えば、van Noorden, R.（2012）. Science on the Move. *Nature*. 490（7420）：pp.326-329.

（13）　Oleksiyenko, A.（2014）. On the Shoulders of Giants? Global Science, Resource Asymmetries, and Repositioning of Research Universities in China and Russia. *Comparative Education Review* 58（3）：pp.482-508. p.500.

（14）　文部科学省科学技術・学術政策研究所科学技術・学術基盤調査研究室『科学技術指標2017統計集』（pp.176-183）のデータによる。なお、同時期にWoS収録の全論文数が89％増加しているので、日本の数値は実質的な停滞・低下を示すと言える。

（15）　SCImago.（2017）. SJR ─ SCImago Journal & Country Rank. Retrieved July 21, 2015, from http://www.scimagojr.com

（16）　日本経済新聞2017年6月13日「世界の科学技術米中2強時代：中国、論文4分野で首位」

（17）　例えば、石川編前提書（注1）の周祝瑛「台湾学術界におけるSSCI症候群」pp. 241-267, 李軍「東アジアの高等教育の変容と世界大学ランキング：中国・香港・日本における研究評価の比較」pp.269-294を参照。

（18）　Ishikawa, M. and C. Sun（2016）. The Paradox of Autonomy: Japan's Vernacular Scholarship and the Policy Pursuit of "Super Global" *Higher Education Policy* 29（4）：pp.451-472.

（19）　ランキングや監査文化（audit culture）の蔓延による学術への影響については、Shore, C. & S. Wright（2015）. Audit Culture Revisited: Rankings, Ratings, and the Reassembling of Society, *Current Anthropology* 56（3）：pp.421-444, p.425、および Scott, J. C.（2012）. *Two Cheers for Anarchism: Six Easy Pieces on Autonomy, Dignity, and Meaningful Work and Play*. Princeton, NJ: Princeton University Press, pp.112-119 を参照。

（20）　滝順一「もう一つの論文問題」日本経済新聞、2017年6月17日。

（21）　Tilak, J. B. G.（2017, May 13）. On Global University Rankings and their Effects, International Research Roundtable "Global University Rankings: A High Stakes Game or Useful Tool?" organized by Peter Wall Institute for Advanced Studies, University of British Columbia.

（22）　苅谷剛彦「高等教育のグローバル競争とキャッチアップ終焉意識」石川編前提書（注1）、pp.101-129。

―― 特集（課題研究Ⅰ）―――――――――――――― 比較教育学研究第56号〔2018年〕――

グローバル化時代における大学の国際比較

上位校からみた世界大学ランキング

吉永契一郎
(金沢大学)

　筆者は、過去10年ほど、大学における役職者のリーダーシップを研究テーマにしてきた。世界各国の学部長や副学長をインタビューする機会があったので、アメリカを中心に、有名校からみた世界大学ランキングに対する態度について議論したい。

　まず、Simon Marginsonによれば、大学というのは、ある種のブランド（Positional Goods）である（Simon 2006: 3）。もちろん研究業績によって、大学ランキングが上下するということもあるが、歴史や伝統のようなものがかなり関わっていて、一朝一夕には変わらないと言われている。確かに、THEでもQSでも評判の割合が高い。ところが、国際的に、これから世界レベルを目指そうとしている大学においては、研究業績への関心のみが先鋭化するという現象が起きている。これは、日本の中等教育において、大学進学実績によって、偏差値を上げようとする二番手の高校と自由放任のトップ校という構図にも似ている。

　偏差値の場合、その大学を志望している学生の模試での成績という単純なものであるが、世界大学ランキングの場合、指標は膨大であり、その選択には恣意性が付きまとう。東工大の調麻佐志が述べているように、大学の規模や投入資源の量が大きいことが有利に働く（調 2017: 50）。したがって、世界大学ランキング上位の大学をもっと日本に作るのであれば、大学を2つか3つ合併すればよいということになる。これは、以前、オランダの大学が、大学間の合併を盛んに議論した際の理由の一つであった。

　世界大学ランキングが上位だと、学生、教員、外部資金が集まりやすくなる。

また、マレーシアのように、政府がランキングを根拠に政策誘導や予算配分を行いやすい。日本でも、かつて産業競争力会議が、10年間で世界ランキング100位以内に日本の大学を10校以上といった分かりやすい目標を掲げたことがある。

スタンフォード大学には、香港の大富豪李嘉誠が寄贈した立派なビルがある。スタンフォードでは他にも、マイクロソフトやヒューレット・パッカードなどがビルを寄贈しているが、大学にブランド力があると、その宣伝効果の高さから、その大学に直接関係しない人間からの寄附も期待できるようになる。

最近の傾向として、日本の進学校でアメリカの有名大学に合格している高校生の数が増えていることがあげられる。実際に何人が進学しているのかというデータはないが、恐らく、一部の高校生にとっては、世界大学ランキング上位のアメリカの大学に合格できたということが、ステータスになっているのかも知れない。

また、近頃、一橋大学の若手の教員が香港科学技術大学に転職することを決めたということが話題になった。この方の場合、転職の目的は給料だと述べているが、香港大学の先生によれば、恐らく年収2000万円位ではないかということである。もしかしたら、今後、国際的な人材獲得競争が始まると、大学教員についても、より威信や給料の高い大学に移ろうという日本の学者が増える可能性がある。ちなみに香港科学技術大学は、1991年設置ながら、すでに世界大学ランキングでは、東大を抜いている。

再び、Simon Marginsonによれば、そもそも世界大学ランキングは、国際的な学生移動の移動と切り離すことができない（Marginson 2006: 19）。世界的に見れば、留学生の移動は、圧倒的にアジア・太平洋からアメリカである。ヨーロッパ内でも学生が移動しており、日本にも国際的な学生の移動はあるが、その数は微々たるものである。そこで、Marginsonは、留学生の移動は日本以外のアジアからアングロ・サクソン圏へという一方的なものであり、大学ランキングというのは儒教の階層志向と親和性があるという指摘をしている。何にでも序列を付けないと気が済まないのは、東アジアの伝統であって、大学ランキングはこれに当てはまる。

留学生は、ただ単に大学の研究力だけに惹きつけられているのではない。英

大会報告・特集（課題研究Ⅰ）

語環境や大学を出た後の雇用の機会、さらには移住する機会も考えて留学している。留学生獲得の戦略を立てるために、World Education Services という民間団体が留学生を類型化している（Rahul Choudaha 2012）。横軸に学力、縦軸に経済力を取ると、大学にとって一番来て欲しいのは、頭が良くてお金も持っている「HIGH FLIERS」のセグメントである。こういう人は全体の4分の1位で、有力大学の学部やプロフェッショナル・スクールに入る留学生である。次に、「STRIVERS」というのは、学力は高いがあまりお金がない層で、授業料免除で生活費が支給される理工系大学院博士課程に集まる中国やインドからの留学生の多くが「STRIVERS」である。それから、経済力はあるけれどあまり学力はないというのが「EXPLORERS」で、コミュニティ・カレッジに留学する台湾や韓国からの学生が該当する。

　同じ報告は、学生は何を基準に大学を選んでいるのかについても論じている。それによると、学生は、大学名と支給される奨学金を天秤にかけて大学を選んでいる。東アジアからの留学生は少々奨学金が少なかったとしても大学名で選ぶ傾向が強い。これに対して、インド人留学生は、大学名よりも教育環境や奨学金で決める。したがって、日本の大学も、大学ランキングを上昇させる目的が留学生の獲得にあるのであれば、奨学金を充実させた方が近道という考え方もあり得る。

　科学技術政策研究所の白川展之が、大学院生の流動性に関して、大変、実証的な研究をしている（白川 2013）。工学分野においては、著者の学歴を全部書くことになっているジャーナルがあり、これを数千集めて分析すれば、この分野における国際的な学生の流れが分かる。これは非常に貴重な研究である。これを見ると、コンピュータ・ビジョンという分野では、スタンフォード大学・大学院に世界中から学生が集まっている。また、清華大学の卒業生は、多くが清華大学の修士に進むが、その後、博士課程で世界中に散らばっている。ところが、これらと比較して、東大のロボット工学においては、大学院に入ってくるのは圧倒的に、学部が東大という学生である。他大学は、九工大と名古屋大出身者がそれぞれ一人いるだけである。そして、そのまま東大で博士号を取る。日本の場合は国際的な流動性という以前に、国内の流動性もきわめて低いということが言える。

また、中国の大学は、毎年、卒業生の進路を公表している。2013年度、清華大学のデータを見ると、3100人の学部卒業生のうち、海外進学が27.3％になっている（清華2013）。進学先も、清華が理工系中心大学であることもあり、カリフォルニア大学70名、カーネギー・メロン大学42名、スタンフォード大学30名となっている。筆者は、かつて、カリフォルニア工科大学（カルテック）で、大学院アドミッションを調査したことがあるが、清華大学・北京大学の卒業生である大学院生が選考委員会に入っているため、志願者の学部時代の情報が筒抜けだということであった。中国の大学とアメリカの大学院の一体化は、日本人の想像を超えている。

　表1にあるように、National Science Foundationには、2003年から2012年までの間にアメリカで博士号を取得した外国人の出身大学を調べたデータがある（NSF 2013）。これによると、清華・北京・中国科学技術大学出身者の多さとともに、ソウル国立大学・国立台湾大学の国内での圧倒的な強さが目立つ。日本は、数が1ケタ少なく、最高の東大でも296人にとどまる。

　OECDには、国際共著論文の数を、1998年と2008年で比較したものがある（OECD 2010）。これを見ると、最も特徴的なのは、中国とアメリカとの間で共著論文が大幅に増えているということである。アメリカとヨーロッパの間でも共著論文が増えているのに対して、日本の国際共著論文数はほとんど増えていない。国際共著論文は、アメリカで学んでいる大学院生数、アメリカの大学で職を得た研究者数、アメリカから帰国後も継続する共同研究数と大きく関連するので、大学院生の国際的な流動性が大きな役割を果たしている。

　アメリカの場合、どんなに有名大学に入ったとしても同じ大学の大学院に進学することは奨励されない。そのため、流動性がきわめて高い。また、アメリ

表1　アメリカでの博士号取得者の出身大学

中国		韓国		台湾		日本	
清華	4,272	ソウル	3,461	台湾	2,300	東京	296
北京	4,117	延世	1,688	清華	451	慶応	156
USTC	3,087	高麗	1,259	成功	373	京都	149
復旦	1,781	漢城	780	交通	280	早稲田	142
南京	1,684	梨花	704	政治	257	上智	101

大会報告・特集（課題研究Ⅰ）

カの場合、理工系の大学院生を中国に依存するのは、国際交流ではなく、それ
だけアメリカには理工系人材がいないことの反映である。一方、中国の場合は、
自由な研究環境や国際的なネットワークの機会が十分ではないので、国家建設
高水平大学公派のような制度を通じて、研究者養成をアメリカの大学に依存し
ている。すなわち、米中間には、それぞれの弱点を補うような形で学生が移動
している。

　以下は、役職者インタビューの結果に基づく、アメリカの上位大学の事例で
ある。副学長は教育担当副学長、プロボストである。日本の教育担当副学長と
いうのは学長の下にいるが、アメリカのプロボストは、別名、教学最高責任者
であり、いわば「お飾り」の学長に代わって、事実上、大学のトップだと言っ
てよい。学部長については、主に工学部長にインタビューを実施した。

　これらの役職者に共通することは、どの大学も、それぞれのブランド力・研
究力・教員・学生に対して圧倒的な自信を持っているということである。何か
質問をすると矢継ぎ早に答えが返ってくる。これは、アメリカの場合、役職者
はだいたい40代で行政職を選択し、学科長、学部長、副学長というように経
歴を積んでいるので、アドミニストレーターとしての経験が長く、専門性も高
いことによる。彼らは、待遇もよく、自分で使える予算やサポート・スタッフ
も充実している。例えば、プロボスト・オフィスには、スタッフが10人位い
るので、何をするにしても、スタッフがデータを集めたり、アイデアを出した
りしている。スピーチの原稿も全部スタッフが書いてくれる。

　役職者たちは、大学ランキングについて、関心はあるが、それを目標にする
ということはないと、異口同音に語っていた。ただし、データの出し方につい
ては工夫をしている。初期の段階では、データの出し方が分からなかったので、
ランキングが実力以下に下がってしまったこともあったらしい。

　よく言われるのが、大学のランキングが上がると留学生がたくさん集まるの
ではないかということであるが、有力大学に言わせれば、もうアジアの有力大
学とは十分なパイプが確立されているので、今さら知名度を上げる必要はない
とのことである。また、アジアの大学の実力については、過去の入学者のデー
タからだいたい分かっているようである。

　役職者に対するインタビュー結果から、彼らには、大学ランキングよりも大

154

切にしているものが、三つあることが明らかになった。一つ目は、同一リーグの大学との協力関係である。リーグに関しては、Association of American Universities という団体があり、カナダも入った北米のエリート研究大学の集団である。この Association に入っていれば、北米では研究大学として認められている。この Association は、ときどきボトムを入れ替えているが、ネブラスカがルイジアナに替わったとか、ノース・ダコタがニュー・メキシコに替わったとか、そういうレベルの話なので、トップ校には関係がない。

それから、Ivy Plus という団体があり、アイビー・リーグにデューク、スタンフォード、カルテック、MIT 等を加えた、超エリート大学のクラブである。アメリカンフットボールのリーグとして著名な Big 10 とか Pac 12 でも、役職者同士が交流していて、教育研究の幅広い分野で協力関係が築かれている。

Ivy Plus や Big 10 などに属している大学は、レベルが同じような大学で、抱える課題も似ているので話が通じやすい。何か問題があったときには、同じリーグの大学の学部長なり副学長に聞けば何でも教えてもらえるということであった。ちなみに、イギリスでは Russell Group が同じような役割を果たしている。国際的な大学リーグとして、Association of Pacific Rim Universities や Universitas 21 などが存在するが、実質的な活動はほとんど行っていない。ただ、これらのリーグに入っていれば、大学の存在を国際的にアピールできるという程度のことである。

二つ目は、大学ランキングではなくて、National Research Council（NRC）による学科評価である。これは、10年ごとで、博士課程の評価に特化している。しかも、その目的は、序列ではなくて、論文数・引用数・研究費・受賞数・他大学からの評価・奨学金・修了率・在籍期間・就職率・多様性・学生支援等について基礎データを公開するものである。そのため、各大学が、そのデータを学科評価にも用いている。この評価は、非常に客観的であるため、ゴールド・スタンダードと言われている。

どの大学評価においても、大学の評判については、曖昧な部分が残るが、NRC は国内で分野別にやっているので極めて正確である。例えば、物理学科の評価に関して、国内であれば、物理学者間で意見が割れることはほとんどない。どこの大学にどういう先生がいて、どういう論文を出しているというのは、

大会報告・特集（課題研究Ⅰ）

研究者間では詳細に知られている。

　2010年度について、NRCのピアによる評価だけを取り出してみると、**表2**、**表3**という結果になる。理系についてみると、いわゆる有名大学が軒並みトップ10に入っている。ただし、詳しく見ると、少し濃淡があり、コロンビアやイェールは、理系にそれほど強くない。面白いのは、文系分野が必ずしもトップ10の大学に集中していないことである。アメリカン・スタディでは、NYUとかミネソタ、ワシントン州立が上位にランクされており、コミュニケーションでは、ジョージアとかミズーリが評価されるなど、通常の大学ランキングと

表2　NRCによる学科評価（理系）

	Astro	Biochem	Bio	Chem	Math	Phyics	Stats
Harvard	6	4		1	5	1	2
Berkeley	3	2		3	3	3	3
Princeton	2		5	18	2	4	
Caltech	1	10	1	4	9	5	
Stanford		3	10	7	4	11	1
MIT	7	1		9	8	6	
Columbia	15	6	3	10	12	12	14
Penn State	4	29	15	12	7	13	9
UCSD			2	16	15	23	
Yale	24	9	7	8	11	17	41

表3　NRCによる学科評価（文系）

	American Studies	Communication	Linguistics	Political Science
1	Harvard	Stanford	Johns Hopkins	Stanford
2	NYU	Cornell	UCLA	Harvard
3	Yale	Michigan State	UMass Amherst	Ann Arbor
4	Minnesota	Pennsylvania	Northwestern	Princeton
5	Washington State	Georgia	UC San Diego	NYU
6	SUNY Buffalo	Urbana-Champaign	Carnegie Mellon	Columbia
7	UMass Amherst	UC Santa Barbara	Maryland	Penn State
8	Bowling Green	Indiana	Pennsylvania	Rice
9	Brown	Madison	MIT	UC Berkeley
10	Indiana	Missouri	Stanford	UC San Diego

はかなり異なっている。逆に言えば、大学ランキングは低くても特定の分野に
リソースを集中させることができれば、学科評価で順位を上げることもできる。
最近、日本でも、自然科学研究機構の小泉周を中心に分野別の研究力分析指標
の開発が進んでおり、NRCと同じような評価が実現されつつある。

　NRCと同様、QSも分野別評価をやっているが、これは問題が多い。国内な
らまだしも海外の大学の学科を評価するというのは、どうしても印象の類を逃
れられない。これは、日本の大学について、よく海外の大学ランキングが、日
本国内のランキングと異なる不自然な結果を示すことがあることによっても理
解できる。

　三つ目は、アメリカの有力大学にとって、一番重要なことは、外部からの評
価よりも、どういうビジョンを掲げ、長期的に、それをどうやって実現するか
である。アメリカの役職者が時間を使っているのは、カリキュラムやプログラ
ムの検討、人事管理、評価、戦略策定となっており、企画・立案が主となって
いる（ACE 2009: 7）。ところが、同じような調査を日本で行うと、委員会、打
ち合わせ、理事会・役員会というような意見聴取に終始する（大塚・夏目
2012: 33）。このあたりが、日本とアメリカの違いとなる。

　コロラド大学ボルダー校は、2007年に、2030年になったときにどういう大
学になりたいかという長期計画を作成したが、この長期計画を立てるのに3年
を費やしている。日本の国立大学は中期目標・中期計画を立てて6年サイクル
でそれを実現するが、作成期間は極めて短く、しかもゼロから作っているわけ
ではない。日本の大学で、長期計画を策定しているのは、早稲田大学・立命館
大学などに限られる。

　筆者が、2007年に、コロラド大学のプロボストを訪問した際には、州立大
学として、ボルダー校の目標は、あくまで地域への貢献あるいは教育理念の追
求であると明言していた。にもかかわらず、ボルダー校には、州政府からの直
接補助は3％しかない。これは、一見、矛盾しているように思われるが、補助
金・授業料・寄付金・競争的資金など、資金源が多様化していることによって、
州政府とか連邦政府が、直接、大学運営に対して口出しすることはほとんどな
いということであった。

　日本でも、アメリカと同様、国内における大学間の競争・協調は重要である。

大会報告・特集（課題研究Ⅰ）

しかしながら、それらを実現するためには、まず、資源配分を変えるべきであるということを、長年、岐阜大学の学長であった黒木登志夫が主張している（黒木2017: 19）。具体的には、東大に資源が集中し過ぎている。イギリス・アメリカ・ドイツと比較して、日本は極端に上位大学に研究資金が集中している。これを是正すべきだというのが黒木の意見である。おそらく、韓国や中国を調査すると、日本よりもっと極端ではないかと推測される、

　2017年度開催された日本高等教育学会大会では、東北大学の大森不二雄が、大学に自律性がなければビジョンを持てない。日本では、大学に対する外部統制が強過ぎるのではないか述べていた。同じ大会で、香港教育大学のWilliam Loは、香港や台湾では、世界大学ランキングを、大学運営の目標にすることを止めたことを報告していた。日本の大学もそろそろ、トップの大学が全体を牽引する雁行モードから、分散型で切磋琢磨する成熟モードへの移行時期にきているのはないだろうか。

　まとめとしては、世界大学ランキング以前に、アメリカの大学は、国内で競争と協調を実現しており、実質的な質の向上を図る仕組みを構築していると言える。その際、参考になるのは、大学リーグやNRCのような国内の分野別ランキングである。さらに、アメリカの大学は、多様性に富んでいて流動性も高いので、小さな大学であってもニッチな分野で個性を発揮することができる。

　したがって、日本に必要なのは、研究業績を生み出すための重点投資ではなく、競争と強調を実現する資源配分、各大学の主体性・ビジョンを尊重する政策である。日本は初等・中等教育はカリキュラムが全国一律、教員の給料も設備もほぼ同じであることが、世界的にも優秀な中等教育までの学力を生み出している。しかしながら、高等教育においては、画一性や統制がなじまない。近年、強調されるイノベーションは、ロングテールからしか生まれないとされており、全体として見れば効率の悪いアメリカの高等教育が、ロングテールの一端で卓越性を生み出していることを理解する必要がある。

【参考文献】
大塚雄作・夏目達也 (2012)「教育担当副学長のリーダーシップに関する調査の基礎的分析－国立大学教育担当副学長質問紙調査から－」『名古屋高等教育研究』第12号 25-52頁。

黒木登志夫 (2017)「大学間格差はべき乗則にしたがう－ J2 COE の提唱－」IDE 第589号 17-25頁。

白川展之 (2013)「大学院生の国際的流動性と世界トップレベルの研究大学―工学分野における実証分析―」日本高等教育学会第16回大会自由研究発表。

調麻佐志 (2017)「世界大学ランキングと『研究力』」IDE 第589号 45-51頁。

清華大学就職指導中心 (2013)『清華大学2013年卒業生就業質量報告』

American Council on Education (2009) *The CAO Census: A National Profile of Chief Academic Officers.*

Rahul Choudaha (2012) "Not All International Students are the Same: Understanding Segments, Mapping Behavior," World Education Services.

Simon Marginson (2006) "Dynamics of national and global competition in higher education," *Higher Education*, No. 52, 1-39.

National Science Foundation (2013) "Baccalaureate-Origin Institutions of Research Doctorate Recipients from Non-U.S. Baccalaureate-Origin Institutions: 2003-2012."

OECD (2010) *Science, Technology, and Industry Outlook.*

特集（課題研究Ⅰ） 比較教育学研究第56号〔2018年〕

グローバル化時代における大学の国際比較

脱群盲評象とグローバル・スタディーズ
──比較高等教育研究の現代的挑戦──

米澤　彰純
(東北大学)

グローバル時代の大学比較の背景にあるもの

　グローバル化時代における大学比較はどうあるべきかという本課題研究の問いは、高等教育を対象とした比較教育学・研究が今どのようなアプローチが可能なのかという本質的な問題に正面から取り組むことを意味する。本稿では、この問いに対し、日本の高等教育において存在感が増しているグローバル・スタディーズとインスティテューショナル・リサーチという2つのアプローチの可能性を検討したい。

　高等教育の分野で比較教育・国際比較を行う際に読まれてきた主要な古典がいくつかある。Altbach (1998) は、「中心－周縁」モデルと呼ばれる世界システム論につながる世界観を下敷きにして、高等教育の現代的中心として位置してきた米国とその周縁にある高等教育システムとの間の構造的関係とその変化を中心に議論をしている。クラーク（訳1994）は、社会学の手法に立ち、教授団に代表される大学が国家と市場とどのような関係をもつかに注目して高等教育システム間の比較を行ったものである。そして、ベン＝デビッド（訳1982）は、イギリス、フランス、ドイツ、アメリカの4か国の事例に歴史的な視点を加え比較を行っている。他方、比較教育学・研究の方法論としては、ブレイ他編（訳2011, Bray et.al. 2014）が、精緻で体系的な比較の枠組み・方法論の整理を行っており、特に東アジアの研究者とともに比較高等教育研究を行う上では重要な参照基準となっている。すなわち、高等教育の体系的な国際比較は比較的新しい学術領域であるが、その視点やアプローチの整理は、比較教育

160

学・研究などとの接点をもちながら、大きく発展し続けている。

　こうした中で、日本が地理的に属する東アジア、アジア太平洋の視点に立って高等教育やその研究のあり方を議論しようとする機運が高まってきた（Marginson et.al. 2011, Yonezawa et.al. 2014, Jung et.al. 2017）。他方、国際大学ランキングとこれに対する大学や政府、学生など幅広いステークホルダーの関心の高まりおよびそれぞれの行動への影響は、20世紀末にはじまり今世紀に入って大きく拡大、無視できないものとなっており、東アジアの研究者が国際ランキングなどを題材にしながら高等教育とグローバル化について論じる事例も増えてきている（Shin and Kehm 2013, 石川編 2016）。

　筆者は、アジア及びラテン・アメリカの新興国家がそれぞれの高等教育システムの歴史的経緯を踏まえながら世界水準の大学建設を目指す姿を比較したアルトバック、バラン編（訳2013）に、監訳者として国際大学ランキングの日本を含めた国際的影響についての章を執筆し、世界銀行のスタッフとして国際大学ランキングや中心国の世界水準大学形成に着目したサルミが示した「才能の集中」「有り余るほどの資源」「適切なガバナンス」という世界水準大学形成の要件（Salmi 2008）を含めた解説をおこなった。国際大学ランキングの発達や影響力の拡大によって、大学の教育・研究その他の活動が国境を超えて展開する可能性は高まると考えられるが、その反面で、大学ランキングをめぐる利害関係者は大学のみならず、各国政府や国際機関、世界の学生、産業などにも幅広く広がる。各国は、一方で世界水準の大学建設競争だけではなく、世界水準の高等教育システムを維持・発展させていく責務を負う（Marope 他編 2013）ことから、大学は国家の多様なアジェンダのなかでの資源を優先的に獲得していくためにも国家との結びつきを強め、同時に産業界や社会の多様なステークホルダーからの資源獲得を求めて結びつきを強めていく。

高等教育国際化の今日的意味とは何か

　以上は、大学ランキングそのものよりも、大学がランキングにより生み出される大学間の序列において高い位置づけを求めるという大学の行動のあり方を問題にしたものである。他方、国際大学ランキングでは重要な要素として、大

161

大会報告・特集（課題研究Ⅰ）

学が国際的であるかどうかもまた大きく問われることになる。

　大学の国際化に関しては、Knight（2004, 2015）が示した、「高等教育の目的、機能、その実施において国際的、異文化的、もしくはグローバルな側面を統合していくプロセス」という、プロセスに着目した定義が知られている。これは、国際化をプロセスとしてとらえることで、多様な見解が想定される「国際化された高等教育」の具体的な姿を示すことはしないで、共通の方向性を現象として示したことが大きな支持につながったと考えられる。なお、この定義に対しては、de Wit他（2015）が「すべての学生やスタッフの教育と研究の質を向上させ、社会に有意義な貢献をするため、高等教育の目的、機能、実施において国際的、異文化的もしくはグローバルな側面を統合する意図的なプロセス」と改変しており、高等教育国際化の価値を明示した上で、これが単なる現象ではなく、意思に基づく運動としての性格をもつものであることがより明確になったといえる。

　欧州高等教育圏の建設を目指してボローニャ・プロセスが開始された時期にTeichler（1999）が主に欧州や米国を想定して示した国際化の類型は、高等教育の国際化の問題を国際関係論の視点を踏まえて理解しようとしたものである。具体的には、自ら国際化するだけの資源を持たず外部からの助けを必要とする「願望としての国際化」、オランダやシンガポールのように高等教育システムやその基盤とする社会の存続のために国際化が必須とも考えられる「生き残りのための国際化」、フランスや日本のように自国のシステムの海外への普及を行うことと、自国の高等教育システムの内的な転換による国際対応の両方を進めるという「2つの領域での国際化」、そして、ソ連を中心とした社会主義圏の崩壊により当時パックス・アメリカーナとも言える状態にあった米国など、世界から人材が押し寄せることでキャンパスの国際化が進む「内なる国際化」という4類型を彼は示している。この4類型は、高等教育の国際化のあり方や意味が、その国や高等教育システムの国際的な位置づけによって異なってくることを示している。同時に、今日的な文脈で考えた場合、現在の欧州の主要国の高等教育システムについてはすでにほとんどがおそらく「生き残りのための国際化」の類型に入りつつあり、日本や米国もまた以前よりもずっと国際化が重大なアジェンダとなってきていると言えよう。

162

脱群盲評象とグローバル・スタディーズ

以上のような世界的趨勢の中、大学と国家、そして市場（特に、学生や研究者という大学に活動の場を求める個人）との関係もまた変化していく。一般的には、新自由主義の影響が強まるなかで、機関としての大学のアクターとしての重要性が増す。そこで、大学や高等教育機関もまた、機関としての国際化が求められるわけであるが、その究極的な姿を示したものとしてHudzik（2014）は「総合的国際化（comprehensive internationalization）」という概念を提唱しており、その概要な以下のようにまとめられている。

　　（総合的国際化は）21世紀の文脈において、学生、関係者、社会に役立つために、すべてのミッションにグローバルに接続するための、より広範で複雑な期待に高等教育機関が対応する手段である。簡単に言えば、総合的国際化は、全学のすべての関係者が国際的、グローバルかつ国際比較の内容や視点にアクセスできるようにすることを目指している。全学のすべての人が実施に果たす役割があることも期待されている。最も重要な意図は、国際化を高等教育機関の主要なエートス、価値、ミッションに統合することである。

　すなわち、大学の（総合的）国際化問題は、究極的には、その大学の構成員や関係者である個々人の国際化問題に帰着することになる。

脱群盲評象とグローバル・スタディーズ

　さて、以上を踏まえた時に、高等教育を研究の対象とした国際あるいは比較教育学・研究は、どのようなアプローチを取るのが有効なのだろうか。この問題を考えるにあたり、大学研究者の間で以前からしばしば大学研究の比喩として用いられる「群盲評象（群盲、象を評す）」について考えてみたい。これは、もともとインドの諺で、盲人がそれぞれ象の異なる部位に触れ、それをもとに象とはどのような動物なのかを語るというもので、それぞれの立場によって見え方が異なり、全体像が理解しがたい大学を研究することの難しさを意味する。

　高等教育という、教育研究のなかではやや周辺的かつ国際的なつながりが多

大会報告・特集（課題研究Ⅰ）

い分野から見た場合、日本における比較教育学・研究がどのような展開を今後していくのかは大きなであり、筆者自身、そのような観点から山田・森下（2013）での比較教育学・研究のレビューに参加の機会を与えられ、また、アジアの高等教育研究者たちとともにアジアの高等教育研究の発展と展開についてのレビューを行った（Jung, Horta, Yonezawa 2017）。

　そのなかで、筆者自身は、日本の高等教育を含む教育研究が国際研究コミュニティにつながっていくうえで、比較教育学・研究の役割は大変大きいと考えている。日本の比較教育学・研究の国際的な位置づけや役割については、小川（2015）など日本の大学教育の日常との接続を大切に考えるあり方や、日本独自のアプローチをとりながら世界的な学術コミュニティに自らを位置づけなおすことが可能であるとするTakayama（2016）など、国際研究コミュニティにたいしての接続や位置づけのあり方や方向づけには多様な立場がありうる。しかし、以上のいずれの立場においても、日本の教育や社会の現実から研究を出発させるという点は共通のコンセンサスがあり、これに立脚した議論が提示されてきていると考えてよいだろう。

　ランキングに対しての比較教育学・研究へのアプローチの中には、Robertson & Olds（2016）のように、徹底的にグローバルな視点に立ったうえで整合的かつ批判的な議論を展開するというあり方も当然ある。これに対して、日本からの多くの研究者にとってより有望なのは、やはり日本の教育や社会の現実に立脚したうえでという点では同じであるが、それに対していきなりグローバルな視点に立った研究に対峙するのではなく、むしろ、日本に立脚した研究がそうであるのと同じように、世界には多様な価値観をもつ多様な教育システム及び社会が存在しており、その多様な価値観の上に研究コミュニティを形成し、参加していくというアプローチをとることができるというありかたではないか。つまり、「世界の見方は一つではない」という考え方である。

　国際的な視点の立て方の一般論として、以上のような考え方に近いあり方を推奨しているのが、O'Byrne & Hensby（2011）によるグローバル・スタディーズの理論化である。彼らは、現代の社会生活のすべての側面に関わるプロセスとダイナミクスを映し出す多様な意見を集める観点から、グローバル化に関わる単一の理論を求めない。

脱群盲評象とグローバル・スタディーズ

表　グローバル・スタディーズの諸モデル

モデル	世界観
グローバル化	「一つの世界」への方向付け
リベラル化	国家間の障壁の浸食
二極化	富裕層と貧困層に分断された世界
米国化	ハードパワーとソフトパワーで支えられたアメリカ帝国
マクドナルド化	世界中の実践・慣行の標準化
クレオール化	リージョンでの流通・移動によるローカルの変革
トランスナショナル化	国家を超えるガバナンス・レベルの出現
バルカン化	世界の分裂と文化圏の間の衝突

出典：O'Byrne & Hensby（2011）

　表は、彼らの考える複数のグローバル・スタディーズにおける世界の捉え方のモデルである。この表の上部に並ぶ、どちらかといえば単一の世界観の支配的なあり方を強調する議論としては、例えば、Shahjahan（2017）などがあり、彼は、比較教育研究において現在注目を集めている脱植民地化の観点から世界大学ランキングを読み解こうとしている。また、Didriksson他（2008, 2017）はラテン・アメリカの主要国の高等教育の動向を捉え、そこに地域としてのラテン・アメリカ、そして各国の社会との接続をみながらも、その視点は表に現れたグローバル化、新自由主義化など、どちらかといえば単一のグローバル体制に近い捉え方をしたうえで、そこに地域や国、ローカルな問題との接合を図ろうという見方と思われる。また、本学会での議論を行ったTorres（2015）が展開するグローバル・シティズンシップの議論もまた、どちらかといえば単一のグローバルな世界に対峙するローカルないし諸個人という考え方に近い。

　これに対して、バルカン化はやや極端であるとはいえ、表の下部に並ぶ、世界において複数の世界観や価値があり、これが究極的にはよってたつ文明の違いに帰着する深い違いを持ち、そのうえでグローバルな人や知識の流れのなかでこれらが交錯するようなダイナミズムがあるという多元的世界観に立脚する議論もありうる。高等教育研究の世界においても、この立場は特に東アジアにおいて顕著に表れている。Jung, Horta, Yonezawa（2017）には、YangやParkなど西洋的な世界観とは異なる東洋的な世界観の存在とその二者の交錯のダイナミズムからアジアの高等教育とその研究のあり方を捉えようとする議論が収録

165

大会報告・特集（課題研究Ⅰ）

されている。また、Lo（2016）は、グレーター・チャイナ（大中華圏）における多様な価値の存在から同地域の高等教育のあり方の議論をおこなっており、Yonezawa, Hoshino, Shimauchi（2017）は、日本が西洋とは異なる世界観を保有しながら、大中華圏とも異なる独自の世界観に依拠しながら高等教育とその国際連携を模索している姿を描いた。

　人文・社会科学の分野だけではなく、国家資格との関連が強い医学や、博士号取得までが日本のなかで貫徹できる体制が整って久しい工学分野などでも、日本の大学では日本語での教育・研究が支配的であり、そこには苅谷（2017）が指摘するように英語で行われている世界の多くの高等教育システムとの同じ土俵にたった比較や競争にさらされていないという弱点は明白であるとはいえ、逆に日本の視点に立って優れた研究をすることで、世界に対して知的貢献をする道は存在し続ける。

　したがって、高等教育研究、あるいはグローバルな世界の広がりの中での高等教育のあり方にかかわる研究をいかに日本で行い、これを世界の知的コミュニティにつなげていくのかという観点からも、O'Byrne & Hensby の提唱するような複数の世界観を許容した理論枠組みの構築のほうが有効ではないかと考えられる。

　なお、本節ではグローバル・スタディーズについて、比較的マクロな視点を強調して議論しているが、グローバル・スタディーズには極めて多様で広範な学問分野や立場が含まれており、その中には高等教育を対象にどちらかといえばミクロなグローバル・ラーニングの視点に立脚して議論を行ったものも含まれる（Kahn & Agnew 2017）。

比較高等教育研究の新しい展開の可能性

　では、このような複数の世界観の並立を前提とした理論枠組みは、具体的にどう生かしうるのか。Yonezawa, Horta, Osawa（2016）は、大規模な大学教員の国際調査である Changing Academic Profession（CAP）調査、Academic Profession in Asia（APA）調査および論文データベースである Scopus を用いて理系の大学教員の学士取得、博士取得、現職の3時点での国際移動のパターンと国際間の

共同研究との関係を東アジア・東南アジアを対象に分析し、その移動と非移動を説明するロジックが複数併存すると同時に時代による変化があり、結果として東アジア・東南アジアをつらぬく共通のパターンを析出することは困難であるとの議論を行った。これは、あえて国際的な枠組みを単一と設定しないことで、この地域の高等教育と人の流れにある複雑なダイナミズムを描き出すことを狙ったものである。

　以上の議論を踏まえた上で改めて、群盲評象の話に戻ろう。複数の並立・交錯した世界観やそのダイナミズムによる高等教育への学術アプローチをとることは、ある意味で、群盲評象そのものでもあるとみなされるかもしれない。他方、我々がこれからできる高等教育の比較研究とはどのようなものかと考えた場合に、以上のグローバル・スタディーズとはまったく違うアプローチで、群盲評象を脱した新しい大学の捉え方の可能性もまた、現在急速に広がってきている。これが、インスティテューショナル・リサーチ（以下 IR）の日本を含めた世界的な拡大である（Webber & Calderon 2015）。

　IR は、「高等教育機関の計画策定、政策形成、そして意思決定を支援する情報を提供するために高等教育機関内で実施される調査研究」（Saupe1990）と定義される。IR の東アジアでの拡大・普及の動きを後押ししているのは、高等教育における市場的なメカニズムの重要性の増大である。これは、IR としては、具体的には、第一に、ランキング、ベンチマークなど、多様な指標を用いて大学や高等教育機関のパフォーマンスを測定しようという動き、第二に、学習成果調査に代表される、大学で学び、あるいは教える個人の学習・研究やキャリアをその個人に関わる多様なデータを統合して把握、分析しようという動きとして現れている。

　すなわち、大学ランキングやベンチマークとは、不完全ながらも大学を表層からではなくその内部をつらぬく諸指標を用いることで大学の全体像を捉えようという動きともいえる。これらはいずれも、知識や教育・研究の政策や実践の改革を目指して行われてきた比較教育学・研究や高等教育研究の伝統的な枠組みを超えたものでもある。IR が国際比較やグローバルな視点をもって展開しつつあることを示す具体例として、2017年に指定が開始された指定国立大学法人の申請プロセスをみてみると、この公募においては、自らの強みと弱み

大会報告・特集（課題研究Ⅰ）

を踏まえた上で海外大学における具体的な取り組みや、海外大学の研究分野別の状況等を調べたベンチマークを使用して目標を設定し、世界の有力大学に伍していけるような大学となるための戦略計画を示すことが求められた。東京大学は、この申請調書において、IR、特に財務と教育・研究等大学の諸活動との間を関連付けるようなデータやその分析に基づく大学経営を行うとの計画を示した。なお、海外の事例では、ハワイ大学マノア校などが、より本格的な形で参照する他大学を特定したうえでベンチマークを行い、経営指針の策定に役立てている。また、大阪大学や広島大学は、カリフォルニア大学バークレー校などによる研究大学を中心とする学生調査に参加しており、学生の学習時間の日米比較などを行っている（斉藤他2016）。

　また、個人の学習に関わるあらゆるデータをビッグデータとして収集し分析するLearning Analyticsや、ORCIDのように研究者個人に固有のユニバーサルIDを与え、その出版物と研究者情報を統合したうえでその共同研究や引用から見える研究ネットワークをも含めて検索可能とするためのプラットフォームを提供するなど、IRと深くかかわる形で大学に関わる個人に紐づけされた大量のデータが利用可能になりつつあるという技術革新も背景となっている。

　この変化は、高等教育研究や比較教育研究の中で行われてきた代表的な研究分野にも、大きな影響を及ぼし始めている。例えば、大学教授職に関わる研究は、日本では2006年まで毎年出版されていた廣潤社による『全国大学職員録』に記載された教員の個人名簿をもとに、大学教員移動パターンや「学閥」あるいは少数の大学による同窓生支配の構造などを明らかにしてきた（山野井1990、山野井編2007）。また、国際比較では、有本（編2011）らがカーネギー調査、CAP調査、APA調査（Research Institute for higher Education 2015）など一連の大学教員国際比較調査を行うことで得られた調査が主に大学教員の属性や諸活動の比較を可能とし、また、国内データとしては神田・富澤（2015）などが文部科学省の「大学等におけるフルタイム換算データに関する調査」の個票データを再分析することで大学教員の研究時間の変化の分析などを行ってきた。これらに対して新しい潮流として現れているのが、発展著しい研究者情報データベースを主軸とした分析である。たとえば、藤原（2017）は、researchmapのデータを用いることで、女性研究者の研究活動とキャリア構造をつかも

うとしている。今後は大学教員・研究者についてはこうした個人レベルの詳細なデータを統合し、さらに大学間や、可能であれば国際間の移動までを視野に入れた研究の地平が広がっていくことになると考えられる。

　他方、同様の国際比較調査として、以前より大学の卒業生の調査もあったが（吉本2011, Schomburg & Teichler 2016）、これもまたその国際的リーダーであったカッセル大学などは、ドイツの大学単位の参加による卒業生のパネル調査のプロジェクトを始めており、これはIRとしての利用を考慮して設計されたものである。また、多様な学習成果調査の中には、既述の大阪大学や広島大学などが参加するSERU Internationalや大学IRコンソーシアムが行う調査の他、河合塾がオーストラリア教育研究所（ACER）と協力して行うJUES（日本の大学生の学習経験調査）なども、いずれもIRを主要な目的として設計されている。

　データのアクセスが参加大学関係者に限られ、また、分析結果の公開も部分的など、従来の学術目的の比較高等教育研究との接合は容易ではないが、これらのデータ爆発を機会ととらえた上で、比較高等教育研究の新たな展開を目指していくことはできるだろう。

　以上、国際ランキングやベンチマークの考え方や実践の普及は、その手法の展開にとどまらず、高等教育を対象とする比較研究のあり方を、根本から問い、また、広げていく潜在的な可能性を秘めているといえよう。山田・森下（編2013）の序章では、高等教育が国際化やグローバル化に直面する中で比較教育学・研究と高等教育研究との接点が大きくなってきているとの指摘をした上で、高等教育研究が研究者自身の職場や職業、日本の現実に直結していることから、「非常に『現世的』な学問領域であるかもしれない」(13頁) と述べてられている。日本の比較教育学・研究の一つの側面の中には、文部科学省のなかでの外国高等教育調査の専門家キャリアなど、システムレベルでは知識の創造や政策実践の改革にとどまらない政策形成や意思決定支援のための調査や研究を担ってきたことも指摘しておく必要がある。IRは、これを大学や学部、学科などの組織やときには個々の教員単位で、より現場に関わりながらその意思決定支援を行っていくような領域に、高等教育や比較教育学・研究の専門家が職域を広げつつあることを意味する。すなわち、比較教育学・研究や高等教育研究のコミュニティが、大学のグローバル経営にかかわる実践やそれにつらなる多様

大会報告・特集（課題研究Ⅰ）

な関係者に実践の場で関わり、融合していく方向にある。高等教育分野の比較
教育学・研究のアイデンティティをどう定義し、何を守り、何を大胆に発展、
改変していくのかは、我々が大学や高等教育という社会システム、組織、そし
てそれに連なる個人の現実とどう結びついていくのかという、この学問本来の
以前からの課題と改めて対峙することを意味しているのだろう。

【謝辞】 本研究はJSPS科研費 JP16KT0087,JP16K13553,JP15H02623 の助成を受けたものです。

【参考文献】

Altbach, P.G.（1998）. *Comparative Higher Education: Knowledge, the university and development.* Greenwich: Ablex.

Bray, M., Adamson, B., Mason, M.（Eds.）. *Comparative Education Research: Approaches and Methods （Second Edition）*. Dordrecht: Springer.

Caribbean at Global/Local Universities. In Global University Network for Innovation（GUNi）, *Higher Education in the World 6: Towards a Socially Responsible University: Balancing the Global with the Local.* GUNi.

Didriksson, A., Medina, E., Mix, M. R., Bizzorezo, L., & Hermo, J. P.（2008）. Global and regional contexts of higher education in Latin America and the Caribbean. 2008）. *Trends in Higher Education in Latin America and the Caribbean*, 19-50.

Didriksson, A. et. al.（2017）. University Social Engagement: Current Trends in Latin America and the

Hudzik, J.K.（2014）. *Comprehensive Internationalization: Institutional pathways to success.* Routledge.

Jung, J., Horta, H., Yonezawa, A.（Eds.）（2017）. *Researching Higher Education in Asia: History, development and future.* Dordrecht: Springer.

Kahn, H. E., & Agnew, M.（2017）. Global learning through difference: Considerations for teaching, learning, and the internationalization of higher education. *Journal of Studies in International Education*, 21（1）, 52-64.

Knight, J.（2004）. Internationalization remodeled: Definition, approaches, and rationales. *Journal of Studies in International Education*, 8（1）, 5-31.

Knight, J.（2015）. Updated definition of internationalization. *International Higher Education*,（33）. 2-3.

Lo, W. Y. W.（2016）. The concept of greater China in higher education: adoptions, dynamics and implications. *Comparative Education*, 52（1）, 26-43.

Marope, P.T.M., Wells, P.J. and Hazelkorn, E.（eds）.（2013）. *Rankings and Accountability in Higher Education: Uses and Misuses.* Paris: UNESCO Publishing.

Marginson, S., Kaur, S, Sawir, E.（Eds.）（2011）. Higher education in the Asia-Pacific: Strategic responses to globalization. Dordrecht: Springer.

O'Byrne & Hensby（2011）*Theorizing Global Studies*. Palgrave Macmillan.

Research Institute for Higher Education（2015）*The Changing Academic Profession in Asia: The Challenges and the transformation of academic profession in Asia*. RIHE, Hiroshima University.

Robertson, S.L., Olds, K.（2016）. Rankings as global（monetising）scopic systems. In Hazelkorn, E. Ed. *Global Rankings and the Geopolitics of Higher Education: Understanding the Influence and Impact of Rankings on Higher Education, Policy and Society*. London: Routledge, 54-76.

Salmi, J.（2008）. *The Challenge of Establishing World-Class Universities*. Washington. D.C.: World Bank.

Saupe, J. L.,（1990）. *The Functions of Institutional Research（2nd Edition）*. Association for Institutional Research.

Schomburg, H. & Teichler, U.（2006）. *Higher Education and Graduate Employment in Europe*. Dordrecht: Springer.

Shahjahan, R. A., Blanco Ramirez, G., & Andreotti, V. D. O.（2017）. Attempting to Imagine the Unimaginable: A Decolonial Reading of Global University Rankings. *Comparative Education Review*, 61（S1）, S51-S73.

Shin, J. & Kehm, B.（eds.）（2013）. *Institutionalization of world-class university in global competition*. Dordrecht: Springer.

Takayama, K.（2015）, Beyond "the West as Method"：Repositioning the Japanese Education Research Communities in/against the Global Structure of Academic Knowledge. *Educational Studies in Japan: International Yearbook*, 2016.

Teichler, U.（1999）. Internationalisation as a challenge for higher education in Europe. *Tertiary education and management*, 5（1）, 5-22.

Torres, C. A.（2015）. *Global Citizenship, Neoliberalism, Multiculturalism and the Crises of Education: Challenges to Comparative Education*. 比較教育学研究 50. 178-190.

Webber, K. L. & Calderon, A.J.（2015）. *Institutional Research and Planning in Higher Education: Global Contexts and Themes*. Routledge.

De Wit, H., Hunter F., Howard L., Egron-Polak E.（Eds.）（2015）*Internationalisation of Higher Education, European Parliament,* Brussels: EU

Yonezawa, A., Kitamura, Y., Meerman, A., Kuroda, K.,（Eds.）（2014）. *Emerging international dimensions in East Asian higher education*. Dordrecht: Springer.

Yonezawa, A., Horta, H., & Osawa, A.（2016）. Mobility, formation and development of the academic profession in science, technology, engineering and mathematics in East and South East Asia. *Comparative Education*, 52（1）, 44-61.

Yonezawa, A., Hoshino, A., & Shimauchi, S.（2017）. Inter-and intra-regional dynamics on the idea of universities in East Asia: perspectives from Japan. *Studies in Higher Education*, 42（10）, 1839-1852.

有本章編 (2011)『変貌する世界の大学教授職』玉川大学出版部。

アルトバック、フィリップ・G.、ホルヘ・バラン編、米澤彰純監訳 (2013)『新興国家の世界水準大学戦略―世界水準をめざすアジア・中南米と日本』東信堂。

大会報告・特集（課題研究Ⅰ）

石川真由美編 (2016)『世界大学ランキングと知の序列化：大学評価と国際競争を問う』京都大学学術出版会。

小川佳万(2015)「日本の比較教育学の特徴:教育学との関連から」比較教育学研究50, 158-167頁。

苅谷剛彦 (2017)『オックスフォードからの警鐘 - グローバル化時代の大学論』中公新書ラクレ

神田由美子、富澤宏之(2015)『大学等教員の職務活動の変化 －「大学等におけるフルタイム換算データに関する調査」による2002年、2008年、2013年調査の3時点比較－』科学技術・学術政策研究所。

クラーク、バートン・R.、有本章訳(1994)『高等教育システム:大学組織の比較社会学』東信堂。

小林雅之、山田礼子編 (2016)『大学のIR：意思決定支援のための情報収集と分析』慶應義塾大学出版会。

齊藤貴浩、和嶋雄一郎、廣森聡仁、安部 (小貫) 有紀子、藤井翔太、前原忠信 (2016)『世界的研究大学との協力による学生経験調査の実施と阪大生の特徴に関する考察：Student Experience Survey in Research Universityへの参加と実施』大阪大学高等教育研究 (4), 1-14頁。

藤原綾乃(2017)『一連の大学改革と教授の多様性拡大に関する一考察～研究者の属性と昇進に関するイベントヒストリー分析～』科学技術・学術政策研究所。

ブレイ、マーク、ボブ・アダムソン、マーク・メイソン編著、杉村美紀他訳 (2011, Bray et.al. 2014)『比較教育研究：何をどう比較するか』上智大学出版。

ベン＝デビッド、ジョセフ、天城勲訳 (1982)『学問の府：原典としての英仏独米の大学』サイマル出版会。

山田肖子・森下稔編著(2013)『比較教育学の地平を拓く：多様な学問観と知の共働』東信堂。

山野井敦徳 (1990)『大学教授の移動研究：学閥支配の選抜・配分のメカニズム』東信堂。

山野井敦徳編 (2007)『日本の大学教授市場』玉川大学出版部。

吉本圭一 (2011)『日欧卒業生調査からみる大学教育と学習者との適合性--その法則性と文脈性』社会と調査 (7), 79-85頁。

―――― **特集（課題研究Ⅰ）** ―――――――― 比較教育学研究第56号〔2018年〕――

グローバル化時代における大学の国際比較

研究大学モデルをどう捉えるか
──米国における研究動向からの示唆──

福留　東土
(東京大学)

はじめに

　本稿では、アメリカ合衆国における研究大学モデルを巡る近年のいくつかの議論を取り上げてみたい。研究大学は国際大学ランキングの主たる対象となる機関群である。本稿で取り上げる議論は、現在の大学ランキングのあり方や、それに関連した日本の大学の現状について考える上で、またランキングに依存しがちな現代の国際比較のあり方を考える上で、きわめて示唆に富むものであると考えられるからである。

　本稿では主に3つの研究を取り上げる。はじめに、アメリカにおける主要な高等教育研究者のひとりであり、とりわけ公共財（public good）の観点に立って高等教育のあり方を追究している南カリフォルニア大学（University of Sothern California）のウィリアム・ティアニー（William G. Tierney）の論を取り上げる。特に、本特集のテーマに関連させて、大学ランキングに関連する議論を取り上げる。そこからは、国際大学ランキングで上位を占めるアメリカの研究大学に対する見方を転換させる必要性が示される。続いて取り上げるのは、現代における新たな研究大学のあり方を追究しようとする2つの研究である。カリフォルニア大学バークレー校（University of California, Berkeley）のジョン・ダグラス（John A. Douglass）は、ランキングによる限定的な指標による競争を批判しつつ、新たな旗艦大学モデル（New Flagship University Model）という概念を提示している。最後に、アメリカにおける新たな研究大学モデル（New Model for the American Research University）を提示しているアリゾナ州立

173

大会報告・特集（課題研究Ⅰ）

大学（Arizona State University）の学長マイケル・クロー（Michael M. Crow）
とウィリアム・ダバース（William B. Dabars）による議論を取り上げる。

1. アメリカの研究大学の捉え方

　議論のきっかけとしてはじめに取り上げるのは、ウィリアム・ティアニーに
よる小論である。2009年に日本の学術誌に寄稿された「グローバリゼーション、
国際ランキング、そしてアメリカ大学モデル——その再評価」と題する論考で
ある[1]。グローバリゼーションが進行する中で国際大学ランキングが流行し、
そこではアメリカの大学モデルが高い評価を受けている。しかし、そのアメリ
カの大学モデルは再評価されなければならない、とこの論考では論じている。
この再評価とはどのようなことを意味するのか。ティアニーは以下のような議
論を行っている。

　複数の国際ランキングにおいてアメリカの大学はいずれもトップ100のおよ
そ半分を占めている。ランキングの方法の是非を巡る議論はひとまず置くとし
ても、こうした事実から、アメリカの大学モデルはグローバルな国際競争にお
いて支配的な黄金律（gold standard）であると認識されており、国際ランキン
グの対象となる研究大学の世界的な基準を示すものとなっているといえる。そ
れでは、アメリカの大学の強みとはどこにあるのか。近年、アメリカの研究大
学の強さを巡ってさまざまな観点が指摘されているが、ティアニーは、近年に
おける議論は以下の3点に集約されるとする。第一に、大学が獲得する財源を
巡る論点である。公的財政支出が世界的に大きく減少するトレンドの中で、ア
メリカの研究大学は高等教育のプライバタイゼーション（privatization）を効果
的に押し進め、公的負担に依存しない財務体質を構築してきた。第二に、大学
教員の流動的雇用である。アメリカでは、大学教員の雇用において、テニュア
（tenure）と呼ばれる、終身在職権が保証される雇用形態がその中核を構成して
きた。しかし、近年ではテニュアを持つ、あるいはテニュアトラックにある教
員の比率は急激に下がっている[2]。フルタイムかつテニュア教員に代えて任期
付き教員や非常勤講師などを機動的に配置し、教員間に激しい競争を生み出す
ことで効率的な人事管理を実現している。第三に、市場志向（marketization）

と呼ばれる動向である。高等教育を巡っては外部のステークホルダーがいくつかの市場を形成するが、大学がそれら市場の動向を把握し、各市場の求めるものに敏感に反応することで、市場のニーズを効果的に自らの活動に取り込むことに成功している。

　アメリカの研究大学の強さに関するこうした言説は日本においてもそれなりに共有された理解だと思われる。だが、ティアニーはこうした理解の仕方は、現代的動向の説明としては誤ったものとはいえないとしつつも、以上の観点は近年になって顕著にみられるようになった現象であるが、アメリカの優れた研究大学システムはそれ以前から存在していたと指摘する。そのため、アメリカの研究大学の強さを語る上では、より根源的な基盤（Philosophical underpinnings）に目を向けなければならないと主張する。

　以上の3つの現代的観点に替えて、ティアニーはアメリカの研究大学の強さの根源として5点を挙げる。第一は、学問の自由が保証されていることである。それにより、大学に所属する研究者は自らの関心と良心に従った自律的な学術活動を展開することができる。第二は、業績に基づく評価が貫徹していることである。人種や性、出身階級などに拠るのではなく、そうした要素を排除した純粋な業績に基づく評価に従うことで、優れた学術が適正に評価される体制が整備されている。第三に、大学に対する貢献が社会・個人の責任と認識されていることを挙げる。アメリカでは、大学が公共財とみなされる度合が強く、政府や財団、企業、あるいは篤志家などの個人が大学をはじめとする文化や教育、学術に関わる機関や活動に対して経済的支援を行うことが半ば義務のように捉えられる社会風土がある。第四は自治と共同統治（shared governance）である。大学が自らの意思と判断で学術活動を統治することができ、さらにそこでは学術活動の直接的担い手としての大学教員が集団として統治に関与することが保証されている。アメリカでは、大学による意思決定は、法的には外部者によって構成される理事会に担保されているが、権限の委譲を通して教員が統治に関与することが研究大学の特質である[3]。最後に、質の保証である。大学人が相互に他大学の質を評価する活動として構築されたアクレディテーション、大学内部の教育研究構成単位の評価を行うプログラムレビュー、教員個人に対する業績評価など、いずれもピアレビューの原則にのっとり、質を評価し、判定するだ

大会報告・特集（課題研究Ⅰ）

けでなく、学術活動の改善への糸口を与えようとする活動である点が特色である。

　ティアニーは、これら5つの特質が、歴史的にアメリカの研究大学を形成してきた基礎的条件であり、アメリカの研究大学をみる際の本質的な枠組みを形成すべきであるとする。さらに、同論考では、以上の指摘と合わせて、アメリカモデルは様々な欠点を併せ持ったものであること、また、一見して強みにみえるものも条件によっては弱みに転じることもあることが指摘されている。他国のシステムを「モデル」として参考にしようとする際に、幅広い観点からそのシステムに関する考察を加えなければならないこと、そして各国のシステムは、その国に固有の様々な社会的・文化的文脈の中で成り立っていることを認識する必要性を改めて示した提言であると言えよう。また、上記5つの「根源的な基盤」に関しても、アメリカの大学の中で各要素がスムーズに駆動しているわけでは必ずしもない。様々な試行錯誤の繰り返しや失敗による教訓を経ながら、歴史の中で徐々に形成されてきたものであり、それ故にその必要性・重要性への理解が根付いていることをも、合わせて認識しておくことが重要であると言えるだろう[4]。

　そして、そうした認識を含めて、現代のアメリカの研究大学に対する見方の転換を迫るティアニーの論は、大学のあり方について考察する上で本質的な論点を含んでいるといえる。グローバリゼーションがもはや大学の漸進的な変化を許さず、その急速な変化を要求しているような状況下にあるからこそ、考え方を転換させ、大学自らが主体的・自律的に行動しうる指針の存在が重要となる。最後にティアニーは述べる。「私の論考の目的は、高等教育のエクセレンスがあたかも適切な財政配分方式を見出すことであるかのような、手段に偏った考え方から脱却することにある。国際大学ランキングでトップ100を構成するアメリカの大学の多くは優に1世紀以上にわたって存在し続けている。これらランキングにおけるアメリカの大学の地位は、市場志向のインセンティブ以上に、システムの根源的基礎に基づいているのである」。

2．新たな旗艦大学モデル

　カリフォルニア大学バークレー校高等教育研究センターのジョン・ダグラス

は、「新たな旗艦大学モデル」（New Flagship University Model）を提唱している[5]。「フラッグシップ」とは、アメリカの州立大学に関して用いられる言葉であり、州内で最も研究水準が高く、大規模な学士課程に加えて多くの大学院生を擁し、幅広い専門分野をカバーする総合州立大学、または州立大学の中核をなすキャンパスを指す。そうした「旗艦大学」が伝統的なあり方を脱却し、新たな旗艦大学へと転換することが大学の持つ幅広い使命の達成にとって重要であるとする。そして、そうした議論の出発点として、国際大学ランキングに代表されるような、研究大学に対する限定的思考に対する批判を展開している。国際大学ランキングが大学の行動にとって大きな影響力を有するようになった現代だからこそ、それとは異なった視角に立脚した議論が、大学に対する新たな視野を開くという観点に立っている。

　現在、多くの国で国際ランキングの上位に位置する「ワールドクラス・ユニバーシティ」（World Class University）の創出が重要な政策課題と位置付けられ、国際競争が激しさを増している。"WCU" はいまや国際的なパラダイムである。だが、ダグラスは、そこで重視されている指標や評判の尺度は、大学の活動全体にとって部分的なものでしかないとする。例えば、引用度数の評価が、英語論文や理工系分野の業績に偏っており、ノーベル賞の受賞など特定の指標が重要視され過ぎる傾向がある。そうした限定的な指標に基づいた研究大学間の競争が政府によって後押しされることで、大学が本来持つべき幅広い活動とその成果、大学教育がもたらす広い社会的・経済的効用が見落とされる現実に陥っている。また、そうした見方が大学経営陣や教員の考え方や行動に無視できない影響を及ぼしていると警鐘を鳴らす。国際ランキングを重視する論調が広がる中で、政府の手厚いサポートにより世界の多くの大学が研究能力を向上させることに成功しているという面も確かにある。他方で、そうした現象は公共的存在としての大学にとって、他の重要な活動を犠牲にした上で成り立っているという側面もある。

　そうした中でダグラスが提唱する州立（国によっては国立）大学のモデルが、「新たな旗艦大学モデル」である。上述したように、旗艦大学とはアメリカでは伝統的に用いられてきた言葉であるが、「伝統的な旗艦大学モデル」は、優れた教員と学生とが集まり、高い研究生産性を持ち、厚い公的財政支援が与え

大会報告・特集（課題研究Ⅰ）

られる大学を指す。これに対して、「新たな旗艦大学モデル」は、国や地域など自らの拠って立つ対象に対する公共サービスを重視し、人々の社会経済的上昇と経済発展とを支え、それら目的の達成に向けた自律的な自己改善のシステムがビルトインされた大学として定義されている。「新たな旗艦大学モデル」は、研究生産性の国際的基準を目指すことを軽視するわけではない。求められるのは視点の転換である。高いランク付けやWCUなどの地位を求めることによって視野狭窄に陥ることを避け、研究大学やそれを支援する政府の方向付けを軌道修正することを意図したモデルなのである。このモデルの持つ今ひとつの意義は、ランキングや研究生産性といった一元的な価値指標を重視することによって、政府が大学の使命や活動を外的に規定してしまう状況を乗り越え、大学がより大きな自律性と資源とを保持し、自己改善と客観的根拠に基づいた経営とを行う学内文化を醸成することである。知識生産が加速化し、社会の需要が複雑に変化する現代世界においては、各大学の持つ役割や活動も常に更新されていく必要がある。ゆえに、大学が社会の中での使命を自ら規定し、それに沿った意味ある形で活動を編成・展開させることにより、総体としての活力ある大学が生み出される。

　こうした文脈に立脚して想定される「新たな旗艦大学モデル」は以下のような特質を持った大学群である。(1) 総合大学：幅広い分野を包含する総合大学であり、研究を重視しつつも、地域社会や国との関係性を重視する。(2) 幅広いアクセスの提供：学生獲得に際して、学士課程、大学院の双方で選抜的でありつつも、できる限り国や地域の社会経済的、人種民族的構成を反映しうるように幅広いアクセスを提供する。人々の社会経済的移動を促進し、社会における不平等を低減させると同時に、能力ある学生と教員を世界から引き付ける。これらは矛盾する目標ではなく、最も生産的な大学の特質であり、そのために十分な学生数の確保とプログラムの能力が必要とされる。(3) 次世代リーダーの育成：地域、国家、国際社会の発展のために、能力あるリーダーを教育し、輩出することに自覚的である必要がある。(4) 高度な自律性：知識生産と思想のリーダーであるために、十分な自治権を有し、公的財源によって支えられる必要がある。(5) 経営能力：機関内部で方向付けられた質保証によって構築される自己改善を常に図り、客観的根拠に基づいた経営を行う内部文化を有する

必要がある。これは、政府の政策や誘導のみによっては決して行い得ない。

(6) 経済的発展への貢献：地域・国家の経済発展と公共サービスに幅広く貢献する。経済を発展させる様々な活動に関与し、教員や学生をコミュニティに根差した研究やサービスへと統合する。これら活動は、各国の主導的な研究大学にとって新たな模索であり、しばしば「第三の使命」と表現される。アカデミックな文化の中では十分な評価を受けないこともしばしばあるが、新たなモデルの中では中核的なミッションに位置付けられ、機関の広範な戦略の中に統合される必要がある。(7) 高等教育システムのリーダー：地域や国家の他の高等教育機関、あるいはより広く他の教育機関の行動に影響を及ぼす政策、実践、協働を提供する。研究大学は往々にして、孤立の中で自らの生産性と威信のみに焦点化する傾向があるが、それを超えた視野と責任を持つことが必要である。

このような広範な枠組みの中で、「新たな旗艦大学モデル」の目的は大きく5つの側面にまとめられている。それらは、①新たな知識の生産と知識の保存、②生産的な学習と研究環境の創出、③個人の人間的能力の向上、④より公正で豊かな社会構築への貢献、⑤社会に対する評価の提供の5つである。このうち、ランキングで評価対象となるのはほぼ「新たな知識の生産」のみであり、研究大学がより広範な使命を持ち、それゆえに幅広く多元的な知的活動に関与しうる可能性を有していることが改めて認識される必要がある。そして、こうした広範な目的を大学が自覚した上で、国家の高等教育システムにおける役割や、教育・研究などの中核的活動、公共サービスや経済発展への関与、そしてそれら各側面を支える経営といった全体像の体系が構築される必要性を主張している。

3. アメリカにおける新たな研究大学モデルの追究

続いて、前節でみた旗艦大学モデルと密接につながる議論として、研究大学のあり方に関するモデル論をもうひとつ取り上げてみたい。それによって、研究大学のあり方を考える上でさらに幅広い視点が得られると考えられるからである。

以下で検討するのは、アリゾナ州立大学の学長であるマイケル・クローと、学長室研究員であるとともに同大学歴史・哲学・宗教学部に所属するウィリア

大会報告・特集（課題研究Ⅰ）

ム・ダバースが展開している議論である[6]。クローは2002年に同大学の学長に就任する以前はコロンビア大学で上級副学長（Executive Vice Provost）の職にあった。彼らは、アメリカが既存の研究大学モデルだけに依存するのではなく、これまでとは異なるコンセプトに立った新たな研究大学モデルを打ち出すことで、社会や経済に対して大学が本来果たすべきより広い目的に貢献することが可能となると主張する。

　彼らは、アメリカ高等教育が体現すべき使命として、アメリカ民主主義を支える平等主義的理念の存在を挙げる。その上で、優秀とされるごく一握りの大学に在学しなければ大学教育の価値が得られないかのような論調がアメリカに蔓延していることに対して、アメリカ市民全体を視野に入れた社会経済的観点に立って、研究大学を巡る議論の論点を捉え直すべきことを提唱する。周知の通り、アメリカには多様な高等教育機関が存在する。そして、その中で研究大学は独自の役割を担っているが、彼らは、それら研究大学の独自性が学生の教育に対して持つ独特の価値を強調する。それは、科学的発見や科学技術のイノベーション、芸術・人文・社会科学などの学術的かつ創造的な営為を生み出す研究大学の環境の中で学生が教育を受けることの価値である。

　その上で、研究大学はこうした使命を、様々な考え方に基づいて達成することができるとする。しかし、現在の研究大学は単一モデルに収斂する動きを見せており、それが研究大学モデルの多様なあり方に対する発想を失わせてしまっていると論じる。大学の果たすべき役割として社会全体の成長発展を視野に入れれば、単一機関の成功のみにその使命を限定させるのではなく、より柔軟な発想に立った研究大学モデルの提示が重要となる。

　彼らが提唱する新たな研究大学モデルとは、知識の増進とイノベーションの促進を行い、同時に質の高い教育を達成する研究大学である。そのためには、以下の3つの基盤的要素を結合させることが必要であるとする。(1) 知識の発見や創造に寄与する学術プラットフォームの構築と、教育と研究とを結合させる標準的モデルの開発、(2) 人種民族的また社会経済的に幅広い多様性を持った学生たちが研究大学に広くアクセスしうること、(3) 国家ニーズや入学希望者の規模と釣り合い、社会的インパクトを最大化させるような幅広い活動や機能を研究大学が有すること。

研究大学モデルをどう捉えるか

　こうした考え方は伝統的な研究大学概念の再構成を促す。研究大学にとって、知識の発見と創造、イノベーションを促進する知的事業体であることは不可欠だが、とりわけ、彼らの論の中で強調されているのが、幅広い学生集団によるアクセスを実現することである。社会経済的、そして知的な多様性を持った学生集団を構成することが、国家と社会の広いニーズに対して直接的な責任を果たすこととなる。研究大学において学ぶことにより、学生たちは相互に関連する領域を広く統合する力を持つことができる。それによって、変化する労働市場のニーズや絶え間ないイノベーションが起こる知識経済の変動に対して、生涯を通じて乗り越える力を身につけることができる。

　そのために掲げられるキーワードは、「公平性」と「優秀性」であり、それらを両立させることである。上述の通り、研究大学は複数の使命を抱えているが、これら機能の間に高度なシナジーを生じさせうるかが現代的課題である。だが、最も優れた研究大学は学業成績のきわめて優秀な一部の学生のみを受け入れている。そうすることで、自らの選抜度を向上させることが優秀性の指標となり、排他性と希少性を高めることが威信の源泉となる。だが、高等教育を公共財と捉えれば、こうした排他性や希少性によって社会に対する責任が果たされるわけではない。アメリカの最も優秀な学生が集まるとされる大学をどの範囲で定義するかにはいくつかの幅がありうるものの、いずれにしても、今後アメリカ社会において必要と予測される人材需要に釣り合う数字ではない。今後、経済発展を牽引するのは、知識経済を促進し、かつそれによって利益を得られるような人材であり、かつそれを平等性ある社会の中で達成するには、ファースト・ジェネレーション（第一世代学生）や社会経済的に不利な条件にある学生が、かなりの規模において優れた高等教育を受けられることが重要な条件となる。優れた教育を受けるべき対象は高校生の上位5%ではなく、上位25%である。

　研究大学で学士課程学生が学ぶことの最も大きな意義とは、彼らが知識生産の先端で仕事をする学者との研究に参加する機会を得ることである。本来、学士課程学生は現在考えられているよりももっと深く研究に関与することができるはずであり、そうすることで社会に貢献する方法を学ぶことができる。優れた知性を持っているのはわずかな上澄みの学生たちだけではなく、社会経済階

大会報告・特集（課題研究Ⅰ）

級の間に広く広がっている。ゆえに、人口構成のあらゆる領域から十分な数の学生に教育機会を拡大することで高い教育達成が実現される。多様性が教育経験の質を高める。このように考えれば、平等性と優秀性はトレードオフの関係にあるのではなく、むしろ両立可能な概念である。さらには、民主主義の成功は教育ある市民の存在に懸かっている。アメリカの最も優れた研究大学が、本来資質を持つはずの多くの学生を排除するという行動を取り続けるならば、他の研究大学が彼らのアクセスを確保しなければならない。とりわけそこで主要な役割を果たすべきは州立大学である。

表　アメリカの研究大学の比較

	アリゾナ州立大学 （Tempe Campus）	UCバークレー	ミシガン大学 アナーバー校	スタンフォード大学
ST比	23	17	12	11
学生総数	51,984	37,564	43,651	16,980
学士課程学生数	41,828	27,126	28,312	7,000
大学院生数	10,156	10,438	15,339	9,980
大学院生比率	20%	28%	35%	59%
SAT-Critical Reading *1	510-630	610-740	630-730	690-780
SAT-Math *1	520-640	640-770	660-770	700-800
SAT-Writing *1	—	630-760	640-730	690-780
入学許可者率	83%	17%	26%	5%
入学許可者の入学率	40%	42%	45%	80%
2年次進級率	86%	96%	97%	98%
卒業率（6年以内）	66%	92%	90%	94%
学士授業料（州立は州内料金）	$10,158	$13,431	$13,856	$46,320
ペルグラント受給者率 *2	28%	26%	13%	15%
州奨学金受給者率	1%	35%	11%	4%
機関奨学金受給者率	83%	56%	47%	50%
機関奨学金平均受給額	$9,622	$10,561	$13,796	$40,600
学士学生の平均実質コスト	$12,893	$16,601	$15,757	$19,245

注）データはいずれも連邦教育省IPEDSより。各項目は特記しない限り、学士課程についてのデータである。
＊1 SATスコアは、入学許可者のうち、下から25%および上から25%の数値。
＊2 経済的条件を基準に支給される連邦給付型奨学金。経済的困窮度の高い学生比率の推計値となる。

182

研究大学モデルをどう捉えるか

　以上のような理念に基づき、クローらは、アリゾナ州立大学の大規模な改革を主導している。同大学では、学生受け入れ数を大幅に拡大させている。学生数（学士課程・大学院の合計）はクローが学長に就任した2002年度には55,491名であったが、2014年度には83,301名まで増加している。**表**はアリゾナ州立大学のテンピ・キャンパス（Tempe Campus）に関する連邦教育省のデータを、いくつかの主要研究大学と比較しつつ示したものである。

　ここからは、学生数の拡大に伴いST比が肥大化していること、入学許可者率が際立って高いこと、学士課程教育の成果の指標となる2年次進級率や6年以内卒業率の水準が低いこと、ただしそれは入学者のSAT数値およびペルグラント受給者率にみえるように他大学とはやや異なる学生層に対しての成果であること、機関奨学金を多くの学生に給付していること、などを読み取ることができる。同大学では、研究と教育の結合を目指して、カリキュラムや組織の改革や社会連携の新たな形態の模索が進められている。また、研究開発獲得資金の大幅な増加も報告されている。本稿ではアリゾナ州立大学での改革の全貌を検討する余裕はなく、それは今後の重要な研究課題である。だが、いずれにせよ、上述してきた同大学の改革を支える基本的発想は研究大学のあり方を考える上で示唆に富んだものであると言えるだろう。

おわりに

　以上、本稿では、近年のアメリカにおける研究大学のあり方を巡る議論について検討を行ってきた。ティアニーは研究大学を支える根源的条件に目を向けることを提唱した。一方、ダグラス、およびクロー＆ダバースの議論は、研究大学をより広い見地から捉え直すべきことを提唱し、とりわけ研究大学が果たしうる社会経済的貢献という観点に立って、研究大学に対する見方を拡張させるべきことを主張した。これら議論はいずれも、ともすれば大学に対する見方が限定的なものに陥りがちな現代的状況に対して、大学に対する視点を転換・拡張する重要な契機を提供してくれる。

　国際大学ランキングは、外部からは見えにくい大学の質に関する情報をきわめて集約的な形で示してくれるものであり、大学の消費者、あるいは情報の受

183

大会報告・特集（課題研究Ⅰ）

け手の立場からみた場合には、その有用性を否定することはできない。ただし、それはあくまで集約的・一元的な情報の提示の仕方なのであって、大学のあり方について検討する基準として用いる際にはその限定性に対して十分な留意を働かせることが求められる。

　本稿で取り上げてきた議論を、大学に関する学術研究の視点から捉え返せば、多元的な見地から大学を捉えようとするスタンスが重要であるということが言えるであろう。また、大学を運営する主体の立場に立てば、自大学の使命に対する自覚的認識を育み、自律的な思考に立って自らの活動の意味を体系づけることの重要性が示唆されている。そのいずれにせよ、こうした観点から現代の大学を捉えようとすることは、大学に対する一元的な視野を開放し、より創造的な発想を導きやすくするであろう。それは、本稿で取り上げた議論が対象としていた研究大学に限定された話ではない。他の類型の大学を含めて、大学を巡る議論の視点を転換させることで、大学の持つ可能性を語ることが求められているのではないだろうか。

【注】

(1)　William G. Tierney, "Globalization, International Rankings, and the American Model: A Reassessment," *Higher Education Forum* Vol.6,（Hiroshima: Research Institute for Higher Education, Hiroshima University, 2009）, 1-17.

(2)　Martin J. Finkelstein, "The Metamorphosis of the American Academic Profession: What Are the Implication for Japan?" *Reviews in Higher Education*, No.83,（Hiroshima: Research Institute for Higher Education, Hiroshima University, 2005）, 1-20 などを参照。

(3)　例えば、共同統治の理念が最もよく反映された研究大学の例としてのカリフォルニア大学について、以下を参照。福留東土「アメリカの大学評議会と共同統治─カリフォルニア大学の事例」『大学論集』第44集、広島大学高等教育研究開発センター、2013年3月、51-64頁。

(4)　例えば、第一の条件である学問の自由について、アメリカにおいてその実現の過程がいかに苦難に満ちたものであったのかについて、以下を参照。リチャード・ホフスタッター＆ウォルター・メッガー（井門富二夫・新川健三郎・他訳）『学問の自由の歴史Ⅰ・Ⅱ』東京大学出版会、1980年。

(5)　John A. Douglass（Ed.）, *The New Flagship University: Changing the Paradigm from Global Ranking to National Relevancy*,（New York: Palgrave Macmillan, 2016）; John A. Douglass, John N. Hawkins, and others, *Envisioning the Asian New Flagship University: Its Post and Vital Future*,（Berkeley: Berkeley Public Policy Press, East West Center, Center for Studies in Higher Education,

University of California, Berkeley, 2017).

(6) Michael M. Crow and William B. Dabars, *Designing the New American University*, (Baltimore: Johns Hopkins University Press, 2015).

―――― 大会報告 ――――   比較教育学研究第56号〔2018年〕――――

公開シンポジウム報告

教育モデルが国境を越える時代を俯瞰する
――比較教育学の原点にもどる――

恒吉　僚子（大会開催準備委員長）
高橋　史子（学校教育高度化・効果検証センター・助教）
草彅佳奈子（同センター・特任研究員）

《公開シンポジウム概容》

　本公開シンポジウムは、東京大学教育学研究科附属　学校教育高度化・効果
検証センターと日本比較教育学会が共催する形で、2017年6月24日（土）14
時45分〜17時20分、東京大学　安田講堂にて行なわれた。一般公開し（同時
通訳付）、活気溢れるシンポジウムとなった。

　司会は恒吉僚子（東京大学大学院教育学研究科・教授）、フィンランドの教育
モデルについて、Riitta Vänskä氏（Board Member at Invalidisäätiö, Program Manager,
Education Export Finland）、シンガポールの教育モデルについて Goh Chor Boon
氏（Associate Dean, National Institute of Education, Singapore）、日本の教育モデ
ルについて佐藤学氏（学習院大学文学部・教授）が発表し、休憩をはさんで指
定討論者として丸山英樹（上智大学グローバル教育センター・准教授）が登壇
した。

　本公開シンポジウムは、比較教育学が古くから関心を寄せ、歴史的にも世界
中で見られる現象であるモデル借用、教育トランスファーを切り口として議論
した。我々の時代の教育の一つの特徴として、様々な教育モデルが国民国家の
枠を越えて今まで以上に容易にグローバルに拡散してゆく点をあげられよう。
こうした時代における教育の借用、トランスファー、あるいは、教育が国境を
越えるという現象を、どのように考えてゆくかに本シンポジウムは焦点をあて
た。

教育モデルが国境を越える時代を俯瞰する

　我々の時代は、PISA、TIMSSなどの国際学力テストにおいて「成功例」だとされる国々の教育モデルからの示唆を諸外国が求め、そうした、特定の国や社会文化的文脈で生まれた教育モデルがたやすくインターネットなどで拡散され、ビジネスとして成立してゆく時代である。こうした時代状況を、我々はどのように理解し、対応すべきなのか。ある国から生まれた教育モデルが、グローバル化、あるいは、かつてない規模で他国に移植される中で、何が起き、どのようなメカニズムが働いているのか。モデル借用は比較教育学の対象テーマで長くあり続けてきたが、そこからどのような知見が得られ、グローバルな時代状況の中での教育モデル借用に対して何が提示できるのか。こうした問いを本公開シンポジウムでは、フィンランド、シンガポール、日本のいずれも世界的に関心を持たれている教育モデルの具体例を通して考えた[1]。

《発表概要》

　教育借用の研究はしばしば、ある国のモデルを他の国にうつせばそれで済むような簡単なものではなく、モデルが埋め込まれている社会文化的文脈、背後のイデオロギー、歴史的文脈が大きな影響力をもつことなどを示唆してきた。「グローバル化した」教育借用について、今までの枠組みもまた問われている。

　最初の発表者であるVänskä氏（前Board Member at Invalidisäätiö, Program Manager, Education Export Finland）は、フィンランドモデルの海外輸出の国家的事業に関わった経験を持っている。発表の中でVänskä氏は、フィンランドモデルの強さに言及し、実績の高さ、民主的ペダゴジー、教員の自律性、学習者中心の教育テクノロジーと教授法などが国際的に評価されているとした。学校で長時間拘束することなく、「子どもらしく」育つフィロソフィーのもとで教育が行なわれてきたとの説明もあった。だが、これらのフィンランド教育の長所の多くは民主主義的な一定の理念、制度的条件を前提としている。こうした視点から見た場合、フィンランドの教育輸出は盛んであると思われるかもしれないが、多くの課題に直面していることが示された。最後に、Vänskä氏は、公私の役割、特に政府の役割について問題提起した。

　次に発表したのは、シンガポールのNIEインターナショナル所属のGoh Chor

187

Boon氏（Associate Dean, National Institute of Education, Singapore）である。NIE（National Institute of Education, シンガポール教育機関）はシンガポールの唯一の学士レベルの教師養成機関であり、教師養成において大きな影響力を発揮してきた。シンガポールもまた、国際学力テストにおける好成績などを背景に、世界からの教育視察団が来る中、「グローバル時代」の教育借用・トランスファーの課題と向き合っている。

　Goh Chor Boon氏は、シンガポールは1997年からの20年間で、教師のキャリアアップ、創造的思考の育成、協同的学習の導入、ナショナル教育（あるいはシティズンシップ教育）の重視、学習へのテクノロジーの導入をし、学校により多くの資源と自治権を与えるなど、多様な角度から教育の高度化を遂げたと述べた。それらは全て「中央集権－地方分権」の枠組みで達成したものであり、シンガポール型アプローチは、分権化により教育省の直接介入を減らすと同時に、集権化により政策上のコントロールを失うことを避けることを可能にしたと説明した。多くの途上国がシンガポール型のアプローチを学び、自国に取り入れた。そして2003年以来、ビジネスモデルで運営されているNIE Internationalという NIE 内のコンサルタント部門を通して、シンガポール型教育モデルはアジア、中東、ラテンアメリカへと発信されているという。

　最後の発表者は佐藤学氏（学習院大学文学部・教授）である。その学びの共同体のモデルは国際的にも影響力を持ち、授業研究（lesson study）は最も国際的に知られた日本の教育モデルとなっている。発表の中で佐藤氏は、明治維新から1970年代まで、日本の教育はアジア諸国において近代化の模範とされ、「圧縮された近代化（compressed modernization）」が特徴の「東アジア型教育」を形成したと述べ、結果として、中央集権的効率的教育行政、受験システムによる社会移動、画一的平等による競争の教育、公教育の民間依存、強いナショナリズム、国益と私益の分裂による公共性の未成熟などの特徴を持ってきたことを示した。しかし、このモデルは、社会がポスト産業主義社会とグローバル社会へと移行するに伴い、破綻の様相を示している。中央集権的効率的教育行政は分権化へと移行し、受験システムによる社会移動は格差拡大へと転じ、画一的平等も競争も破綻して「学びからの逃走」をもたらし、公教育の民間依存は親の教育費負担の増大を招き、ナショナリズムはいっそう強化され、教育の

教育モデルが国境を越える時代を俯瞰する

公共性は危機を迎えている。そして「東アジア型教育」の破綻の一方で、もう一つの日本の教育モデル「学びの共同体としての学校」がアジア諸国において受容されている。この新しいモデルは、子どもたちを一人残らず学びの主権者に育てること、教師たちを一人残らず自律的な専門家として育てることをヴィジョンとして掲げ、「公共性の哲学」「民主主義の哲学」「卓越性の哲学」にもとづき、教室においては「協同的な学び」、職員室には「同僚性」、保護者と市民においては「学習参加」による改革の連帯を実現してきた。

　最後に、丸山英樹氏（上智大学グローバル教育センター・准教授）が各発表者への質問を含めて全体のまとめを行った。丸山氏は、日本比較教育学会の研究蓄積と今後の展開について、比較方法と理論、持続可能な社会構築、多様な学習過程の3点から整理した。まず、現地の言語や価値観など文化固有のものを重視して蓄積されたフィールドワークの研究成果と、国際イニシアチブやグローバル化などの各文化への影響をいかに把握し、比較可能とするかが今後の課題となることを提示した。その一案として、ややマクロな観点から自然環境だけでなく社会も含めた持続可能性、他方でややミクロな観点から多様性の中でみられる人が学ぶという学習行為・過程を、文化と文化の間で普遍的に捉えることのできる側面として示した。そして、教育借用・トランスファーは、文化固有と文化一般の両者を捉え直す機会ともなり、比較研究の深化には重要なテーマであることを改めて確認した。

【注】
(1)　東京大学教育学研究科附属 学校教育高度化・効果検証センターホームページの文をもとに修正、「日本型21世紀対応教育の国際モデル化に関する国際比較研究—多元的モデルの構築」科研費基盤(A)15H01987、代表：恒吉僚子。

―― 研究課題II ―――――――――――――――――――――――――――― 比較教育学研究第56号〔2018年〕――

グローバル化時代における教育を考える（II）
――才能教育の視点から――

山内　乾史
(神戸大学)

　本課題研究IIの報告は、日本比較教育学会研究委員会が、グローバル化する
世界、社会の中で、能力形成の在り方がどのように変容しているのか、そのあ
り方の変化には地域差はあるのか、またその変化に対して能力形成の研究はど
のようなインパクトを与えているのかを総合的に検討しようとしてきた研究成
果の一環である。

　今回は日本、韓国、中国の東アジア三か国を比較検討した。最初に山内が本
課題研究の趣旨と日本における才能教育の展開について説明した。日本におい
ては、学術的研究としては乙竹岩造にさかのぼる歴史があり、また戦前期にお
いてはいくつかの試みがあった。しかし、戦後期においてはGHQの掲げる
「教育の民主化」政策の下で実践だけでなく研究までもがタブー視されるきら
いがあった。この点はエリート教育、英才教育、早期教育等についても同様の
事情であり、これらの教育は「非民主的なるもの」として公教育から排除され
たのである。

　ところが1989年に設置された第14期中央教育審議会の答申において、いわ
ゆる「教育における『例外措置』」が提唱された。いわゆる「飛び入学」であ
る。当初は数学と物理学に領域が限定されていたが、現在では他領域にも広が
りを見せている。この「例外措置」が具体的に導入されるのは1997年からで
あるが、この頃から才能教育が徐々に公教育の枠組みに取り込まれていく傾向
が観察される。この背景にはイギリスから起きてきた「特別な教育ニーズ」と
いう新たな概念の浸透がある。生徒は一人一人、能力、個性にあった教育ニー
ズを持っており、学校は可能な限りそれにきめ細かく対応するのが望ましいと

190

する概念である。この一環として、とびぬけた才能を有する児童への教育も導入され、他方、障碍を持った児童に「合理的な配慮」を提供することも求められるようになったのであり、才能教育の概念が広く取られるようになった。つまり、とびぬけた才能を持った児童に対する教育を指すだけでなく、児童一人一人の個性・才能に応じた教育を指すわけであり、したがって社会的に容認できる概念として公教育の枠内に撮り込まれたのである。今日では都立高校に特進コースが設置され、さらにスーパー・グローバル・ハイスクール（SGH）、スーパー・サイエンス・ハイスクール（SSH）も設置され、大学教員もかかわって研究指導を行うなど、（新しい概念としての）才能教育の一層の展開が高大連携と絡んで観察されるのである。

　つづいて、南部広孝会員（京都大学）中華人民共和国（以下、中国）のケースについて報告があった。報告の要旨は下記の通りである。中国では、文化大革命が終結した1970年代後半から、国の総合的な力量と国際競争力を高めることをめざして、その基礎となる教育の量的拡大と質の向上を目的としたさまざまな改革が実施されてきた。教育に投入される資源が必ずしも十分ではない中で、教育の全体的な普及と、個人の能力や個性、興味に応じた教育の提供や卓越性の追求との間でどのようにバランスをとるのかという観点からすると、それ以降今日まで政策的な重点は前者に置かれた。そうした中で、制度の柔軟化や多様性の許容によって、実態としての才能教育がそれなりに組み込まれているという側面が見られる。そうした措置としては、早期入学や飛び入学・飛び級の容認、教育課程の柔軟な編成、「重点学校」における教育などがある。

　一方、特別な才能を持った子どもに対する教育については、芸術や体育の分野では早くから行われてきたが、認知的領域に関わる才能教育は1970年代後半になってようやく意識的に個別の取り組みが導入された。画期となったのは1978年で、この年、心理学者が才能児に関する共同研究グループを立ち上げ、関連の研究を実施とともに教育機関と連携した才能教育の試行的な取り組みが始められた。同じ年、中国科学技術大学に「少年クラス」（原語は「少年班」）が設置された。その後、1980年代前半を中心に才能教育の拡大が生じた。1985年には教育部が12大学に「少年クラス」を設置することを決め、学生募集が始まった。また初等中等教育段階でも、1984年に天津実験小学で、1985年に

は北京市第八中学でそれぞれ才能教育実験クラスが設置されている。その後、2004年には就学前教育段階での実験クラスが設置されたりして、現在までに下表のような才能教育が実施されてきている。しかし、個別の取り組みはともかく、全体的な動向としては、1980年代後半以降、既存の取り組みが廃止されるなどして、制度的な拡大は見られなかった。

　こうした才能教育については、より積極的な拡大の足がかりとするべく、立法化や財政支援、条件保障などが推進者によって繰り返し求められてきたが、今日まで実現には至っていない。むしろ、例えば地方政府の中で才能教育の展開に消極的なところがあるなど取り組みをいっそう縮小させる動きさえ見られる。また、才能教育の実施にあたって拠りどころとされた「因材施教」という考えは、通常の教育に関しても言及されるようになり、ことさら才能教育に特化して用いられるわけではなくなっている。このように、中国においては、教育の普及が進められる中で、体系的な才能教育制度を形成するのではなく、地方や学校が正規の教育制度の枠内で措置を講じることで対応してきていると言える。

　つづいて石川裕之会員（畿央大学）より韓国のケースについて報告があった。報告の要旨は下記の通りである。韓国においてグローバル化時代に対応した教育改革が本格的に模索されるようになったのは、1995年5月31日に発表された大統領諮問教育改革委員会報告書、いわゆる「5・31教育改革方案」以降のことである。同改革案は、グローバル・スタンダードを志向し多様化と自律化を目指す韓国の教育政策の基本路線を決定づけたものであったが、その中で才能教育の強化の方針も示された。その目的は熾烈なグローバル競争を勝ち抜き国家発展を先導する創造的な人材を育成する点にあり、1997年に制定された教育基本法では、才能教育の実施が国と地方自治体の義務として明記された。

　一方で、1990年代後半は才能教育政策が動揺した時期でもあった。韓国の才能教育機関は1983年に設立された科学高校をその嚆矢としている。しかし1990年代に入ると科学高校をはじめとする「特殊目的高校」が有名大学進学のための受験名門校へと変質し始め、才能教育は社会から厳しい批判を浴びることとなった。一時はその存続さえ危ぶまれた才能教育であったが、1997年に韓国を襲ったアジア通貨危機がこうした状況を一変させた。この未曾有の経

済危機を通じて韓国社会では、天然資源や十分な内需を欠き輸出依存度の高い産業構造を持つ自国が21世紀の熾烈なグローバル競争を勝ち抜いていくには、質の高い人的資源の開発こそが急務であり、国を挙げてグローバル人材育成に取り組んでいかねばならないという認識が共有されるようになったのである。以後、才能教育はグローバル人材育成に向けた教育政策の柱の1つとして位置づけられるようになり、2000年には才能教育関連法である「英才教育振興法」が制定された。このように韓国においては、グローバル経済に対する産業構造の脆弱性が才能教育の発展を後押しした一面が存在している。

こうして2000年代以降の韓国では、英才教育振興法に基づき国家的な才能教育システムの基盤構築が図られることとなった。同法の施行によって英才学校、英才教育院、英才学級の3種類の才能教育機関が新たに登場し、才能教育機関の多様化・体系化が進んだ。これらの才能教育機関は基本的に公費で運営され、無償もしくは安価で才能教育プログラムが提供される。急速に進んだ才能教育の量的拡大は2013年にピークを迎え、才能教育対象者数は全児童・生徒数の1.87％に相当する12万1,421名に達し、才能教育機関は全国3,011機関に達した。ただし上述した才能教育推進の目的から、韓国の才能教育は理数系に極端に偏っている。2015年時点の公的な才能教育の対象者のうち実に8割までが数学・科学分野に関するプログラムを受けている。なお2006年から積極的格差是正措置の一環として才能教育が活用されるようになり、社会経済的に不利な条件にある子どもなどを対象に、才能教育機関の教育対象者選抜において特別定員枠が設けられるようになった。

2010年代以降、韓国の才能教育政策の方向性は量的拡大から質的な充実へ向けて大きく転換しつつある。これに伴い才能教育のスリム化が進められ、2013〜2016年のわずか3年の間に才能教育対象者は13,000名減少し、才能教育機関は600機関減少した。その背後には地方自治体の財政難による才能教育予算の削減があり、才能教育の有償化に踏み切る自治体も増えている。今後、才能教育のスリム化・有償化によって、公的性格が極めて強かった韓国の才能教育の私事化が進んでいくことは十分考えられる。韓国では「個人の自己実現」を図ることと「国家・社会の発展に寄与」することが才能教育の目的とされ、後者により重点が置かれてきた。才能教育の私事化はこうしたバランスを変化

大会報告・課題研究Ⅱ

させるとともに、才能教育の変質、すなわち受験教育シフトを引き起こす可能性もある。

　最後に原清治会員（佛教大学）より、日本の才能教育の具体例として、京都府立A高校（SSH）、京都市立B高校（SGH）という二つの具体例を中心に才能教育に関する事例研究の成果が報告された。

　なお、今回の報告については昨年度の課題研究Ⅱの報告と合わせて、『才能教育の国際比較（仮）として』2018年中に東信堂より刊行する予定である。

書　　　評

馬場智子著
『タイの人権教育政策の理論と実践
　　——人権と伝統的多様な文化との関係』　　　　　　　牧　　貴愛

竹腰千絵著
『チュートリアルの伝播と変容
　　——イギリスからオーストラリアの大学へ』　　　　青木麻衣子

児玉奈々著
『多様性と向き合うカナダの学校
　　——移民社会が目指す教育』　　　　　　　　　　　平田　　淳

坂野慎二著
『統一ドイツ教育の多様性と質保証
　　——日本への示唆』　　　　　　　　　　　　　　　木戸　　裕

文　献　紹　介

犬塚典子著
『カナダの女性政策と大学』　　　　　　　　　　　　犬塚　典子

北村友人編
『グローバル時代の市民形成
　　（岩波講座　教育変革への展望7)』　　　　　　　北村　友人

日英教育学会編
『英国の教育』　　　　　　　　　　　　　　　　　髙妻紳二郎

文部科学省編
『世界の学校体系』　　　　　　　　　　　　　　　　松本　麻人

[書　評]

馬場智子著

『タイの人権教育政策の理論と実践
——人権と伝統的多様な文化との関係』

牧　　貴愛
（広島大学）

　本書は、著者が2015年に京都大学大学院教育学研究科から博士（教育学）の学位を取得した論文「タイの人権教育の理論・政策・実践に関する研究——人権の歴史的および地域的変遷の分析——」に最小限の修正を加えて刊行されたものである。「はしがき」から研究の着想は、2005年に遡ることが読み取れ10年余りの歳月をかけた労作であることがわかる。と同時に、昨今、宗教的対立や社会参加の機会の不平等など様々な局面で対立や格差が顕在化している中で、人権教育は重要な役割を担っていること、また、国際社会で問い直されているように、人権の概念やその教育内容・方法は、いわゆる西欧的なものではなく、世界の様々な国・地域の宗教や文化に根ざした多様で伝統的な価値観を含んだものとして再構築される必要がある、といった著者の問題関心を読み取ることができる。誤読を覚悟で言い換えれば、昨今の対立や格差の状況を鑑みた時、あるいは多様な価値観を受容しつつ人々が連帯する社会を目指す場合、人権教育はいかにあるべきか、こうした強い探究心が本書の根底にあると評者は理解する。そうした使命感とも呼べる問題関心は、理論・政策・実践という重層的な本書の構成にもよく表れている。

　本書は、第Ⅰ部総論：人権の淵源と人権教育の歴史、第Ⅱ部タイにおける人権と公教育、第Ⅲ部タイにおける人権教育の実践と意識の3部8章から成る。以下、各章の概要を簡単に紹介して、最後に、評者のコメントを加えたい。

　序章　研究の目的と課題では、まず「はしがき」に示された問題関心が、国際的な動向ならびに先行研究の吟味を通して丁寧に整理されている。次に、公教育において伝統的価値規範を保ちつつ、普遍的な人権を受容する方法を探り、かつ学校以外の人権教育の担い手としてNGOが重要な役割を果たしているタイを事例とすることが丹念に論じられている。そして、タイにおける人権教育に関する先行研究の課題と日本の人権教育の課題を整理し、国際社会ならびにタイにおける「人権」概念の歴史的変遷、タイの教育政策における「人権としての教育」の位置づけ・内容、タイにおける人権教育実践の特質、の解明という三つの課題を設定している。

　第1章　人権教育の世界的潮流では、国際的な人権概念の変遷とそれにともなう教育方法の発展について、関連文書、先行研究を紐解いた上で、人権教育の分析枠組みを提示している。人権という言葉の定義については、アメリカ独立宣言の元となったバージニア人権宣言、フランス人権宣言、世界人権宣言、国際人権

規約、さらに、世界人権宣言以降に提唱された「第三世代の人権」をめぐる議論が精査されている。その結果、人権の定義は「第一世代：超国家的な自由」、「第二世代：国家による国民の平等保障」、「第三世代：権利主体の集団化と世代間の平等」へと拡大してきたこと、また、その変容過程には「平等」についての解釈や対象の変化が大きく関わっていることを明らかにしている。さらに、人権教育の方法について、できるだけ国際機関の定義をそのまま伝える「複製」と地域の伝統や社会にあわせた教育を行う「混合」というメリーの論を吟味し、人権概念と教育方法を組み合わせた人権教育の分析枠組みを設定している。

第2章　タイの権利運動と人権概念の歴史的変遷では、タイにおける人権概念の拡大プロセスを、政権交代、カリキュラムの改訂、憲法改定などを綿密に辿ることで描き出している。その過程は、1932年の「シャム王国憲法」に、自由権的側面を中心とした第一世代が盛り込まれて以降、1970年代の民主化を背景として社会権（第二世代）まで解釈が拡大し、タイ国内のコミュニティ主義の高まりと国際的な人権概念の拡大が相まって1997年憲法において初めて「第三世代の人権」が盛り込まれるに至ったというものである。さらに、2007年憲法では「コミュニティの権利」を規定する分量が増え、具体化したことも明らかにしている。

第3章　タイの学校教育体系と公教育における価値教育では、第1章、第2章の人権概念についての理論的な分析・考察から第4章以降の政策、実践へと分析の視点を移すために、タイの学校教育における価値教育について、とくに、カリキュラム（1978年版と2001年版）に盛り込まれた仏教に関連する記載内容についての詳細な分析・考察がなされている。その結果、仏教は、1960年代以降の国民教育に呼応して「ラック・タイ（国家統治の三原則）」の一つとして位置づけられていたが、2001年のカリキュラムでは、イスラーム教をはじめとする他宗教への配慮から相対化されつつあることを明らかにしている。

第4章　タイ北部少数民族の教育機会保障では、人権保障が先鋭化する少数民族をめぐる教育政策、教育実践に焦点を合わせて、タイの教育政策にみられる人権保障の特質を解明している。著者は、北部の山地少数民族ならびに南部のイスラームをめぐる教育政策の展開をつぶさに整理するとともに、北部少数民族の教育支援を行う複数の学校訪問調査から得られた知見を組み合わせ、タイの教育政策にみられる人権保障の特質は就学率の低さを改善するといった「機会の均等（equality）」ないし「量的保障」に重きが置かれていることを論じている。

第5章　タイの人権教育実践とその理念的背景では、人権教育にかかる権利運動や法改正、人権概念の解釈の特徴を整理し、タイにおける人権教育は、NGOによるワークショップ、UNESCOと国家人権委員会が関わる Associated School Project、基礎教育カリキュラムに基づく各学校の実践に分けることができるとする。その上で、それぞれの実施主体による人

権概念の解釈、教育実践の特徴の比較分析を行い、各実践の具体的課題を指摘するとともに、第一世代、第二世代といった自由権的、社会権的な側面についての実践が見られるものの第三世代の人権の認知度は低いことを明らかにしている。

第6章　バンコクにおける中高生の「平等」に対する解釈の違いでは、基礎教育カリキュラムに基づく学校を対象として、人権教育を受けた生徒の人権意識を、質問紙調査と教育内容の分析を組み合わせて解明している。本章のタイトルは、バンコクにおける中高生と絞られているものの、第1節、第2節では、バンコクとタイ東北部のスリン県との比較調査結果が示され、バンコクに在住する中間層が多様であること、また、バンコクの学校間の差が、バンコクと東北部の差よりも大きいことを明らかにしている。同調査を踏まえた上で、バンコクに所在する5校を対象として、人権教育実践の比較分析を行っている。その結果、同じ社会階層の生徒たちの中でも「平等」意識に違いが見られること、とくに「結果の平等」に対する考え方が異なること、また、その違いは教育実践の違いによることを明らかにしている。

終章　タイにおける人権教育の多様性の許容では、各章の簡潔なまとめに続いて、タイの人権教育の特徴は、一国の中で多様な人権教育が行われていることであると論じている。著者はその意義についても論を進め、多様な人権教育が行われることにより、児童・生徒は人権という概念が絶対的で固定されたものではないこと、また、単に知識として蓄えるだけではなく、児童・生徒が人権の意味について考え、行動するという当事者意識を誘発しやすくなること、さらに、当事者意識の誘発は、人権概念の拡大についての豊かな議論の土壌を育むと論じる。教育の成果、課題がみえるまでには一定期間の継続が必要であるとしながらも、一国の中で多様な人権教育が行われることがもつ可能性に対する著者の強い期待を感じる結びとなっている。

本書の出版は、日本のタイ教育研究において人権教育という新たな領域を拓いた点において大きな貢献である。また、タイにおける人権教育の理論・政策・実践といった重層的な研究成果は、人権教育の研究領域における個々の国・地域の人権規範、人権教育の方法の具体的分析の要請にも一定程度応えうる研究であろう（断言できないのは評者が人権教育の専門家ではないことによる）。通読して、章毎のまとまりは平明であるが、理論、政策、実践という構図の大きさからか、読み進めがたさを感じた箇所が皆無ではなかった。ただし、これは評者の読解力によるところが大きく、本研究の質とは直接に関係しない。本書には特筆すべき点が多々あると思われるが、ネット社会、成果主義の嵐の中にあって、国内外の人権教育関連文書、先行研究等に幅広く目配りし、丁寧な分析がなされ、かつタイの政治、行政、社会運動、宗教など他分野の研究蓄積が余すところなく活用されている点は、著者の真摯さが一段と光る本書の特徴である。研究のさらなる発展に大きく期待したい。（A5判、185頁、2800円＋税、東信堂、2017年）

[書　評]

比較教育学研究第56号〔2018年〕

竹腰千絵著

『チュートリアルの伝播と変容
──イギリスからオーストラリアの大学へ』

青木麻衣子
（北海道大学）

本書は、オックスフォード・ケンブリッジ両大学で発生した「チュートリアル（tutorial）」と呼ばれる教授形態が、イギリス国内の他大学およびオーストラリアの大学にどのように伝わり、かつどのような変容を遂げたのかを、両国の高等教育史をもとに紐解き、「チュートリアル」とは何かを明らかにしたものである。本書は、筆者が2016年3月に京都大学大学院教育学研究科に提出した博士学位論文を基盤とするが、そもそもの研究のきっかけは、筆者が学部在学中に留学したオックスフォード大学で受けたチュートリアルでの衝撃にあったという。いわゆる受験戦争を経験した世代であればその背景は共有できるだろうが、筆者にとってはこのチュートリアルこそ、主体的に学ぶことの意義を改めて考えると同時に、そのおもしろさにも初めて直面した経験だったに違いない。

本書は、序章と終章を含む全6章で構成される。各章の概要を、以下に紹介する。序章では、本研究の目的と先行研究がまとめられている。本研究が対象とするのはチュートリアルであるが、教授形態の変更は、当然、教育内容や試験制度、対象とする学生数や財政状況など大学を取り巻く様々な時代の変化に影響を受ける。そのため、本書でも、イギリスおよびオーストラリアの高等教育史ならびに各大学の大学史が主な先行研究に掲げられ、これまでのチュートリアルの扱いやその内容・意義についての指摘がまとめられている。

第1章「高等教育におけるチュートリアル」では、イギリスの大学におけるチュートリアルがいつどこで発生し、特にその原型を築いたとされるオックスブリッジのチュートリアルの変遷が整理されている。チュートリアルとはそもそも、毎週同じチューターにより①1〜4人の学生に対して行われる学生主体（student-centred）の教授形態を指す。②課題としてエッセイが課されることが多く、それをもとにディスカッションを行うのが一般的な形式とされている。筆者の分析によれば、これらに加え、③ソクラテス的要素が含まれていること、④学問的指導と道徳的指導が兼ね備えられていることの四点をその特徴とする。パリ大学のカレッジ（コレージュ）で大学での授業を補うものとして行われていた復習や討論の指導は、オックスフォード大学において、カレッジのフェローがチューターとして学生の学問的・道徳的指導を行う伝統へと発展していった。当初はキリスト教の教義をテキスト通りに学ばせるための少人数教育が行われていたが、優等学位試験の導入により、従来の教授形態では対応ができなくなり、大学外で一対一

で個人指導を行うプライベート・チューターが登場した。そして、それがその後大学内に取り入れられ今日のチュートリアルの原型となった。知識の伝達を重視する指導は、疑問を投げかけて探求するかたちへと変更された。また、試験への対応から一度学問的なものに偏った指導のあり方も、道徳的指導を併せもつものへと変わっていった。

　続く第2章「イギリス高等教育におけるチュートリアルの伝搬と変容」では、オックスブリッジで形成されたチュートリアルの原型が、19世紀以降、どのように国内他大学に伝わっていったのかを、ロンドン大学・市民大学への伝播、新大学への伝播とに分けて提示されている。チュートリアルそのものは、ロンドン大学でも市民大学でも、教授形態の見直しやカリキュラムの再編の必要性から取り入れられたものの、講義中心の授業形態や実学重視の志向、財政上の理由から、学生からの要望はあったにもかかわらず、これらの大学で中心的な教授形態になることはなかった。一方、1960〜70年代に、大学進学者数の増加や科学技術の発展への対応のため設立された新大学では、政府の奨励もあり、当初からチュートリアルが主要な教授形態として導入された。しかし新大学では、チューターの機能を分化させるなどして、道徳的指導という側面が重視された。

　第3章・第4章は、オーストラリアへと場を移し、それぞれ「イギリスからオーストラリアへのチュートリアルの伝搬と変容」「現代のオーストラリアにおけるチュートリアル」がまとめられている。

第3章では、オーストラリアで最も歴史のあるシドニー大学とメルボルン大学を取り上げ、それぞれの大学の設立の背景と特徴を整理し、イギリスの大学モデルの伝搬・影響を考察するとともに、チュートリアルがそれぞれの大学でどのように受け継がれたのかを提示している。また、メルボルン大学歴史学科で導入されたチュートリアルが、1960年代以降の高等教育改革により誕生した大学の教授形態にどのような影響を与えたのかを、学生の学習環境をめぐる調査報告書などをもとに示している。戦後の学生増加と多様化に対応するため、オーストラリアでは、チュートリアルをはじめとする少人数教育を求める声が多く聞かれたが、財政難などの理由から、各大学ともにそれになかなか十分には対応できない状況にあった。そのため、続く第4章では、現代のオーストラリアの高等教育がそのような課題をどのように乗り越えようとしているのか、チュートリアルはそれにどのように貢献しているのかを、一般的な取り組みとともに、ウェブ等を活用した新たな形態でのチュートリアルの活用とともに示している。

　最後に終章では、これまでの議論を振り返るとともに、チュートリアルをチュートリアル足らしめる要素について、第1章で示した諸点に照らし、整理・確認している。オックスブリッジで行われている伝統的なチュートリアルとオーストラリアのそれとを比較したとき、明確なちがいがうかがえるのは、一度に対象とする学生数と目的である。すなわち、オックスブリッジでは通常、チュートリア

ルは、1〜4名を対象にエッセイの指導として行われるのに対し、オーストラリアでは、12〜20名に対し、講義の理解の確認や深化を目的に行われている。しかしながら、筆者は、オーストラリアのチュートリアルこそオックスブリッジのチュートリアルの要素を最もよく汲んだものであると指摘する。それは、人数や目的にかかわらず、チュートリアルを教育活動の中心に位置付け、教授形態の一つとして価値を見出しているからである。少人数指導が前提だと考えられてきたチュートリアルだが、ウェブ等でそれを代替する環境があれば、効果的な教育効果が得られるのではないかとまとめている。

　本書における以上のような筆者の指摘は、この本のテーマが、イギリスおよびオーストラリアの高等教育におけるチュートリアルという特定の教授法に焦点を当てたものであっても、教育段階問わず主体的な学びの必要性が主張され、かつ批判的思考力やコミュニケーション力などの汎用的スキルの育成が求められる現代において意義をもつものである。特に大学においては、近年、大学院生の教育経験や指導力の向上を主たる目的にティーチング・フェローの導入が進められるなど、本書の内容や指摘がそれらの取り組みの参考になる点も多いだろう。

　一方、本書における筆者の整理には、いくつか疑問をもった点もある。そもそも、それぞれの大学の成り立ちや役割が異なるなかで、各大学における「チュートルアル」を一様に比較することは可能なのか。筆者も指摘しているように、オーストラリアの大学は当初から大衆に開かれたものであり、シドニー大学、メルボルン大学の学生数は、現在でも、オックスブリッジの2倍もしくはそれ以上である。また、近年では、留学生数の急増により、学生の多様化への対応も迫られている。すなわち、学生の学びの質を効率的・効果的に維持する上で、「チュートリアル」に代表される少人数指導が必要とされたと考えられる。そのため、同じ「チュートリアル」という名を冠しており、講義を補完するものとの位置づけを共有しているとはいえ、両者は、筆者も整理しているように、チュートリアルを構成する四つの観点ではその内容に相違が見られるのである。特に、両者の目指す方向には、大きなちがいがあると考えられる。しかし、だからこそ、オーストラリアの大学ではなぜ「チュートリアル」ということばを使い続けるのか、その意味を問う必要があるのではないか。また、本書では、イギリスからオーストラリアへの伝播を取り上げているが、なぜカナダやアメリカではなくオーストラリアなのか。オーストラリアと、例えばカナダやアメリカとの比較を試みることにより、筆者の問題関心であるチュートリアルをチュートリアル足らしめる要素も、より鮮明に浮かび上がるのではないかと考えた。(A5判、187頁、2800円＋税、東信堂、2017年)

[書　評]

児玉奈々著
『多様性と向き合うカナダの学校
──移民社会が目指す教育』

平田　淳
（佐賀大学）

　本書は、移民の子どもの受入れという問題について、「多文化主義」という視点からカナダの学校教育のあり様の諸側面に迫るものである。本書の構成は「はしがき」「序章」で本書全体を貫流するテーマである「多文化教育」の定義などを行い、1章から6章までで個別テーマに即してカナダ多文化教育のあり様を検討し、「終章」において本書のまとめと日本への示唆を提示している。

　第1章「カナダの移民の子どもの社会統合」においては、カナダ生まれの子どもと移民の子どもの間に学力格差がほとんどないことに言及し、その要因として家庭に関わる要因と教育に関わる要因の2点が挙げられている。前者に関しては、カナダでは移住希望者の年齢、公用語運用能力、学歴、職歴を点数化して移民を選択して受け入れるポイント制移民制度が採用されているが、これにより出身国において比較的経済・社会・文化階層の高い層が移民として受け入れられる傾向があり、そのため移民の学力が他国に比べて高いということを指摘している。後者に関しては、移民の滞在年数が長いほどテストの点数が上がるという傾向を各種調査結果から導出し、その要因はカナダの移民の子どもの社会統合を推進するための各種教育政策にあるという仮説を提示している。他方で本人の移民経験の有無や民族・出身国の違いにより、他国に比べて学力が高いとされるカナダの移民の子どもの間にも学力格差が存在することを指摘している。

　第2章「オンタリオ州の多文化教育政策の発展と変容」では、著者はまずオンタリオ州では連邦政府による1971年多文化主義導入を契機として多文化主義に則った各種政策が進められていったが、それは政権交代とともに変容を迫られるものであったと指摘する。そして2003年以来政権与党の座にある自由党は、2009年に従来の反人種主義教育政策に代わる多文化教育関連政策として、「公正とインクルーシブ教育」政策を採用するに至った。即ち、差別の要因は人種だけでなく性的志向やジェンダー、障害の有無や階層など様々であり、これらに基づく差別や偏見が公正の実現を妨げているのであり、同政策はそういった差異を包摂した社会のあり様を目指すものであって、オンタリオ州の新しい多文化教育政策として導入されたということである。

　第3章「英語の指導が必要な子どもへの支援」では、移民の子どもの言語学習支援プログラムの先進地域の1つであるオンタリオ州の取組について検討している。同州では従来、特に英語の指導が必要な学習者（English Language Learners: ELL）の子どもへの対応は各地域の教育

委員会や学校の裁量と責任で行うものとされていたが、2000年代に入りELLの教育の需要が増大する中で、州政府はELLの子どもの指導に関わる教員向け資料の作成やELL教育政策の策定、子どもの英語力を評価するための州統一の評価規準の開発・実施を進めるようになった。著者はそうした制度的枠組みを明らかにしたうえでオンタリオ州内の小学校3校と中等学校2校を訪問調査し、その取組みについて検討し、成功の要因を析出している。他方で課題として、ESL教員の配置数が十分ではないこと、ESL教員資格取得の機会が限定的であることを指摘している。

第4章「マイノリティ言語による多文化教育」では、カナダのマイノリティ言語教育が、1970年代から始まった特定のマイノリティ集団の言語の維持・継承を目的とする「遺産言語」教育から、1990年代には全ての子どもが国際的な視野を持ち文化的な理解を深めるという趣旨を持たせた「国際言語」教育へと移行していったことを指摘し、現在の国際言語教育プログラムについて、オンタリオ州、アルバータ州、マニトバ州を例に検討している。そこでは、理念としては出身や母語に関わらず全ての子どもを受け入れるとしながらも、その言語を話す住民や民族的なルーツを持つ住民が集住する地域の学校で当該プログラムが開講されているため、すべての子どもが平等なアクセスを有しているわけではないこと、プログラムの維持がコミュニティの支援に依存していること、等を問題点として指摘している。他方で、非公用語話者の子どもが母語と併せて公用語を学ぶことで両言語の修得にプラスの効果があるというマイノリティ言語教育の研究成果に基づき、マイノリティ言語教育の推進は多文化社会カナダの学校の使命であると指摘している。

第5章「学校設置による子どもの多様性への対応」においては、まずオンタリオ州では近年、従来公費運営が認められてきたカトリック系学校以外の宗教系私立学校への公費補助を求める動きがあることや、アフリカ中心主義オルタナティブスクールの設置に関わる議論など、多様化が進むオンタリオ州の社会情勢を反映したマイノリティ学校問題について検討している。次にアルバータ州では、オンタリオ州では認められていない私立学校への公費補助が一定の要件を満たした認可私立学校に対して認められること、そうした私立学校にはインド・パキスタン系学校やイスラム系学校もあるなどキリスト教系に限定はされていないこと、その他にもユダヤ教の教義に基づくものや英語と中国語のバイリンガル教育を行っているオルタナティブ教育プログラムもあること等に言及している。

第6章「カナダの教員と多様性」では、まず子どもの多様化の進行に比べ、教員の多様化、特にヴィジブル・マイノリティの教員数の増加が進んでいない現状に鑑み、マイノリティや海外出身の教員の雇用増の必要性に言及しつつ、子どもの多様化に対応するための教師教育の諸方策についてオンタリオ州を対象として検討している。そこでは、教員養成課程における多文化教師教育、現職教員対象の

203

ESL教育やインクルーシブ教育に関する追加資格コース受講を通しての多文化教師教育、国際感覚・異文化理解力・多文化対応能力を持った教員の養成を目的とする大学教員養成課程における海外教育実習制度等について考察している。

終章「多文化社会カナダから学ぶこと」では、これまでの各章の要約を述べたうえで、そこから今後の日本の外国人児童生徒教育への示唆を導出している。すなわち、「総合的・体系的な外国人児童生徒教育政策の策定」、「専門性をもった教職員の養成および研修と適切な配置」、「母語の扱いについての認識の共有」、「マイノリティ学校のイメージ転換（改善）」、「教員研修の充実」、「教員を目指す学生へのグローバル人材育成事業の策定」といった諸点であり、これにより今後の日本における外国人の子どもの学校教育への受入れのあり様を展望している。

本書の特色は、第一に、国際的にも先進事例であるカナダの多文化主義教育のあり様を多面的なアプローチから明らかにしている点である。第二に、特にオンタリオ州に関して、「多文化主義教育」政策に発展的に代わるものとして「公正とインクルーシブ教育」政策に着眼している点である。従来特別支援教育の領域で議論されることが多かったインクルーシブ教育の概念を、障害のみならず人種や言語・文化の違いにも発展させるという視点は、興味深い。第三に、海外の先進事例の紹介にとどまらず、そこから得られた知見に基づいて日本の外国人児童生徒の教育に対する具体的な改善策を提示している点である。

他方で、評者なりに著者の研究をより発展させるための視点を提示できるとすれば、次のような事項が挙げられる。即ち、本書はカナダ多文化社会の学校教育のあり様について多面的にアプローチしているが、多面的であるがゆえに個々の視点に基づく分析が政府や教育委員会、学校の政策・方針といった静態的な部分に留まっているような感想を、少なくとも評者は持った。著者が何度もカナダを訪れ精力的に調査を行っていることは本書からも分かるが、だとすればこうした取組みの動態的部分により踏み込んだデータの収集・提示・分析が今後望まれるだろう。政策や制度に関しては詳細に検討されているが、それが実際にどう機能しているのか、つまり実際の教育現場で教員はどう認識し、マイノリティの子どもや保護者はどう感じているのか、その実態が見えるようなデータに基づく分析が望まれる。それによって、著者の研究目的はより深いところでより良いものになると思われる。

とはいえ、日本におけるカナダの教育に関する情報は、特に学術的なレベルではまだまだ十分ではない。カナダが採り上げられる最もオーソドックスな根拠である「多文化主義」という視点からその学校教育のあり様にまっすぐにアプローチしている本書の内容が、日本の同種類の問題を改善するに際して提示できる事項は多い。今後の著者の研究の一層の進化・深化に大いに期待するものである。

（A5判、201頁、2800円＋税、東信堂、2017年）

[書　評]

坂野慎二著
『統一ドイツ教育の多様性と質保証──日本への示唆』

木戸　裕
(東洋大学大学院非常勤講師)

　日本とドイツの歩みを見ると、両国とも第二次世界大戦で英、米、仏等の連合国と戦い敗北し、戦後は新憲法を制定し新たな道を歩み始めた。また日本は、ドイツがイギリスやフランスよりも遅れて近代化を進めた国であった点に共感を見出し、戦前はドイツを自国のモデルとして学んでいたなど、少なからぬ共通点が存在する。

　同時に、両者の違いが注目される場合も少なくない。たとえば、戦後補償をめぐる両国の対処の仕方の相違など、マスコミ等でしばしば話題となっている。またわが国の場合、異質なものを受け入れ共に生きていく寛容さに欠け、逆に同化を強いるといった社会的体質が見られることもしばしば指摘される。一方近年のドイツでは、「ペギーダ」(西欧のイスラム化に反対する愛国的欧州人)による活動の活発化、極右的政策を掲げる「AfD」(ドイツのための選択肢)の政界への進出などに象徴される難民・移民に対する敵視の風潮等、憂慮すべき問題状況を抱えていることも見て取れる。

　教育制度に関して言えば、旧西ドイツでは、わが国のように単線型の教育制度に移行することなく、従来の複線型の制度がそのまま残った。一方旧東ドイツではマルクス・レーニン主義のイデオロギー形成の一環としての統一的な学校制度が導入されたといった点もよく知られている。

　本書は、わが国とこうした類似点とともに相違点をもったドイツ教育の諸相に焦点をあて、とくに近年の教育政策の動向・分析を中心として、その今日的意義を明らかにし、最終的には日本の教育政策への何らかの示唆を引き出すことを目的として執筆されたものである。

　現在進行している世界の教育改革の潮流をみると、各国それぞれの特殊性が見られるが、同時にそこにはいくつかの共通点も見られる。そのひとつがNPM(New Public Management)と呼ばれている新自由主義的な政策である。著者によれば、それはドイツでは「新制御」(Neue Steuerung)という言葉を使って議論されることが多い。「新制御」は1990年代に入り教育政策の領域にも浸透し始め、2000年代以降、頻繁に使用されるようになった。

　本書は、この「新制御」というコンセプトをひとつのキーワードとして、今日のドイツ教育が抱えている諸問題と、その解決にあたって取り組まれている主要な政策について、5章にわたって詳細な分析・検討が行われている。あわせて各章ごとにドイツの事例が与えるわが国への示唆がまとめられている。各章の見出しは、以下のとおりである。

序論
第1章　ドイツの教育政策を取り巻く状況
第2章　就学前教育と初等教育における学力保証政策
第3章　中等教育段階への接続と選抜
第4章　学校教育の質保証と学校外部評価
第5章　教員政策と質保証
結論

本書で述べられている内容を要約すれば、次のとおりである。

まず、ドイツにおける教育政策の在り方が変容してきたことである。ドイツを中心としたヨーロッパ諸国では、1980年代から、とりわけ1990年代以降、行財政改革の進行と並行して、教育改革が進められた。その中心となる理念は、教育の公正さと質保証であった。ドイツの現状からすると、教育の公正さと質保証を両立させるためには、個人の多様性を前提とする必要がある。家庭的、社会的、経済的状況を見ると、学校教育に入る時点で、子ども達の発達を同程度に保証しているとはいえないからである。そこで、移民の子女などさまざまな背景をもつ多様な児童生徒に対し、一定の学力を保証するための従来の学校教育の枠組みにはない仕組みが考えられるようになった。それはとりわけ、就学前教育と初等教育における学力保証政策となって現れた（第1章、第2章）。

次に、ドイツの伝統的な三分岐型学校制度が二分岐型に変化しつつあることである。それは教育の機会均等と行政の効率性を高めるという意図をもって進めら

れているが、すべての生徒に共通な前期中等教育への移行ではなく、分岐型学校制度を採用しつつ、学校種の移動性を促進し、より上位の学校修了証を取得する可能性を高めるという柔軟性をもった学校制度を志向するものであった（第3章）。

さらに、ドイツでも学校教育の質を高めるために、学校外部評価制度が導入された点である。学校外部評価は、学校のインプット・プロセス・アウトプットという流れのなかで実施され、学校における成果のみならず、PDCAサイクルを含めた学校における課題全体を明らかにする有力な手段ともなる。しかし重要な点は、その後の学校の自己努力と外部からの支援による改善である。学校における経営サイクルを的確に回転させることにより、その効果を向上させるとともに、学校監督庁等による一定の資源の投入も不可欠な要素となっている（第4章）。

続いて、こうした学校の成果を高めるために、その重要な構成員である教員に求められる責務がますます増大しているという点である。ドイツでは大学における教員養成に加え、従来から試補勤務により教員の質保証を確保してきたが、その中心として位置づけられるのは、やはり授業力や児童生徒に対する診断力である。教員養成では、早い段階から理論と実践を繰り返すことが重要であり、養成段階の終了は最低限の能力獲得に過ぎない。その後の研修体制は欠かすことができない（第5章）。

それではドイツの教育政策から、われわれは何を学ぶことができるのか。著者によればそれは、「教育の公正さと多様

な者のための教育政策」であり「質保証のための教育政策」である。前者について言えば、入学前後の教育政策と社会階層の再生産機能の緩和であり、後者は、データによる評価の枠組み、学校評価と改善支援、教員政策の重視である（結論）。

以上が本書の概要である。取り上げられている論点は多岐にわたるので、最後にボローニャ・プロセスと「PISAショック」への対応、分岐型学校制度に絞り、今後の課題について記してみたい。

現在ヨーロッパでは、欧州48か国が参加した高等教育改革であるボローニャ・プロセスが進行している。それはドイツの大学にも大きな影響を与えている。これまでのディプローム、マギスターという大学の修了形態に代わり、バチェラー、マスターの学位を取得することにより大学を卒業する新たな学位制度がドイツでも導入されるにいたった。ボローニャ・プロセスの展開のなかで、大学における教職教育も、全面的にバチェラー、マスターに対応する学修課程へと移行する方向で制度改革が進んでいる。また「PISAショック」に対応する生徒の学力向上に向けた一連の政策的取組みのなかに、教員養成制度改革も位置づけられている。さらにヨーロツパレベルでも、教員養成制度の改善は、EUの中核となる経済社会政策である「欧州2020」の目標達成に貢献する重要な要素のひとつと見なされている。

これら一連の改革プロセスは、どのように評価できるのか。さらに深められた著者の検証と考察が待たれるところである。それはわが国の政策形成にあたって

も資するところが大きいであろう。

また三分岐型か、二分岐型かについて言えば、国際連合人権理事会によるドイツ現地調査の報告が以前反響を呼んだ（2006年2月）。この調査を実施した同理事会の調査チームは「ドイツの教育制度には平等性の保障がない」として、三分岐型学校制度に見られる「早期選抜の不平等、機会の不均等は、改革されなければならない」と報告している。またドイツの教育は「ドイツ語が母語でない移民子女など、不利な学習状況にある者への配慮が足りない」と言っている。こうした指摘に対し、文部大臣会議や連邦教育研究省は、同報告はドイツの教育制度を正しく理解していないとしている。また欧州委員会が、閣僚理事会と欧州議会に提出した『ヨーロッパの学校における効率性と公正』のなかでも、ドイツの早期の振分け制度が批判されている。こうした分岐型の教育制度の是非をめぐる議論についても、さらに踏み込んだ検討が行われると興味深い。

読者は本書を通して、現代ドイツ教育のもっともアクチュアルな問題に対する包括的かつ詳細な情報を入手することができる。同時にわれわれは本書のなかに、日独共通の教育課題について、データにもとづき実証的に、理論面もふまえて議論する、その拠り所となる示唆に富むパースペクティブを見出すことができるであろう。加えて日独比較をとおしてのわが国教育政策への示唆という視座を全面的に打ち出した点は、類書にない本書のもつ大きな意義であろう。（A5判、224頁、2800円＋税、東信堂、2017年）

［文献紹介］

犬塚典子著
『カナダの女性政策と大学』

犬塚　典子
（田園調布学園大学）

　2015年、カナダのトルドー政権は、30人の閣僚を男女同数に配置した新内閣を発足させた。本書は、男女共同参画の先進国であるカナダの大学における女性教員の増加を、連邦政府や州の女性政策との関係から考察したものである。

　研究の背景には、日本の大学における女性教員比率の低さがある。日本政府は、第4次男女共同参画基本計画によって、「大学の教員に占める女性の割合」を、2020年までに30％とする目標を定めた。

　先行研究では、女性政策は市場が牽引するアメリカ型と、国家主導によるEU型に分類され、日本とカナダは後者に属する。カナダは、2000年代前半に、日本が政策目標とする大学の女性教員比率30％を、すでに達成している。

　しかし、1970年代では、現在の日本の国立大学とほぼ近い15％未満であった。いったい、どのような公共政策によって女性教員は増加するのであろうか。

　この問いに迫るために、本書ではカナダにおける3つの政策的関与を通史的に考察している。

　第1章では、1970年代に国際機構やアメリカの動向を背景に設置された「女性の地位に関する政府調査委員会」によって、女性政策の推進枠組みが形成されたことを考察している。大学においても「女性の地位（status of women）」という

政策概念に基づいて改革のための組織作りや調査研究、女性の学生を増やす試みが行われた。

　第2章では、国連女性差別撤廃条約、カナダ憲法や人権法の整備を背景に、1980年代に導入された雇用公平政策について検討している。アメリカのアファーマティブ・アクション政策と距離をおくために、「雇用公平」（employment equity）という政策概念がこの時に選択された。女性、障がい者、「ヴィジブル・マイノリティ」、先住民という4つの指定グループに対する特別な配慮が大学でも行われるようになった。

　第3章では、2000年代以降、連邦政府、州政府が整備した親休業制度、給付金事業について、ケベック州に焦点をあてて考察している。父親休業制度や大学が行う「上積み給付」などによって、他の労働分野と比較して、カナダの大学はワーク・ライフ・バランスへの配慮が進むようになった。

　本書の執筆を通して、第1章では帝国時代の英国、第2章では公民権法時代のアメリカ、第3章ではケベックとフランスの家族政策に触れ、カナダ政策研究の重層性に魅惑された。これらの文化圏の比較教育研究発展のために、本書が一助となれば幸いである。（A5判、288頁、3900円＋税、東信堂、2017年）

[文献紹介]

北村友人編

『グローバル時代の市民形成（岩波講座 教育変革への展望7）』

北村　友人
（東京大学）

　教育の「岩波講座」は、1952年に最初のシリーズが刊行され、それ以降、ほぼ10年ごとの5度にわたって出版され、そのときどきの時代の教育課題に応えてきた。今回は18年ぶりに、「複雑化した現代社会における教育を改革する指針として、新たな講座によって教育学の最先端の知見を提供する」ことを目指して刊行された。今回の講座（全7巻）は、①提供する知識の「先進性」、②教育の専門的知識の「実践性」、③教育を探究し実践する「当事者性」、④教育の議論における「科学性と実証性」、⑤教育を探究し政策化する「グローバル性」、という5つの基本方針に沿って編集している。とくに、シリーズを締め括る第7巻である本書は、グローバル化による教育の変化を概観し、グローバル市民を育てる教育の可能性について探究した。

　グローバル化は、社会のさまざまな事象を急激に変化させるとともに、価値観や倫理・道徳観などを大きく揺さぶる。そのため、世界各国・地域で従来の国民国家の枠組みにもとづく国民教育や市民教育に対する疑問や課題が提起されている。ポスト国民国家の時代におけるグローバルな「市民」をいかに育てるかということは、民主的な社会の実現を目指す

うえで最も重要な課題のひとつと言える。こうした問題意識にもとづき本書では、教育の思想と実践の両面における今日の国際的な議論や取り組みの潮流をレビューしたうえで、社会が大きく変化している国・地域の事例を紹介している。さらに、それらの国際的潮流や各国・地域の事例を合わせ鏡としてみることで、21世紀のグローバル化時代における日本の教育が進むべき方向性を探るうえでの示唆を提示することを目指した。

　なお、本書の執筆者10名のすべてが、日本比較教育学会の会員である。本書は、国際的な文脈から世界各国・地域の教育について論じており、比較教育学者たちが執筆することは当然のことかもしれない。しかし、今日では比較教育学以外の分野の教育研究者たちも国際的な視点から研究に取り組むことが珍しくないなか、このことは日本の教育学研究において比較教育学が果たす役割の大きさや存在感を示していると考える。ぜひ多くの学会会員にも本書をご高覧いただき、グローバル時代の教育のあり方に関してさらなる議論が積み重ねられていくことを期待している。**（A5判、276頁、3200円＋税、岩波書店、2016年）**

[文献紹介]

日英教育学会編
『英国の教育』

髙妻　紳二郎
(福岡大学)

　本書は前身の時代を含めると今年（2018年）で27周年を迎えた日英教育学会に所属する会員の分担執筆によって、広く市井の読者も意識して編集された書物である。本書のコンセプトは、①英国の教育はどうなっているのか、その特色は何か、②英国の教育はどこに向かっているのか、③日本の教育へのヒントはどこにあるのか——という点から論じることにあった。しかし②については、入稿直前にBrexitとそれに伴う首相交代という急展開を受けて急ぎ加筆修正した章節もあり、英国教育の確たる方向性を示すことは実に困難な作業となった。さらには本書刊行直後に実施された総選挙結果の余波もある。かように外国の最新状況を追いかける研究の限界はそれが急速に陳腐化する点にあるのだが、本書では新展開については事実確認に徹することに腐心した。③に関しては、社会的・歴史的な背景の検討なしに巷溢れる内外情報のみへの依拠では「英国型」の表面的な紹介や礼賛に留まる懸念もあることに鑑み、例えば本書第1章で整理されている「英国の社会的・文化的背景で知っておきたいこと」を、英国の教育を理解する上で不可欠な情報として提供している。

　さて、本書の構成と特長を簡単に紹介しておこう。まず「なぜ英国に着目するのか」について、日本の教育の現状と問題点を探る合わせ鏡として捉える意義を論じた。そして「社会的・文化的背景」、「教育の歴史」、「学校と教員」、「大学」、「子どもたち・大人たち」そして「様々な顔」の現状をできる限り平易に解説し、豊かな研究成果と改革最前線の情報を紹介した。そして最後に「英国教育に学べること」についてまとめている。また、特有の教育事情について解説したコラムや当該領域に関する研究書の紹介にも意を注いだほか、会員所有の写真や資料を随所に挿入し誌面的にも見やすくするなどの編集上の工夫に努めたことも本書の特色である。さらに特筆すべきは、「読者に便利な工夫満載の最新コンパクトな読む事典」と帯文にあるように、近年の内閣の変遷や教育施策動向について通覧しやすく経年的に整理したことや、英国教育に関する報告や研究論文でこれまで十分に統一・整理してこなかった原語・略語・日本語訳についてもglossaryとしておよそ統一できたことである。

　事典としての性格も併せもつ本書を手許に置いて活用していただければ幸いである。**(A5判、293頁、3400円＋税、東信堂、2017年)**

[文献紹介]

文部科学省編
『世界の学校体系』

松本　麻人
(文部科学省)

　改めて言うまでもなく、今日の国際化社会において国・地域間のボーダレス化はますます進んでおり、勉学や労働の機会を通じた人々の往来は激しさを増している。こうした中、海外での就学や就労を希望する者、また日本での就学／就労希望者を受け入れる者の間で、他の国・地域における学校教育制度の状況や、取得可能な学位や資格に関する情報に対するニーズが高まっている。

　本書は、こうした社会的な要請を踏まえ、世界108の国・地域における初等中等教育や高等教育の学校制度について、学校系統図とともに簡潔に解説したものである。学校系統図に合わせて取得可能な学位や資格などについて図示していることも特徴の1つであり、当該国・地域における教育機関と学位及び資格等との相関関係が把握できるようになっている。あくまでも当該国・地域の一般的な制度や代表的な教育機関を理解することを第一の目的としており、必ずしも全ての機関や資格・学位を網羅しているわけではない。しかしそれゆえ、当該国・地域の学校教育制度の概要を容易に捉えることが可能となっている。

　掲載国・地域は、日本学生支援機構による調査に基づき、留学生の受入数や送り出し数が多い国・地域を中心に選定している。国・地域別の内容は、共通の6つの項目から構成されている。「概要」は国・地域の概要であり、人口や面積、1人当たりのGDPなど、当該国・地域の規模を示している。「教育の普及状況」は各教育段階別の在籍率、「教育行政制度」は国及び地方の教育行政機関の概略を記述している。「学校体系」では就学前教育や初等教育、中等教育、高等教育の各学校制度の概要のほか、義務教育年限や学年暦などについてまとめている。「学校系統図」では、各教育機関の就学年齢や修業年限、教育機関間の接続を図で示している。「取得可能な資格・学位」では、学校系統図に上書きする形で、各機関で取得できる資格や学位を提示している。

　本書は、留学希望者や、国際交流関連業務に従事する国・地方の教育行政官のほか、就労ビザ関連の業務に従事する入国管理局や行政書士などを主な読者に想定しており、その点では「実用書」の部類に位置付けられるものかもしれない。しかしそれは、諸外国の学校教育制度に対する素朴な疑問や関心に応える一冊でもあることを意味している。**(A4判、445頁、4300円＋税、ぎょうせい、2017年)**

日本比較教育学会　会則

（平成27年度総会改正）

第1章　総　則

第1条　本会は日本比較教育学会と称する。英語名はJapan Comparative Education Society（略称JCES）とする。

第2条　本会は比較教育学の発展と普及に貢献し、研究遂行上必要な連絡と協力を広く国の内外にわたって促進することを目的とする。

第3条　本会は前条の目的を達成するために次の事業を行う。

  1　会員相互の研究上の連絡と協力の促進

  2　年次大会および各種研究会の開催

  3　研究紀要、ニューズレター、名簿等の発行

  4　研究データベース（RICE）およびウェブサイト等の制作・管理

  5　内外研究団体との連絡および協力

  6　その他本会の目的達成に必要な事業

第2章　会　員

第4条　本会の目的に賛同し、比較教育学の研究に関心を有する者をもって会員とする。会員は通常会員と学生会員とに分つ。

第5条　新たに入会しようとする者は、通常会員1名の推薦をうけて本部事務局に申込み、理事会の承認を得なければならない。

第6条　会員は本会の行う事業に参加することができる。会員は別に定める日本比較教育学会倫理綱領を尊重する。

第7条　会員は会費を負担するものとし、会費は通常会員は年額金10,000円、学生会員は年額金6,000円とする。

第8条　(1) 会員は会費納入を怠った場合、会員としての取扱いを受けないことがある。

    (2) 3年以上会費の納入を怠った者は、会員としての資格を失う。

第3章　役　員

第9条　本会の事業を運営するために、次の役員をおく。役員は通常会員のうちか

ら選ぶものとする。

　　会長…1名

　　理事…約30名（細則による）

　　幹事…若干名

　　監査…2名

第10条　理事は会員の選挙によって選出する。選出に関する手続きは別に定める。理事は理事会を構成する。

第11条　会長は理事の互選とする。会長は学会を代表し本部事務局を定め、事務局長および事務局員を選任し、会務を総括する。会長に事故あるときは、理事の1名がその職務を代行する。

第12条　会長は、理事会の承認を得て理事のなかから若干名の常任理事を委嘱し、常任理事会を構成する。常任理事会は重要な会務の遂行にあたる。

第13条　会長は幹事若干名を委嘱し、会務の処理に当たらせる。幹事のうち若干名を常任幹事とする。

第14条　監査は理事会が総会の承認を得て委嘱する。監査は本会の会計を監査する。

第15条　役員の任期は3年とする。ただし再任を妨げない。

第4章　理事会

第16条　理事会は年一回以上これを開き、本会の重要事項を審議し決定する。

第17条　理事会の定足数は、理事総数の四分の三以上（委任状含む）とし、理事会出席者の三分の二以上により、議案を議決することができる。（小数点以下は切り上げとする。）

第5章　総　会

第18条　総会は本会の最高決議機関であって年一回これを開き本会の重要事項を審議決定する。

第6章　会　計

第19条　本会の経費は会費、寄付その他の収入をもってあてる。寄付の受け入れに関する手続きは別に定める。

第20条　会計は一般会計と特別会計とに分つ。特別会計として、学会費会計と特別

運用会計を設ける。

第21条 (1) 特別会計は、寄付金の受け入れ、利息および一般会計からの繰り入れをもって原資とする。

(2) 特別会計のうち、学会賞会計の財源は、平塚賞にかかる事業に充当するものとする。また、特別運用会計の財源は、学会活動の円滑な運営および学会の発展に資する事業に充当することができる。

(3) 特別会計は、常任理事会の議を経て運用し、理事会および総会に報告して承認を受けなければならない。ただし、あらかじめ予算案を理事会および総会に提出する必要はない。

第22条 本会の会計年度は(毎年)4月1日にはじまり、翌年3月31日におわる。

第7章　会則の変更

第23条 本会則の変更は総会の決議による。

第24条 本会の運営に必要な細則および規定は理事会が定め総会に報告する。

附　則
この会則は昭和39年8月20日から施行する。

附　則
この会則は昭和63年度から施行する。

附　則
この会則は昭和44年度総会終了後から施行する。

附　則
この会則は昭和48年度総会終了後から施行する。

附　則
この会則は平成6年度総会終了後から施行する。

附　則
この会則は平成10年度総会終了後から施行する。

附　則
この会則は平成16年度総会終了後から施行する。

附　則
この会則は平成17年度から施行する。

附　則

この会則は平成19年度総会終了後から施行する。

附　則

この会則は平成26年度総会終了後から施行する。

附　則

この会則は平成27年度総会終了後から施行する。

細　則

（平成26年度理事会改正）

第1条　この細則は、日本比較教育学会会則第10条および第19条に基づき、手続きに必要な事項を定めるものとする。

（会則第10条関係）

第2条　理事は地区ごとにその地区の全会員がこの細則の定める手続きによって選挙する。

第3条　地区は当分の間次の区分による。北海道・東北地区、関東地区（関東地方および新潟、長野、山梨の諸都県）、東海・北陸地区、近畿地区、中国・四国地区、九州地区。外国人で外国に居住するものは、学会本部所属の地区に所属するものとする。

第4条　理事の数は地区ごとにその全会員数に応じて定める。その基準は改選年度の4月1日現在をもって、地区所属会員数について、30名ごとに理事1名を原則とし、端数四捨五入とするが、各地区別定数の最終的決定は理事会が行う。

第5条　選挙は全会員がその地区所属の通常会員のうちから、地区の理事定数だけの候補者氏名の無記名により、選挙管理委員会あて送付することによって行う。所定の投票紙を用い、通告された期日までに、選挙管理委員会に到着しなければならない。

第6条　(1) 当選の決定は、地区別の得票順による。同点の場合は、選挙管理委員会が行う抽せんにより決定する。定数をこえて氏名を記入した票は、記載された全氏名について無効とする。当選者に対して理事就任の諾否を確認する。就任辞退の意思表明をした会員は当選者からはずし、選挙の際の得票順に繰上げ当選者を決定する。

（2）理事がその所属地区を変更した場合、また、会員資格を失った場合、選挙管理委員会は選挙の際の得票順に繰上げ当選者を決定する。繰上げ当選者の任期は前任者の残任期間とする。

第7条　選挙事務は、本部におく選挙管理委員会が一括処理する。選挙管理委員会は、その都度理事会が任命する。

第8条　選挙管理委員会は、改選に関する事務をその年度の総会前日までに完了し、その結果を総会に報告する。

第9条　選挙管理委員会は、改選関係資料を三年間保存し、会員の希望があれば、その閲覧に供しなければならない。

（会則第19条関係）

第10条　本会に対する会員および有志の個人・団体からの寄付の申出があったときは、常任理事会の議を経てこれを受納することができる。ただし理事会および総会にこれを報告しなければならない。

附　則

この細則は昭和43年4月1日から施行する。

附　則

この細則は昭和44年度から施行する。

附　則

この細則は昭和47年度から施行する。

附　則

この細則は昭和54年度から施行する。

附　則

この細則は昭和60年度から施行する。

附　則

この細則は平成6年度総会終了後から施行する。

附　則

この細則は平成15年度から施行する。

附　則

この細則は平成15年6月28日から施行する。

附 則

この細則は平成18年度から施行する。

附 則

この細則は平成25年度から施行する。

附 則

この細則は平成26年度から施行する。

日本比較教育学会倫理綱領

（平成19年度総会制定）

1．日本比較教育学会は、会則第6条の規定に基づき、学会としての社会的責任の明確な履行、並びに会員による研究の公正性の確保を目的として、この倫理綱領を定める。

2．会員は、研究の実施にあたっては、法令等を遵守するとともに、調査地の文化、宗教、慣習を尊重する。会員は、自身並びに研究に関わる者の安全に留意する。

3．会員は、研究の実施にあたっては、情報提供者に対して、その人権を最大限尊重し、身体的、心理的、社会的な危害を加えることがないように留意する。

4．会員は、研究の実施にあたっては、情報提供者に対して当該研究の目的、研究経費の財源、研究成果の公表方法等について明確に説明する。

5．会員は、研究の実施にあたっては、情報提供者のプライバシーを尊重し、個人データ等の秘密を厳守する。

6．会員は、研究の実施にあたっては、資料、データ等の捏造、改ざんを行わない。会員は、研究の独創性および他者の著作権等の知的財産権を尊重する。

付 記

1．本綱領は平成19年6月30日より有効とする。

日本比較教育学会紀要刊行規定

（2010年5月7日理事会改正）

1　名　　　称：『比較教育学研究』とする。

紀要投稿要領

2　刊行回数：年2回とする。

3　内　　　容：会員の研究論文・書評・文献紹介、大会報告、および特集論文等を掲載する。

4　体　　　裁：Ａ5判横組み、200頁程度とする。

5　掲載論文：自由投稿および年次大会における課題研究・シンポジウムの中から、編集委員会の合議により掲載論文を決定する。また、特集論文を掲載することができるものとする。

6　編集委員会：理事会が委員長、副委員長を委嘱する。委員長、副委員長を除く委員の数は10名程度とし、委員は全国的な範囲で選ぶものとする。委員長・副委員長の任期は3年、委員の任期は1.5年とし、再任は妨げない。

7　編集事務局：編集委員長および編集副委員長が編集事務局を定める。

8　配　　　布：会員には無償配布とする。
　　　　　　　　会員以外には市販とする。

9　執筆要領：日本比較教育学会倫理綱領および日本比較教育学会紀要投稿要領によるものとする。

10　著作権：本誌に掲載された論文等の著作権については、本学会に帰属する。また、著作者自身が自己の著作物を利用する場合には、本学会の許諾を必要としない。掲載された論文等は本学会が認めたネットワーク媒体に公開される。

日本比較教育学会紀要投稿要領

(2016年6月24日理事会改正)

1　投稿論文の趣旨・テーマ

　　論文のテーマは日本比較教育学会の活動の趣旨に沿うものとする。論文は未発表のものに限る。論文の使用言語は日本語か英語に限る。

2　論文投稿資格

　　投稿論文のすべての執筆者は、所定の会費を納入している本学会の会員または、当該論文の締め切り日までに入会申し込みを行った者とする。

3　原稿規格

(1)　ワープロ原稿で提出する場合

Ａ４判用紙に一行36字×30行（1,080字）の規格で印字し、19枚以内とする。1枚目は、執筆者名を記載せず、論文題目のみを記載した上で、本文は16行目から始めるものとする。題目、見出し、本文、注、引用文献、参考文献のフォントは、ＭＳ明朝で、10.5ポイントとする。

(2) 原稿用紙で提出する場合

Ａ４判400字詰原稿用紙（横書き）を用いて50枚（20,000字）以内とする。ただし、題目のみを記した表紙をつけること。

(3) 上記原稿規格及び規定枚数の中には、図・表・注・引用文献・参考文献等を含むものとする。原稿にはページ数を入れること。

(4) 紀要編集委員会が特に枚数を指定した原稿は上記を適用しないものとする。

4　図・表・注等の規格

(1) 図・表は原則として５点以内にとどめ、ワープロ原稿の場合には論文中に挿入または貼付し、原稿用紙の場合には原稿中に挿入せず別の用紙に貼付し、その印刷位置・サイズをあらかじめ原稿に表示しておくものとする。図・表中の文字はＡ４判の原稿を70％（Ａ５判）に縮小しても十分に読むことができる大きさとする。

(2) 注・引用文献・参考文献等は原稿末尾に一括して掲げるものとする。執筆者氏名を記載し、拙稿、拙著などを用いない。

(3) 注の番号形態は「1、2、3……」とする。

5　提出原稿・書類

(1) 投稿にあたっては以下の原稿及び書類等を提出すること。なお、提出された原稿及び書類は原則として返却しない。

①原稿4部（内3部は複写可）

②和文題目及び和文要旨（800〜1,000字）を記載したＡ４判用紙4部

③英文題目及び800語〜1,000語の英文要旨4部

（①〜③には執筆者氏名、所属機関名を記載しないこと）

④下記の事項を記載した別紙1部

・執筆者氏名（日本語及び英語表記）

・所属機関名（日本語及び英語表記）

・論文題目（和文及び英文）

・メールアドレス等の連絡先

（なお氏名等の英語表記については『比較教育学研究』巻末の英文目次を参照のこと）

⑤論文投稿チェックシート。学会のウェブからダウンロードし、記入すること。

⑥（ワープロ原稿で提出する場合）上記の①から④のデータを記録したCD-R、DVD、USBフラッシュメモリのいずれかも提出すること。ファイル形式は「Microsoft Word」または「一太郎」とし、記録媒体には執筆者氏名を明記すること。

6　英文原稿規格

(1)　Ａ４判用紙（1頁30行、約410語）15枚以内とする。1枚目は、執筆者名を記載せず、論文題目のみを記載した上で、本文は16行目から始めるものとする。

(2)　図・表・注・引用文献・参考文献等については、上記規定3及び4を同様に適用するものとする。

(3)　投稿にあたっては以下の原稿及び書類等を提出すること。なお、提出された原稿及び書類は原則として返却しない。

①原稿4部（内3部は複写可）

②英文題目及び英文要旨（400～500語）を記載したＡ４判用紙4部

（①②には執筆者氏名、所属機関名を記載しないこと）

③下記の事項を記載した別紙1部

・執筆者氏名（英語表記）

・所属機関名（英語表記）

・論文題目（英文及び和文）

・メールアドレス等の連絡先

（なお氏名等の英語表記については『比較教育学研究』巻末の英文目次を参照のこと）

④（ワープロ原稿で提出する場合）上記の①から③のデータを記録したCD-R、DVD、USBフラッシュメモリのいずれかも提出すること。ファイル形式は「Microsoft Word」または「一太郎」とし、記録媒体には執筆者氏名を明記すること。

7　刊行時期と原稿の提出期限及び提出先

紀要は毎年、7月（1月20日原稿締め切り：当日消印有効）と1月（前年7月20日原稿締め切り：当日消印有効）に刊行する。原稿は紀要編集委員会委員長宛に提出するものとする。

日本比較教育学会平塚賞規定

(平成27年度理事会改正)

1 名称：この賞は、日本比較教育学会平塚賞と称する。

2 趣旨：初代会長平塚益徳博士の業績を記念し、比較教育学研究の発展を期して、若手学会員の研究を奨励することを目的とする。受賞者には賞状ならびに賞金を授与する。

3 対象者と賞金：毎年原則として1名、10万円

4 審査対象：前年の1月から12月までに公刊された学会紀要掲載論文ならびに比較教育学研究に関する著書・論文（分担執筆を含む。ただし連名のものを除く）で、自薦あるいは他薦により、日本比較教育学会平塚賞運営委員会あて、毎年1月15日（必着）までに、この賞に応募する旨、所定の推薦書により申し出たもの。（当該著書・論文1部を届け出ること。）

5 運営委員会：本学会理事の互選により、原則として10名で構成する。運営委員の任期は3年とし、再任は妨げない。欠員が生じた場合は互選時の際の得票順に繰り上げ当選とする。運営委員長は運営委員の互選による。

6 審査手順：毎年2〜3月に審査委員会において審査を行い、受賞者を決定し、年次大会において発表する。

7 この規定は、会則第24条に基づき、理事会が定めるものとする。

8 この規定は平成2年度から施行する。

この規定は平成5年度から施行する。

この規定は平成16年度から施行する

この規定は平成19年度から施行する。

この規定は平成26年度から施行する。

この規定は平成27年度から施行する。

日本比較教育学会紀要編集委員会委員名簿 （2017－2019年度）

編 集 委 員 長　日下部達哉

編集副委員長　澤村　信英

編 集 委 員　伊井　義人

　　　　　　　江原　裕美

　　　　　　　佐藤　　仁

　　　　　　　杉本　　均

　　　　　　　竹熊　尚夫

　　　　　　　中矢　礼美（58号まで）

　　　　　　　長島　啓記

　　　　　　　二井紀美子

　　　　　　　日暮トモ子

　　　　　　　福留　東土

　　　　　　　見原　礼子

　　　　　　　山口しのぶ

編 集 幹 事　牧　　貴愛（前期）

　　　　　　　金子　聖子（後期）

英 文 校 閲　Arthur Meerman

日本比較教育学会役員一覧（2017－2019年度）

（五十音順）

●**会　長**　杉村　美紀　（上智大学）
●**事務局長**　丸山　英樹　（上智大学）
●**理　事**（○印は常任理事）
〔**北海道・東北地区**〕（2名）
　　杉本　和弘　（東北大学）
　○宮腰　英一　（東北大学）
〔**関東地区**〕（15名）
　　池田　賢市　（中央大学）
　　一見真理子　（国立教育政策研究所）
　○江原　裕美　（帝京大学）
　　北村　友人　（東京大学）
　○黒田　一雄　（早稲田大学）
　　近藤　孝弘　（早稲田大学）
　○澤野由紀子　（聖心女子大学）
　○杉村　美紀　（上智大学）
　　長島　啓記　（早稲田大学）
　　深堀　聰子　（国立教育政策研究所）
　　福留　東土　（東京大学）
　　藤井　穂高　（筑波大学）
　○丸山　英樹　（上智大学）
　　嶺井　明子　（筑波大学）
　○森下　稔　（東京海洋大学）
〔**東海・北陸地区**〕（3名）
　　二井紀美子　（愛知教育大学）
　○服部　美奈　（名古屋大学）
　　山田　肖子　（名古屋大学）
〔**近畿地区**〕（6名）
　　乾　美紀　（兵庫県立大学）
　○澤村　信英　（大阪大学）
　　杉本　均　（京都大学）
　　近田　政博　（神戸大学）
　○南部　広孝　（京都大学）
　○山内　乾史　（神戸大学）
〔**中国・四国地区**〕（3名）
　　小川　佳万　（広島大学）
　○日下部達哉　（広島大学）
　　吉田　和浩　（広島大学）
〔**九州地区**〕（2名）
　○竹熊　尚夫　（九州大学）
　　平田　利文　（大分大学）
●**監　査**
　　木戸　裕　（元国立国会図書館）
　　牛田　千鶴　（南山大学）
●**WCCES 担当理事**
　　杉村　美紀

●**幹　事**（○印は常任幹事）
〔**北海道・東北地区**〕
　　井本　佳宏　（東北大学）
〔**関東地区**〕
　○川口　純　（筑波大学）
　○菊地かおり　（筑波大学）
　○山﨑　瑛莉　（上智大学）
〔**東海・北陸地区**〕
　　カンピラパーブ・スネート（名古屋大学）
〔**近畿地区**〕
　　中島　悠介　（大阪大谷大学）
〔**中国・四国地区**〕
　　植村　広美　（県立広島大学）
〔**九州地区**〕
　　坂本真由美　（中村学園大学）
●**各種委員会**
平塚賞運営委員会（10名）
　　　委員長　　服部　美奈
　　　委　員　　江原　裕美
　　　　　　　　小川　佳万
　　　　　　　　日下部達哉
　　　　　　　　近藤　孝弘
　　　　　　　　杉村　美紀
　　　　　　　　竹熊　尚夫
　　　　　　　　宮腰　英一
　　　　　　　　嶺井　明子
　　　　　　　　森下　稔
研究委員会（7名）
　　　委員長　　森下　稔
　　　委　員　　市川　桂
　　　　　　　　乾　美紀
　　　　　　　　鴨川　明子
　　　　　　　　北村　友人
　　　　　　　　南部　広孝
　　　　　　　　渡邊　あや
国際交流委員会（5名）
　　　委員長　　黒田　一雄
　　　委　員　　林　真樹子
　　　　　　　　丸山　英樹
　　　　　　　　山田　肖子
　　　　　　　　米原　あき
データベース（RICE）担当理事
　　　　　　　　山内　乾史
教育学関連学会協議会担当理事
　　　　　　　　澤野由紀子

編集後記

『比較教育学研究』第56号には、23本の自由投稿論文が投稿され、形式審査を経たのち21本が査読に付されました。第一段階の査読によって、7本が第二段階である修正再査読へ進み、最終的に6本の論文が掲載されることになりました。また、2017年6月に東京大学で行われました本学会の学会報告のメインでは、福留東土会員のとりまとめによる課題研究Ⅰが掲載されることとなりました。報告では、多くの会員の関心が集まっている大学ランキングを、いかに捉えればよいのか、刺激的ともいえる専門研究者の視点が提供されています。また、公開シンポジウムについては恒吉遼子会員、課題研究Ⅱについては、山内乾史会員が限られた紙幅の中で内容をまとめてくださいました。書評・文献紹介にも、各4本ずつ計8本が掲載されることとなり、非常に充実した内容となりました。ご執筆いただいた方々に心より御礼申し上げます。

なお、新たに杉村美紀会長が選出されたことに伴い、新編集委員会が編成されました。本56号から58号まで、日下部達哉が編集委員会委員長、澤村信英常任理事が副委員長、牧貴愛会員が編集幹事を務め、59号から61号まで、澤村常任理事が委員長、日下部達哉が副委員長、金子聖子会員が編集幹事を務めます。今後ともより多くの会員の皆様方に本紀要に関わっていただけるよう、またこれまで通りの良質な比較教育学の知見をお届けできるよう、編集委員会・事務局一丸となって発刊に取り組みたいと思います。

最後に、今号の編集に際しまして、英文校閲をお引き受けいただいたアーサー・ミアマン先生、また出版のためご尽力くださいました東信堂の下田勝司社長、向井智央氏に深謝いたします。（紀要編集委員会委員長　日下部達哉）

ISSN 0916-6785

比較教育学研究　第56号

2018（平成30）年2月28日発行
編集者　日本比較教育学会紀要編集委員会
発行者　日本比較教育学会
発行所　株式会社東信堂

日本比較教育学会事務局
〒102-8554　千代田区紀尾井町7-1
　上智大学グローバル教育センターB1
　日本比較教育学会事務局（丸山研究室）
　E-mail: jcesjimu@outlook.jp (TEL: 050-5800-4873)

株式会社東信堂
〒113-0023　東京都文京区向丘1-20-6
　TEL: 03-3818-5521
　FAX: 03-3818-5514
　E-mail: tk203444@fsinet.or.jp

日本比較教育学会紀要編集委員会事務局
〒739-8529　広島県東広島市鏡山1-5-1
　広島大学教育開発国際協力研究センター内
　TEL: 082-424-3721（牧貴愛　研究室）
　　　082-424-6246（日下部達哉　研究室）
　FAX: 082-424-6958（広島大学教育開発国際協力研究センター）
　E-mail: jces.hirodai@gmail.com

ISBN978-4-7989-1492-3　C3037